农业社会学名著译丛

美国农业发展

一项历史分析（第二版）

〔美〕威拉德·W. 科克伦　著
高雪莲　译

THE DEVELOPMENT OF AMERICAN AGRICULTURE

A Historical Analysis *Second Edition*

创于1897 商务印书馆 The Commercial Press

Willard W. Cochrane
THE DEVELOPMENT OF AMERICAN AGRICULTURE
A Historical Analysis, Second Edition
Licensed by the University of Minnesota Press, Minneapolis, Minnesota, U.S.A.

根据明尼苏达大学出版社 1993 年版译出

本书系国家社会科学基金一般项目
“农业多功能性视角下小农户参与乡村振兴机制研究”
（21BSH057）项目成果

献　给

布什罗德·W. 阿林（Bushrod W. Allin）
约翰·M. 布鲁斯特（John M. Brewster）
韦恩·F. 芬纳（Winn F. Finner）
詹姆斯·G. 马多克斯（James G. Maddox）
罗伯特·H. 马苏西（Robert H. Masucci）
帕特里克·E. 奥唐纳（Patrick E. O’Donnell）
H. L. 斯图尔特（H. L. Stewart）

感谢你们
让我能够系统思考美国农业发展的朋友及同仁！
感谢你们的真知灼见和无私帮助！

目　录

第一部分　导　言

第二部分　农业发展编年史

第三部分　发展的动力和结构变化

第四部分　农业发展的概念模型：1950—1990年

第五部分　总　结

第二版序言

与第一版类似，第二版的修订和扩充等文案工作也历时较短。ix
这两版均为本人多年学术研究的结晶，同时，也得益于前人的辛苦付出及其卓越的研究成果。

编写新版本的首要目的，是使数据和历史分析能够与时俱进。书中增添了一些新资料。譬如：在新的章节中对作为发展动力之一的环境政策进行了论述；在对发展的“分水岭”进行讨论的基础上，提出了新议题；运用概念模型分析了 1970 年代和 1980 年代经济发展的不稳定性；等等。第二版并非新书，但其中确实包含了一些新信息和新观点，希望能有效整合到之前的历史分析中。

《美国农业发展》第二版有幸得以付梓，得益于许多人和机构的贡献。感谢三位友人对我重编第一版给予的莫大鼓励，他们是明尼苏达大学农业与应用经济学系的 W. 伯特·桑德奎斯特（W. Burt Sundquist）、密歇根州立大学农业经济学系的詹姆斯·T. 鲍耐（James T. Bonnen）和明尼苏达大学出版社的丽莎·弗里 x
曼（Lisa Freeman）。感谢经济研究服务中心一如既往地倾力相助。尤其感谢经济研究服务中心的四位同仁：亚瑟·麦凯（Arthur Mackie）、劳埃德·泰根（Lloyd Teigen）、埃尔登·鲍尔（Eldon Ball）和维多利亚·史密斯（Victoria Smith）。感谢我的三位老友弗农·拉坦（Vernon Ruttan）、约翰·施尼特克（John Schnittker）

和艾伯纳·沃马克（Abner Womack），在我最无助时给予的帮助。感谢本系的图书管理员路易丝·莱尼斯（Louise Letnes），屡次在我手足无措时帮我检索资料，查找数据来源。最后，感谢我们认真仔细的秘书朱迪·伯达尔（Judy Berdahl），将我难以辨认的钢笔字转录为打印稿。

明尼苏达大学农业与应用经济学系为本书第一版的编写提供了良好的工作环境和热烈的专业讨论氛围。第二版终于付梓成书，对书中的资料、数据、逻辑、理论等内容，本人将文责自负。

威拉德·W. 科克伦

1992 年 6 月

第一版序言

本书写于1977—1979年，历时较短。然而，书中所蕴含的思 xi
想，却是经历了漫长的思考而成形的。我的祖父母是在艾奥瓦州西南部长大的，当我还是个小男孩时，就从他们那里了解到内战结束后的几年艾奥瓦州西南部农场的基本情况。20世纪头几十年我亦从父母和自身的经历中深切地体会到了加州因皮里尔河谷新灌溉牧场的生活。作为加州大学伯克利分校的本科生，我从E. C. 沃希斯（E. C. Voorhies）教授的课程中了解到17、18世纪英国和低地国家的农业革命，19世纪丹麦现代农业的发展，以及美国农业生产的专业化。该课程融合了经济历史学、经济地理学和生产经济学（如今可能被命名为农业发展）的部分内容。在蒙大拿州立大学读研究生时，我从R. R. 雷恩（R. R. Renne）、彼得·L. 斯莱格斯沃尔德（Peter L. Slagsvold）、卡尔·F. 克拉泽尔（Carl F. Kraenzel）以及埃尔默·斯塔奇（Elmer Starch）的课堂上获知，在干旱与萧条并存的1930年代，大平原上的农业耕作何其艰难。在哈佛求学时，我已不再是传统意义上的研究生。我发现，约瑟夫·A. 熊彼特（Joseph A. Schumpeter）、阿尔文·H. 汉森（Alvin H. Hansen）、阿伯特·佩尔森·厄舍（Abbott Payson Usher）以及查尔斯·霍华德·麦考文（Charles Howard Mcllwain）等人的历 xii
史研究方法，是研究经济和社会问题的一种令人兴奋且有益的方法。作为美国农业部的一名年轻公务员，通过与约翰·M.布鲁斯特（John M. Brewster）、布什罗德·W.阿林（Bushrod W. Allin）和詹姆斯·G.马多克斯（James G. Maddox）长时间的深入探讨，我了解了美国南部低产量农场的生存状态，以及使这些农场摆脱困境的办法。与此同时，沃尔特·W.威尔科斯特（Walter W. Wilcox）、谢尔曼·E.约翰逊（Sherman E. Johnson）、H. L.斯图尔特（H. L. Stewart）、韦恩·F.芬纳（Winn F. Finner）、哈里·C.特莱劳根（Harry C. Trelogan）、帕特里克·E.奥唐纳（Patrick E. O'Donnell）、南森·M.考夫斯基（Nathan M. Koffsky）以及詹姆斯·P.卡温（James P. Cavin）等人，对美国食品生产、销售中发生的商业和技术革命的特性及重大意义的研究，给我留下了深刻印象。当我首次尝试将20世纪上半叶美国农业发展的诸多难题进行整合时，罗伯特·H.马苏西（Robert H. Masucci）给予了莫大帮助。这项研究发表在1947年5月那期旧的《农业经济学杂志》（*Journal of Farm Economics*）上，标题是《农业价格波动：一个综合假设》（"Farm Price Gyrations — An Aggregative Hypothesis"）。

时光飞逝，1970年我重返明尼苏达大学农业与应用经济学系，弗农·W.拉坦（Vernon W. Ruttan）建议我开设一门新课，课程名称暂定为"美国农业经济发展"。我欣然接受，并开始广泛阅读美国农业历史的文献。我对该学科产生了浓厚兴趣，投入了大量时间和精力准备课件。1977年，W. B.桑奎斯特（W. B. Sundquist）鼓励我将教案改编成书。事实证明，写作需要颇多的额外工作，比如阅读背景知识、搜集数据和参考资料，以及提出一个合适的框架来呈现主题。不过，这也是一个令人愉快且欣慰的经历。因为，随着时间推移，美国农业的发展过程似乎遵循一定的内在逻辑——

好像它本质上是属于目的论的——我只是有幸概念化这一过程并将其跃然纸上而已。

韦恩·D. 拉斯穆森(Wayne D. Rasmussen)、弗农·W. 拉坦、W. B. 桑奎斯特阅读了整篇手稿，并就文本的内容和可读性问题提出了大量有价值的建议。他们还鼓励我继续写作。玛丽·E. 瑞恩(Mary E. Ryan)和詹姆斯·P. 霍克(James P. Houck)阅读了部分手稿，并提出了宝贵建议。我的秘书玛丽·J. 斯特雷特(Mary J. xiii
Strait)在录入手稿前先对其进行了编辑，不仅改善了文字风格，同时令其更具可读性。

很多人和机构对本书的写作做出了贡献。明尼苏达大学图书馆的工作人员和文献资源对本项目来说不可或缺。兽医学院的插图画家迈克尔·P. 申克(Michael P. Schenk)，完成了本书第四部分所有的插图，以及第二和第三部分的部分插图；其余的插图和地图来自美国农业部和私人出版商，这些插图和地图均具有版权许可。感谢农业与应用经济系的同事们，以及美国农业部的前同事们，他们为我提供了手稿写作的大量信息和数据。感谢我的妻子承担了大部分家务，使我有大块时间在书房里伏案工作。妻子偶尔会端来一杯茶，让我的书房不再那么死气沉沉。此外，明尼苏达州的冬天，如此漫长寒冷，让我有更多时间蜗居在室内，心无旁骛地完成书稿。

基于以上诸多因素，我才得以构思和编写《美国农业发展：一项历史分析》一书。当然，对书中的事实、逻辑或判断的错误，本人将承担全部责任。

威拉德·W. 科克伦

1979年2月

第一部分　导　言

第一章　导言与概述

3 经济发展是当今的热门话题。许多研究都探讨了农业在发展进程中的作用。但总的来说，这些探索仅限于欠发达国家和地区以及二战后。同样，许多与农业关系密切的人对美国农业漫长的发展史也知之甚少，包括农民自身、农业专家、农企领袖和来自农村地区的政治精英，其言行似乎表明，美国农业经济是从过去未知的浪漫时代一下子跃升到 20 世纪的。

然而，事实并非如此。从 1607 年至今，这段漫长的美国农业发展史，时而缓慢，时而迅捷。并且这个过程无比艰难，是农民们从前辈的失误中不断学习而发展起来的。这个过程在人类苦难方面的成本极高，高到难以形容。《大地巨人》(*Giants in the Earth*)、《愤怒的葡萄》(*Grapes of Wrath*)和《百年风云》(*Cen-*
4 *tennial*)等小说都再现了该过程。[1]不过新大陆的资源十分丰富，气候舒适，环境宜居。人们对土地的渴望战胜了一切。因此近四个世纪以来，农业发展的进程未间断地推进着。到 1990 年代，发展仍未停止，但其形式已经与过去大相径庭。

本书的目的

本书有两个目的：一是描述美国农业发展的细节；二是解释发展的过程。描述或许乏味，但也充满着变数。因为这是一个令人兴奋的发展过程，其中充满了激烈的冒险、人类的悲剧和冲突。本书在两个层面对发展的过程进行阐述：(1)激发或推动发展过程的根本动力；(2)解释二战后农业发展的一般概念模型的运用。

从广义上说，本书的目的是为农业发展专业的学生(无论长幼、本国抑或外国人)介绍美国农业的发展历史，并帮助学生理解和感恩这个漫长而艰难的岁月。该目的并非出于考古动机，而是因为：只有厘清了历史发展的动力，才能更好地理解当前和未来农业发展的动力。1980 年代和 1990 年代美国农业的发展，源于 20 世纪初、19 世纪甚至 18 世纪的农业行为和决策，作为现代农业发展专业的学生必须有所领会和感悟。

一些定义和概念

本书中将使用一些词汇和术语，它们具有一般日常生活中的含义。在经济发展领域，它们也有特定含义。这些词汇包括：[2]

经济发展(Economic development)。这里使用的术语“经济发展”是一个多维概念。包括：改善社会成员的平均实际收入，消除贫困，为增产而变更生产活动的组织和区位；改变技术安排使 5
产出增加；改良社会制度促进生产和分配，提高人类能动性(包括身体、心理和态度)从而提高劳动生产率。更具体而言，经济发展既指商品和服务的产出增加，也指生产和分配这些产出的技术、组织、社会和制度安排的变化。

农业发展（Agricultural development）。与“经济发展”类似，只不过仅限于农业部门的发展。为了简化起见，本书删掉了“经济”一词（就像书名一样），“农业发展”实际上指的是“农业经济发展”。

经济增长（Economic growth）。这是一个比“经济发展”限制性更多的术语。它关涉经济规模的增减，要么是以总产出进行衡量的总经济规模，要么是以投入或产出单位进行衡量的部分经济的变动。“经济增长”一词有两种不同含义。

一是粗放式增长，即在人均产出不变的情况下，商品和服务的总产出增加的现象。在这种情况下，制度安排和生产方式不变，通过增加投入的方式使总产出增加；

二是集约式增长，即在人均产出增加的情况下，商品和服务的总产出增加的现象。通过总投入和单位生产率的共同增长，并在新的制度安排下以新的方式进行生产，使总产出增加。集约式增长的概念可看作经济发展的一个特例。

制度（Institutions）。制度是人们为管理、指导或影响某种行事方式而达成的协议。有些制度安排已经正式化为法律；有些采取公约的形式；有些采取自愿协会的形式。有关工会组织和运作
6 的法律属于第一种情况；在许多亚洲国家，有由新娘家提供嫁妆的传统，在西方国家，则由新娘家承担婚礼费用，这些都属于第二种情形；体育赛事的管理规则是第三种情形的例证。

结构（Structure）。该术语是指一个行业或一个经济部门的形式和特点。涉及一个行业内的企业规模、数量和区位，行业的基本技术和资源特征，以及行业的基本组织和制度特征。书中还包含其他更专业的经济术语。当这些术语含糊不清或者使用方式特殊

时，文中将为读者注释。

一般研究方法

本书的主题适用于各种方法。在某种极端的情况下，可运用严谨的定量模型来描述和“解释”美国农业经济的运行和变化。对于系统参数经历连续和显著变化的漫长历史时期，这种方法具有很大局限性。但对于较短的时期，例如 1950—1990 年，这种方法或许大有裨益，且具有很强的启发性。[3] 在另一种极端情况下，人们可以采取纯粹的文字方法来讨论这个问题。例如，经济史学家保罗·W. 盖茨（Paul W. Gates）和弗雷德·A. 香农（Fred A. Shannon）对 19 世纪美国农业历史发展进行的描述。[4] 本书的目的是介绍美国农业的历史发展，并解释这种发展是如何发生的，在研究方法上有必要包括历史描述和经济分析。

对该部分的呈献是三段式的。本书第二部分描述了美国农业从 1607—1990 年的发展历史。第三部分对发展所涉及的关键动力进行了鉴定和分析。第四部分用概念化的政治经济模型解释了美国农业 1950—1990 年的发展情况。这种研究进路将实现三个 7
目标：第一，为读者提供在漫长历史进程中农业发展和人们行为的描述性图像；第二，使人们对参与美国农业发展的主要动力及其所扮演角色有清晰的认识；第三，提供一个解释美国农业过去、现在和未来发展的严谨经济模型。

美国农业发展概略

从 1607 年詹姆斯敦定居点的创设，到 1733 年佐治亚州萨凡纳定居点（第十三个殖民地）的建立，时间已经过了整整 126 年。

在这段漫长的时期，经济增长非常缓慢，但它也并非完全停滞不前，在后期发展开始加速。在早期，比如 1607—1640 年，垦殖者中死于饥饿、疾病和与印第安人战争的几率非常高，以至于定居点的生存状况一直备受质疑。到 1640 年，英国殖民地的白人可能不会超过 25,000 人。直到 1700 年，这些定居点仍然只沿着南卡罗来纳州查尔斯顿至现在缅因州波特兰的海岸分布。

1607—1640 年，大部分垦殖者主要关心的是生存问题。因此，除了保护自己免受敌对的印第安人的袭击，垦殖者大部分时间都在采集和生产食物。典型的垦殖者既是猎人又是农民。人们在陌生的新环境中，尝试着用母国旧的方式进行粮食生产，结果通常难以满足需求。垦殖者从当地印第安人那里学会了种植印第安玉米和烟草。玉米为人们生存提供食物，烟草的出售用于购买所需物资（枪支和弹药、斧头、锄头、炊具、糖和烈酒）。1607—1608 年狩猎农民的生产率几乎为零，1640 年达到维持生计水平，1780 年生产超过了维持生计的水平并产生了剩余。在沿岸旧定居点，农业生产性资本快速增加，垦殖者从盈余中也积累了财富和资本（包括黑奴）。

8 在美国独立战争（1775—1783 年）期间及其后的几年里，西进运动和农业发展几乎停滞。尽管如此，1780 年代，一群顽强的先驱者却穿越了阿巴拉契亚山脉，到 1790 年，这股涓涓细流汇成一条小溪。这条小溪在 1800 年变成了一个西部大迁徙队伍——从佐治亚州到新英格兰的垦殖者参与的西进运动。19 世纪，人们在现在的美国大陆定居下来，边境也关闭了。总的来说，这是一个长达 100 年的粗放式增长时期。随着先驱者一波又一波地向西迁移，农场、牧场以及种植园逐渐增加。随着机械代替人力，农业工人的生产率得以提升。但是，单位投入的产出的增加却屈指可数。这是一个开垦拓荒、积累资源的艰难时代。无论是对于那些不得不学会在敌对的陌生环境中生存的白人农场主，还是对于成就这一伟大运动并付出巨大代价、被边缘化的本土印第安人，抑或对人类的役畜来说，这个时代都是极其残酷的。但这也是一个激动人心的时代，它为后辈提供了诸多经验教训。

20 世纪美国农业发展急剧变化，不再有免费的土地和快速大规模的增长。20 世纪头二十年，农业生产增速缓慢。但是，由于人口的增长以及一战导致的需求增加，农业却拥有了无与伦比的繁荣。1920 年代，生机盎然的技术发展开始凸显成效，并延续至今。19 世纪的技术发展主要以机械化为特征，到了 20 世纪，除了机械化，又呈现出生物和化学应用的技术转向。结果是，农业生产率（单位投入的产出），在 1930 年代开始增加，在 1950 年代这 10 年增长了 25%以上。该过程属于集约式增长。1960 年代，农业生产率的增长率略有放缓，到了 1970 年代初期呈现平稳发展态势。无须担心美国农业技术革命即将结束，1970 年代后半期农业生产率 9
增速明显，并以前所未有的发展速度进入了 1980 年代。

1990 年，一位农业观察员就 1980 年代农业技术发展的速度和规模写道：

> 西方世界的农业生产现在正进入工业化的最后阶段——食品生产系统中每一步的整合……不仅在家禽、猪肉和牛肉中如此，还包括谷物和油料作物。[5]

重点关注技术、资本和管理体系改进的工业化农业，面临着竞争激烈的农产品国际市场。1970 年代，美国的农业出口额增长了 6 倍，增速令人难以置信。1980 年代，根据不同年份，出口额最多下降了 40%。农场主、贸易商和政府一直在努力阻止美国农业出口的进一步下降。1990 年代美国农业在国际市场上的表现还有待观察。但有一点是肯定的：这将是一个竞争激烈的世界市场。

推荐阅读

1. *Historical Atlas of the United States, Centennial Edition*,Washington, D. C.: National Geographic Society, 1988.
2. North, Douglass C. , *Growth and Welfare in the American Past: A New Economic History*, 2nd ed., Englewood Cliffs, N. J. : Prentice-Hall, 1974, Chaps. 1, 2, and 3.
3. Rasmussen,Wayne D., "American Agriculture: A Short History",October 1, 1974. (Mimeographed.) Based on *A Documentary History of American Agriculture*, edited by Wayne D. Rasmussen, 4 vols, New York: Random House, 1975.
4. Smith, Maryanna S., & Roth, Dennis M., *Chronological Landmarks in American Agriculture*, Economic Research Service, U. S. Department of Agriculture, Agricultural Information Bulletin No. 425, Washington, D. C., November 1990.
5. U. S. Department of Agriculture, Economic Research Service, *A Chronology of American Agriculture, 1776–1976*, January 1977.

第二部分　农业发展编年史

第二章　殖民地时期：1607—1775 年

殖民地概况[1]

1606 年 12 月，英国弗吉尼亚公司载有 144 名殖民者及冒 13
险家的三艘轮船，离开伦敦驶向新大陆。英王詹姆斯一世（King James Ⅰ）指令弗吉尼亚公司将殖民地建在北纬 38°—北纬 41° 之间，大致位于现在的波托马克河（Potomac River）入口和纽约长岛之间。1607 年 4 月下旬，载着一批殖民者的船只在詹姆斯河登陆，位置大约在北纬 38° 的南部。1607 年 5 月 13 日，殖民者经过勘察，决定在詹姆斯敦半岛定居。虽然该地点便于船只停靠，但这是一个多沼泽、疟疾肆虐的地区，不太适合定居。

到 1608 年 1 月，只有 38 人活了下来，其余人均因饥饿和疾病去世。1608 年春天，又一批新的殖民者到来。他们带来了食物及必需品，殖民地得救了。之后，几乎每年都有新移民带着物资前来，他们“拯救”了这片热土。这就是弗吉尼亚殖民地成立后头十二年的故事。截至 1622 年，弗吉尼亚公司已运载了约 6000 人

到达殖民地，但最后只剩下约2000人。其余的人，或死于饥饿和
14 疾病，或被印第安人杀死，或返回了英国。最初的殖民者，热衷于寻找黄金发财，忽视了农业，以致不得不面临长期的饥荒。

在这段挣扎时期，殖民者向印第安土著学习了种植玉米和烟草的方法。玉米使殖民地在早年免于饥荒，烟草则作为重要的经济作物出口。到1620年，烟草的出口量已经达到了约10万英镑——弗吉尼亚公司的股东们相信他们终于找到了从投资中获利的方法。然而，在1622年，印第安人对这块殖民地发动了大规模袭击，在一天内造成350人死亡，殖民地的发展严重受阻。与此同时，由于殖民地利润微薄，前景黯淡，弗吉尼亚公司的股东和管理人员继续在殖民地政策上争论不休。于是，詹姆斯一世在1624年废除了公司的章程，建立了一个直接由英国王室控制的皇家殖民地。

在整个17世纪，弗吉尼亚皇家殖民地的发展依然主要依靠两种作物——供出口的烟草与供人类和牲畜食用的玉米。这种农业是高度掠夺式的，新开垦的土地被不断地耕种，当土壤肥力耗尽后，拥有大量土地的种植园主又去开垦新的土地。这种状况一直持续到18世纪后期，直至再也没有合适的土地可供开垦。

英国政府本应从弗吉尼亚公司的教训中了解到，商业公司不适合设立和管理一个无法迅速获利的殖民地。由私营股份公司管理的弗吉尼亚殖民地，政策摇摆不定，管理不善。规划新殖民地时，应优先采取其他组织形式。然而，英国统治者对弗吉尼亚公司的教训熟视无睹，很快就成立了类似的私人企业组织，试图设立马萨诸塞湾殖民地。

15 在此之前的1608年，英国清教徒为躲避宗教迫害逃到荷兰。

1620 年，他们从伦敦弗吉尼亚公司获得了一笔拨款，用于在新大陆的弗吉尼亚殖民地定居。1620 年 9 月 16 日，这些清教徒和契约佣工、冒险家共 101 人，乘坐一艘名为“五月花”号（the Mayflower）的轮船，从英国普利茅斯启航驶向新大陆。由于遭遇剧烈的风暴，“五月花”号偏离了原航道，于启航后的65天，即1620年11月9日，在科德角登陆。通过对该地区一个月的勘察和讨论，清教徒们达成了一项协议，决定在马萨诸塞湾的普利茅斯港登陆。由于食物匮乏，加上没有生产机会，清教徒们勉强度过了第一个冬天。尽管他们得到了当地印第安人的救济，但死亡率仍然飙升。

由于普利茅斯殖民地非常贫穷，以及清教领袖不受欢迎的宗教观点，殖民地人口增长缓慢。1624 年 124 人，1630 年 300 人，1660 年也仅达到 3000 人。为了鼓励农业生产，1623 年殖民者取消了集体生产。由于投资回报率低，他们与伦敦商人的合作关系在 1620 年代末期破裂。此后，清教徒们唯有依靠自己。为了生存，殖民者开始捕鱼，与印第安人开展贸易，勉强度日。到 17 世纪后半叶，普利茅斯殖民地受到了更大且更成功的马萨诸塞湾殖民地的影响。

1630年，约翰·温斯洛普（John Winthrop）率领首批约1000名清教徒移民，从英国来到现在的马萨诸塞州波士顿市。历经 10 年，马萨诸塞湾殖民地的人口增加到约 2 万人。虽然开垦殖民地的初衷部分源于利益动机，但宗教才是清教徒在 1630 年代“大迁徙”到马萨诸塞湾殖民地的主要动机。清教徒相信上帝与人类的一切活动息息相关。很多清教徒将 1620 年代英国的社会问题，归结为 16
上帝对英国未能净化国教的惩罚。他们确信，上帝很快就会对英国人民大发雷霆。新英格兰似乎是一个避难所。纯洁忠实的清教徒，可以到这里躲避即将到来的灾难。更重要的是，清教徒殖民者相信，在上帝的启发下，他们有在新大陆建立一个理想社区——锡安（Zion）——的特殊使命。他们成功了，宗教热情促使人们移居到新大陆发展生产，一些有财力的殖民者和英国企业为殖民地的快速发展提供了资源。

但马萨诸塞湾的神权政治不会容忍异端。当持不同政见者出现在他们之中时，就会被放逐。塞勒姆（Salem）教堂的牧师罗杰·威廉姆斯（Roger Williams）主张政教分离。在他看来，干涉政治事务会导致上帝的选民被普通人的罪玷污。当然，这并非民主的立场，罗杰·威廉姆斯也不是宗教宽容的支持者。但他明智地意识到，如果要保护他的宗教精英地位，教会必须独立于政府。

因为他的异端邪说，罗杰·威廉姆斯在1635—1636年冬天被驱逐，他依据建议在南部的纳拉甘塞特湾地区获得了自由的土地，他的追随者们也追随他而去。1644年，历经了众多的社会冲突和磨难后，罗杰·威廉姆斯从英国政府那里获得了罗德岛殖民地的特许状。1663年，查理二世（CharlesⅡ）再次确认了该特许状。特许状授权罗得岛殖民地享有完全的宗教自由。

随着马萨诸塞湾殖民地人口的增长以及生产的繁荣，殖民者开始扩张。正统的清教徒发现了肥沃的康涅狄格河谷，他们希望在这片土地进行生产，改善经济。因此，康涅狄格河殖民地和纽黑
17 文多年来一直与马萨诸塞湾殖民地紧密相连。1662年，康涅狄格殖民地获得英王特许状，成为独立殖民地。

1679年，英国政府承认位于马萨诸塞北部的殖民地独立于马萨诸塞，并创建了新罕布什尔皇家殖民地。

1632—1732 年，有八个殖民地至此未被提及的殖民地建立起来，下面介绍它们的起源和早期发展情况。

马里兰

马里兰始建于 1632 年。查理一世（Charles Ⅰ）将位于波托马克河以北的土地赐给了第一代巴尔的摩勋爵（Lord Baltimore）乔治·卡尔弗特（George Calvert），这里就是今天的马里兰州。该殖民地最初为罗马天主教徒免遭迫害而建立，它授予所有基督徒宗教自由。由于奉行宽松的土地政策，许多新教徒在此定居。

卡尔弗特试图在马里兰建立一个封建领域，为富裕的定居者提供大面积的庄园，这些定居者有望进口“契约佣工”耕种这片土地。东主们（proprietors）需要为定居者提供人丁权（headright），或者免费的土地补助。宗教自由、高度自治、人丁权系统下的土地自由、烟草的生产和出口，这些要素的完美结合造就了殖民地的繁荣。

北卡罗来纳

1663 年，查理二世在弗吉尼亚南部建立了北卡罗来纳殖民地。该殖民地归八位实力雄厚的英国贵族所有，包括现在的北卡罗来纳和南卡罗来纳，一直向西延伸到太平洋。这些东主起草了一个精心准备的准封建计划，卡罗来纳将由世袭的贵族地主统治。但鲜有英国人对此感兴趣，计划由此失败。但东主们之后却成功地吸引了西印度群岛的英国种植园主前来。种植园利用黑奴生产糖、大米和靛蓝，查尔斯镇周围的定居点得以迅速发展。发展的基础是与印第安人的毛皮贸易，以及大型种植园的水稻生产。

第一批英国定居者从弗吉尼亚迁移到现在的北卡罗来纳，
1712 年，北卡罗来纳脱离了卡罗来纳殖民地成为独立殖民地。北 18

卡罗来纳殖民地被危险的沙洲和海岸岬隔离，发展缓慢，其经济属于小规模的自给农业。

纽约与新泽西

1624年，荷兰在新大陆设立了新荷兰殖民地。由于管理不善，加上与当地印第安人冲突不断，以及同附近新英格兰定居者的激烈竞争，殖民地发展十分缓慢。1664年，荷兰殖民地向查理二世的弟弟约克公爵（Duke of York）的军队投降。荷兰殖民地因此成为英国殖民地，并以约克公爵的名字命名为纽约。1672—1674年英荷战争期间，荷兰暂时夺回了殖民地。后来，荷兰又将殖民地作为和平解决冲突的筹码归还给了英国。

约克公爵对开拓殖民地不感兴趣，只对营收感兴趣。公爵在殖民地的代表并没有彻底改变殖民地的原社会和治理结构，鼓励荷兰殖民者继续与印第安人进行毛皮交易，并将现在的新泽西交给了忠实于斯图亚特王室的伯克利勋爵和乔治·卡特莱爵士（Sir George Carteret）。1665年，两位东主创立了一个包含民选议会的政府。新泽西的白人包括德拉瓦河沿岸的瑞典人、芬兰人，哈德逊河沿岸的荷兰农场主，以及来自新英格兰的人数不断增加的清教徒。1702年，该地成为新泽西皇家殖民地。

宾夕法尼亚

威廉·佩恩（William Penn）是曾帮助恢复查尔斯二世王位的著名海军上将的儿子，斯图亚特王室赐予他宾夕法尼亚殖民地，包括位于北纬40°—北纬43°的特拉华河以西的所有土地。威廉·佩恩还从他父亲那里继承了新泽西西部的土地。威廉·佩恩及其继承人夹在南部的切萨皮克湾和北部的纽约、新泽西之间，多年来一直卷入边界纠纷。

威廉·佩恩是贵格会的信徒。他富有且极具说服力，决心在新世界为他受迫害的宗教兄弟——贵格会信徒——创建一个避风 19 港。1681 年，宾夕法尼亚殖民地成立。1682 年，威廉·佩恩亲自到殖民地帮助费城进行城市规划。廉价的土地和真正的宗教自由，吸引了众多英国人和德国人前来，殖民地得到迅速发展。经过大约 4 年时间，殖民地人口达到了 1 万人。贵格会信徒不仅在宗教问题上，而且在政府和经济问题上均实行自由宽松的政策，使得殖民地从一开始就兴旺发达。到 1700 年，费城周边勤俭节约的德国农民开始有了玉米、小麦和黑麦的生产剩余，不仅能够支持城市的发展，还出口到了西印度群岛。

佐治亚

佐治亚殖民地于 1732 年建立，当时乔治二世（George Ⅱ）将萨凡纳河和阿尔塔玛河之间的地区授予了一群富有的英国人。建立殖民地的动机至少有两个：（1）为那些挤满英国监狱且身强力壮的债务人提供避难所；（2）在英国殖民地和佛罗里达的西班牙殖民地之间建立一道屏障。由于受托人经验不足，管理不善，殖民地发展缓慢。到 1752 年，殖民地人口不足一万。同年，佐治亚成为皇家殖民地。

特拉华

特拉华的三个郡——纽卡斯尔、肯特和萨塞克斯，都被马里兰殖民地和荷兰殖民地新阿姆斯特丹占领。1664 年，约克公爵又占领了新阿姆斯特丹的殖民地。后来，为了使宾夕法尼亚殖民地拥有一个不受限制的出海口，威廉·佩恩向约克公爵请求三个郡的所有权。约克公爵同意了该请求，但这并没有解决三个郡的问题。首先，各郡的殖民者对宾夕法尼亚殖民政府的安排并不满意，且多

次寻求从宾夕法尼亚殖民政府脱离出来。其次，英国王室从未完
20 全承认约克公爵的权力转移行为，并不时要求将这些郡归还给英国王室。1704年，英格兰政府将这三个郡从宾夕法尼亚殖民地分离出来，授予它们独立的议会选举权。在经历了多年的纷争和混乱之后，特拉华殖民地终于在1704年11月成立了。

殖民北美的英国人要克服各种实际困难，也面临着各种难以预料的危险。例如，由于缺乏经验，无法有效地利用地理、农业和矿产资源，无法抓住经济机会，前途未卜。船上和定居点的疾病肆虐，饥饿如影随形。气候、土壤和茂密的森林仍阻碍着发展，以及与印第安人一直让人担心，有时甚至是严重的危险。同西班牙人、法国人、荷兰人、瑞典人的领土争端，英国殖民企业间的激烈竞争，和英国皇室的权力斗争、母国财政支持的短缺，等等，无穷无尽的问题需要他们面对，殖民者可谓饱尝辛苦，备受煎熬。

尽管如此，到1660年，英国殖民者已经建立了至少六个蒸蒸日上的定居点。他们熟知从卡罗来纳到缅因的海岸线和加勒比海的岛屿，避开了新泽西的沙滩，马里兰以及北卡罗来纳危险的海岸线。1660年，北美大约有75,000名英国殖民者，多集中在海岸线居住。约有33,000人居住在新英格兰，36,000人居住在弗吉尼亚、马里兰和北卡罗来纳。1660年，绝大多数的马萨诸塞湾殖民者定居在波士顿50英里的范围内，弗吉尼亚和马里兰的殖民者均沿着切萨皮克湾的海岸居住。

殖民早期的试错

21 第一批殖民者是来自英格兰城镇的多元群体，包括寻找财富的冒险家、商人和专业人士（常为清教徒）、被监狱流放的囚犯、来新

大陆做仆人的穷苦孩子、曾经的水手、不得志的军人和贵族，等等。他们大多数没有农业生产经验，也没有成为新大陆农民的期待。

即使第一批定居者熟悉英国的农业生产，也因新大陆的环境条件与英国迥异而无法实践。除了康涅狄格河谷周边的部分地区，后来成为纽约的哈德逊河沿岸地区，宾夕法尼亚州东部地区以及弗吉尼亚和马里兰州的部分潮湿地区之外，大西洋沿岸的土壤贫瘠多石，只适于树木生长。除了印第安人种植玉米的土地，整个地区都被茂密的森林覆盖，只有砍伐森林开垦耕地。闷热潮湿的夏天和严寒刺骨的冬天让英国殖民者吃不消，他们带来的植物和动物也难以适应。当然，也有例外。在弗吉尼亚和马里兰殖民地，从英格兰运来并在森林里放养的猪存活了下来，且大量繁殖，它们靠着大自然的产物——主要是橡子——长大。在北美殖民地进行农业生产是一种全新的体验，殖民者必须寻找到适合新环境的生产方法。

不过，殖民地的野味、鱼类、贝类以及野生果子丰富。早期的殖民者或成了猎人和采集者，或不幸饿死。定居点早期的生产活 22
动与狩猎采集阶段的原始部落类似。

定居者慢慢学会了如何在新世界中耕种。他们砍掉茂密的树木，让阳光照射进来，学会了在树桩周围的山上种植玉米，并用玉米代替小麦果腹。此外，定居者还和印第安人学习了种植南瓜、豆类和烟草。经过反复试验，第一批移民学会了用锄头和尖木棒在树桩之间种庄稼，很少使用畜力，犁地、播种、除草、收割等均采用人力。所以，殖民地的劳动力持续短缺。

烟草的生产发展较快，因为当时整个西欧都有吸烟的嗜好，所以烟草需求旺盛。新大陆的烟草主要由西班牙殖民地供给。弗吉尼亚的殖民者先向印第安人学习如何生产烟草，马里兰的殖民者紧随其后，将烟草销往英格兰和西欧。1612 年后，弗吉尼亚殖民者的大部分精力都投入到了烟草的生产之中，粮食作物玉米的生产严重不足。为了不让定居者挨饿，殖民地统治者一直让人们多种玉米，少种烟草。几年后，统治者不得不颁布一套规章制度，要求所有的殖民者至少种植一部分玉米和其他粮食作物。

殖民者试图通过三种方式解决劳动力短缺问题。首先，扩大家庭规模。其次，从英格兰引进了契约佣工。最后，从奴隶贩子那里购买黑奴。

在以家庭为单位移民的新英格兰，没有出现严重的妇女数量短缺。但是，在弗吉尼亚和马里兰，第一批定居者全是男性，多年
23 后，大部分定居者还是男性。因此，通过扩大家庭规模来增加劳动力的做法并不可行。1620 年代和 1630 年代，为了将适婚的年轻女性从英格兰送到弗吉尼亚，成立了一家私人公司。然而，这种解决劳工需求的方法有一个严重的缺点。由于廉价甚至免费的土地唾手可得，儿女一旦成年，便会自立门户。

第二个引进契约佣工的解决方案，在早期阶段是最成功的，但只具暂时性。为了来到新大陆，英格兰的一些囚犯与英格兰的私人机构签订契约，成为契约佣工，以支付他们横渡大西洋的费用。英国私人机构将契约佣工卖给殖民地的种植园主和农民，期限 4—7 年不等。契约佣工出卖劳动力为种植园主和农民服务，以换取 4—7 年的赡养费。契约期结束时，契约佣工可自愿选择成为自由人、商人或农民。有人认为这种做法存在弊端，但它为殖民地的种植者提供了劳动力，并给予犯罪程度最低的罪犯，如债务人以及土著成为社会生产力成员的机会。这是解决英国犯罪问题和殖民地 150 多年劳动力短缺问题的主要途径。

东北地区继续以水果、商品蔬菜作物和乳制品生产为主，尤其是乳制品生产。上南方继续专门生产烟草和玉米，过剩玉米用来喂猪和肉牛或输出到粮食短缺的南方腹地。南方腹地继续主要专门生产棉花。

俄亥俄河以北，从俄亥俄西部向西延伸，横跨印第安纳、伊利诺伊、艾奥瓦、内布拉斯加和堪萨斯东部，向北延伸到密歇根、威斯康星和明尼苏达的南部各县，一直是玉米生产带。过剩的玉米有些被运到东海岸，甚至出口到国外，但是大部分用作饲料。在玉米带以北，有一个重要的乳品区，专门生产人造乳制品。19 世纪在该地区西部的威斯康星和明尼苏达，小粒谷物生产仍然很重要。92
再往西的大平原以小麦生产为主。大平原成为从加拿大边境到得克萨斯北部的一条宏大的小麦生产带。大平原上的某些地区（例如，堪萨斯的燧石山和内布拉斯加的沙丘）不适合种植农作物，变成了牧牛的栖息地，但大平原上降雨量超过 15 英寸的地区变成了大麦田。在平原的西部边缘，年降雨量低于 15 英寸，在落基山区和灌溉山谷外的山间地区，牛羊牧场在 1880 年代和 1890 年代发展稳定，直至今日。19 世纪晚期，大西部的山区、山间和太平洋地区的灌溉河谷开始生产水果和商品蔬菜作物。20 世纪末，该地区继续生产高价值的特种作物。1860—1897 年，加利福尼亚、俄勒冈和华盛顿的旱地地区的小粒谷物生产更加重要，也实现了专业化，今天的俄勒冈和华盛顿仍然如此。太平洋沿岸斜坡上生产的小粒谷物，过去和现在都有很大一部分出口到海外。棉花生产在 20 世纪发生了一些重要的区位变化，大豆已经进入玉米带和南方部分地区，但除了这两种作物之外，19 世纪末建立的生产区一直延续到今天，几乎没有变化。

农业用地增加一倍以上、生产专业化程度提高、机器广泛替代人力，对农业总产量产生了预期的影响。1870—1880 年，农业总产量增加了约 53%；1870—1900 年，农业总产量增加了 135%。

这是一个粗放式增长的时期。农场、农地、农业工人、农业机械等的增加导致农业总产量增加。但小麦、玉米、大麦、棉花、干草和马铃薯的单亩产量几乎没有增加。农业生产率的衡量指标，即单位投入产出增加不显著。

1866—1900 年，小麦的产量几乎增加了 4 倍，玉米产量约为
93 3.5 倍，大麦产量约为 6.5 倍，棉花产量近 5 倍。1867—1900 年，农场里牲畜数量大约翻了一番，其中猪的数量增加了约 50%。农产品产量上升，传统作物增量最大。

艰苦时代与农政革命

从内战结束到 1896 年大萧条，农产品价格一直无规律地下降。小麦价格从 1866 年的每蒲式耳 2.06 美元急剧下降到 1874 年的每蒲式耳 95 美分，1894 年下降至每蒲式耳 49 美分。玉米也遵循类似的模式，从 1866 年的每蒲式耳 66 美分下降到 1878 年的每蒲式耳 31 美分，又下降到 1896 年的每蒲式耳 21 美分。农产品价格指数（1910—1914 年价格指数为 100），从 1869 年的 119 下降到 1878 年的 66，然后又下降到 1896 年的 53。

但正如道格拉斯·诺斯（Douglass North）教授所言，在这一时期，贸易条件并没有对农民不利；[8] 非农产品价格下跌速度与农产品差不多。那么，1870—1896 年为什么农民们如此不满呢？原因繁多，有的与价格直接相关，有的间接相关，有的根本无关。随着 1870 年代和 1890 年代产品价格的下降，农民的平均总收入也

下滑。如果农民以固定价格购买土地，就意味着他必须再在总收入下降的情况下支付土地款。农民购买农机也存在着同样情况。

价格下降对大多数农民的影响并不大，因为他们购买非农消费品的次数有限——从非农业领域购买大部分经营投入的日子尚未到来。此外，虽然此期间铁路运费有所下降，但赶不上农产品价格下降的步伐。在芝加哥西部的产粮大区，铁路占据着空间垄断地位，农民用户受到各种费率和服务的歧视。因此，1870 年代 94
（1880 年代程度较低）和 1890 年代，农民的总回报率下降，但固定财政义务却没有降低，他们觉得自己被铁路摆布欺骗了。由于资金恐慌反复发生，农民常常无法在需要时获得信贷。西部农民抵押贷款的价格约为东部农民的两倍。

最根本的问题在于农场的生产过剩。1870—1880 年农业总产量增长了 53%，而美国的人口只增加了 26%。换句话说，在 1870 年代，约一半的农业产出增加不得不在国外或国内增加的人均食品消费中找到“市场”。这一时期，农产品出口和国内人均食品消费量都有所增加，但也赶不上生产增加的速度，这导致农产品价格和农业收入滞后。

西部农民除了面临经济问题外，还遭遇着艰苦的环境灾害。1870 年代，草原大火、冰雹、干旱，最糟糕的是蝗虫肆虐，这些自然灾害也许会减缓农业总产出的增长速度，从而最大限度地减少农产品价格的下降。但是这些灾难往往会摧毁全部农作物。干旱和蝗虫影响广泛，涉及成千上万的农民。此外，由于先驱农民财政资源有限，大多数人无法承受作物被毁的损失。损失一季作物将导致许多家庭口粮短缺；连续两季作物歉收会令更多的家庭失去边境上岌岌可危的立足点。

1870 年代，大平原中部边疆普遍贫困；饥饿和赤贫并不罕见。1880 年代初，经济状况有所改善，可怕的蝗灾似乎已销声匿迹。农民们在半干旱条件下学习生活和耕作。但 1880 年代末大范围的干旱和 1890 年代初极端的经济状况，给大平原造成了巨大的困难。

到了 1890 年代，农民们已经认识到在平原上耕作的高风险，
95 开始采取措施保护珍贵的水资源，并合理用水。在可行的地区进行灌溉，发掘保持土壤水分的方法。

为应对 1870 年代和 1890 年代的艰难岁月，农民们在商业和政治上纷纷组织起来采取集体行动，爆发了美国历史上第一次大规模的农政革命。1874 年，美国农业保护者协会（the Patrons of Husbandry）即为人熟知的“格兰奇”（the Grange）的成员达到了 150 万。1890 年，以不同名称运作的“农民联盟运动”（the Farmers Alliance movement），在北方和南方有独立的组织，声称成员超过 100 万人。民粹主义政党起源于农民联盟，并在 1892 年取得了巨大成功。当时，有超过 100 万张选票投给了该党的总统候选人——艾奥瓦的詹姆斯·B. 韦弗（James B. Weaver）。1894 年，民粹主义政党达到鼎盛，获得了 150 万张选票，并当选了 7 名众议员和 6 名参议员。

格兰奇试图从两个方面帮助农民：（1）通过各州立法对铁路进行监管；（2）为其成员建立营销、加工、制造和采购合作社。从短期看，格兰奇在这两方面都是失败的。几年内，大多格兰奇法——铁路管理法，被法院废止或宣布无效，而大多数合作社财政困难。但是，1876 年，最高法院确认了州政府监管铁路的权利。格兰奇在合作经营中积累了宝贵经验，但可惜的是，后来的其他农民团体没有重视这些经验。

农民联盟的行动领域广泛，从抓捕偷马贼和偷牛贼到倡导无限制自由铸造银币。但在大多数领域，只取得了有限的成果。1891 年，农民联盟与劳工骑士团联合成功组建了一个新的政党——民粹主义政党。民粹主义政党主张由联邦政府发行和管理国家货币、自由铸造银币、累进所得税、铁路和电报线路的所有权和控制权归政府，以及废除土地垄断。1896 年，在威廉·詹宁斯·布莱恩（William Jennings Bryan）的领导下，民粹主义政党和民主党共同支持银币铸造问题。1896 年，在党的代表大会上，民粹主义政党的一位领导人亨利·德马雷斯特·劳埃德（Henry Damarest Lloyd）称这一决定是他一生中“最令人沮丧的经历”。他痛斥自由 96
银币运动是“假的”，是“改革运动中难以控制的牛鹂”。1896 年，布莱恩和他的民粹党在这场竞选中败北。[9]

政府在农业方面的作为

1862 年 5 月 15 日，亚伯拉罕·林肯（Abraham Lincoln）签署了一项国会法案，拟成立美国农业部（USDA）。农业部的成立经历了漫长的酝酿过程。1839 年，专利局（the Patent Office）内部成立了一个部门，预算为 1000 美元，用于收集农业统计资料和其他农业目的。1840 年代和 1850 年代，要求单独设立农业部门的呼声日益高涨。但是，1849 年后，在新内政部成立农业局的建议一度不断提起，成立农业部的建议被搁置一旁。1862 年，为了达成妥协，农业部成立了，由没有完全内阁地位的专员领导。

美国农业部第一任部长伊萨克·牛顿（Issac Newton），在他的第一份报告中概述了新部门的目标：（1）收集、整理和发布统计数据和其他有价值的农业信息；（2）引入新的动植物；（3）回应农民的农业咨询；（4）检测农具；（5）进行土壤、谷物、水果、植物、蔬菜和肥料的化学分析；（6）建立植物学和昆虫学教授制；（7）创建农业图书馆和博物馆。继任的农业部长扩充了上述目标，成立了植物学司、兽医科学司、动物产业局和其他研究管理机构。

美国农业部的基本议程在1862—1896年始终未变。在此期间，农业部没有成为处理农民经济问题的行动导向的机构，而注重农业科学的研究，成为一个科学生产的政府机构。

1889年2月9日，国会通过了一项法案，克利夫兰（Cleveland）
97 总统签署了这项法案，赋予农业部更高的地位。该法案规定由总统任命农业部副部长。

有活力的政治行动是在州和地方层面上实施的。格兰奇利用州政府的权力管理铁路，且非常成功。1871—1872年艰难的寒冬，明尼苏达州州长奥斯汀（Austin）呼吁公众捐赠现金和食物帮助遭受苦难的移民，并设立了近20,000美元的救济基金，给贫困家庭发放5美元—25美元数额不等的救济金，用于购买粮食和种子。1872年2月，明尼苏达州立法机关通过了一项金额为2000美元的救济法，目的是帮助农民购买种子小麦和其他谷物。个人索赔不得超过50美元。立法机关没做多少工作，但它已经认识到这个问题，并采取了一些行动。

此后，明尼苏达州、艾奥瓦州、内布拉斯加州、堪萨斯州政府以及达科他州地方政府，定期为贫困的移民提供救济。有些志愿救济组织在州内和东部筹集资金，政府也会赞助这些组织：通过救济法，指定用于粮食、种子的救济金；或者，政府授权出售债券，所得收益用于救济事业。按照现代的标准，州政府筹集和分配的资金并不多，但是这些行动帮助了无数先驱拓荒家庭生存了下来。

1870 年代，作为一类政府机构，军队除了冲锋陷阵，也积极参与帮助在平原边疆拓荒的农民家庭。1870 年代初，驻扎在内布拉斯加和堪萨斯哨所的军队开始非正式地为饥民提供食物。1875 年，国会正式批准了该项活动。据估计，1875 年春天，军队分别向明尼苏达、达科他、内布拉斯加、堪萨斯、艾奥瓦和科罗拉多的 10 万多灾民分发了将近 200 万份口粮。1874—1875 年，军队还向边疆贫困家庭发放了数千件衣物。

最后，众所周知，农民试图利用政府，特别是联邦政府的权力，来建立一个更能满足他们需要的经济体制，并遏制大垄断者 98
（如铁路）的权力，建立一个更加灵活自由的货币体系，以及对税收制度进行改革，结果都失败了。失败的原因在于农民组织及其领导者不了解经济体系的复杂性，也缺乏与根深蒂固的利益集团相抗衡的权力。不过，他们将在 20 世纪卷土重来。

推荐阅读

1. Cronon, William, *Nature's Metropolis: Chicago and the Great West*, New York: W. W. Norton, 1991.
2. Degler, Carl N., *The Age of the Economic Revolution, 1876–1900*, 2nd ed. Glenview,Ⅲ: Scott, Foresman, 1977, Chaps. 3 and 4.
3. Fite, Gilbert C., *The Farmers' Frontier, 1865–1900, Histories of the American Frontier* series, 18 Vols, New York: Holt, Rinehart, and Winston, 1966.
4. Powers, LeGrand, "Fifty Years of American Agriculture", *The Making of America*. Vol. Ⅴ of *Agriculture*, edited by Robert M. La Follette, Chicago: De Bower, Chapline, 1907.
5. Robertson, Ross M., *History of the American Economy*, 2nd ed., New

York: Harcourt, Brace, and World, 1964, Chap. 11.
6. Schlebecker, John T., *Whereby We Thrive: A History of American Farming, 1607–1972*, Ames, Iowa: Iowa State University Press, 1975, Chaps. 11, 12, 13, 14 and 15.
7. Shannon, Fred A., *The Farmer's Last Frontier: Agriculture, 1860–1897*, Vol. Ⅴ of *The Economic History of the United States*, New York: Farrar and Rinehart, 1945.
8. Webb, Walter Prescott, *The Great Plains*, New York: Houghton Mifflin, 1936.

第六章　繁荣与萧条：1897—1933年

正确看待这一时期

这个时期始于19世纪最严重的经济凋敝，结束于20世纪迄 99
今为止最残酷的经济萧条，在这两个低谷之间事件频发。

1897—1910年，美国农业持续了数年的经济复苏，在这13年间，农业价格小幅稳步上升（农产品价格涨幅高于非农价格）。艰苦的拓荒时期已经结束，机械的使用大大减轻了农作的辛苦，在这种有利的经济环境下，农民们对农场生活充满信心。诚然，美好生活的实现需要勤劳、节俭、储蓄、对农场的投资和“正确的思维”（在大多数农村社区，这是共和党的宗旨），但这可以在20世纪初的“理性”世界实现。

沃尔特·洛德（Walter Lord）描述了美国人进入20世纪的自信和高涨的情绪。他写道：

> 1899年12月31日，《纽约时报》用了近4个专栏来回 100
> 顾19世纪。专栏自豪地展示了发明清单——蒸汽机、铁路、电报、远洋班轮、电话、电灯，甚至收银机。这些将为更大的进步铺平道路。“我们踏上了通向新世纪的门槛，”社论总结道，“迎接更加灿烂的文明曙光。”
>
> 礼拜日的布道也如此。奈威尔·德怀特·希利斯（Newell Dwight Hillis）牧师情不自禁地感慨道：“法律愈发

> 公正，统治者愈发仁慈；音乐更加甜蜜，书籍更加睿智；家庭更加幸福，人心更加公正与平和。”
>
> 难怪期望如此之高。从东海岸到西海岸，国家从未如此美好。一位俄勒冈州波特兰市人将1899年称为“俄勒冈有史以来最繁荣的一年”。怀俄明州夏延市的一位领导者同意该观点：“这是最意气风发的一年。”《路易斯维尔信使报》声称：“路易斯维尔的业务从未这么好过。”
>
> ……*即便通常不满的农民也很欣喜。*[斜体补充道][1]

接下来的1910—1914年是美国农业的黄金时代，农产品价格昂贵且稳定。贸易条件对农民有利，国家安定，世界和平。勤劳、节俭和“正确的思维”为农民带来了回报，美好生活成为现实。

第一次世界大战令美国人震惊。和平与理性的世界已经崩溃。1916年，由于战争食品出口需求大幅增加，导致农产品价格急剧上涨，到1920年中期，农产品价格翻了一番多。在这种背景下，农民们开始竞相争夺农田，到1915年，耕地已成为美国的稀缺资源。1913—1920年耕地价格上涨了70%，1916—1920年上涨了60%。在艾奥瓦州等最佳农业区，耕地价格在1914—1920年翻了一番多。

随着1918年底战争停止以及1920年后战争救援减少，农产品价格在1920年夏季开始下降。一年之内，每蒲式耳小麦的价格从2美元以上跌至1美元以下，农产品价格的总体水平也下降了将近一半。1920年代中期，农产品价格有所回升，但幅度有限。因
101 此，农民们不得不增购土地，但农产品价格仅为购买土地时预期价格的一半，无法支付其固定的地价，这导致数以千计的农民在

1920年代破产。此外，尽管非农产品价格在1920—1921年也下降了，但幅度不及农产品价格那么剧烈，贸易条件再次对农民不利。因此，1920年代对众多农民来说是经济困顿的时期。

1920年开始经济大萧条，1929年10月股市崩盘。金融危机之后的4年，工业生产水平大幅下降，失业率大幅提高。1929—1933年，耐用品产量下降了80%，失业率超过25%。农产品价格再次暴跌，农业价格指数从1929年的148下降到1933年的70。大萧条时期，农业总产量几乎未变，但农业总收入下降了约40%，农业净收入下降了50%以上。1933年对大多数农民来说，生活困苦，前景黯淡。1897—1920年，农场社区运转平稳；但是接下来的1920—1933年，一切都不尽如人意。

1897—1933年，除了繁荣和萧条及其对农民的影响，还有一种发展类型引人瞩目，即农业新时代的开始——农业科学萌芽的时代。该时代主要包括三部分：（1）科学的进步；（2）基于科学的新技术开发；（3）农业新技术的应用。其中第一个因素——科学的进步最值得关注。农业科学时代的全面开花发生在1933年之后。

换言之，农业科学发展依托的知识基础在1897年刚刚初步形
成，研发人才、学科支持、培训机构也处于初始阶段。1897年，是 102
以科学为基础的工业化农业发展的起步阶段，也是各个发展项目准备就绪的阶段。1897—1933年，人们都在关注这些发展的增长、扩张和正规化。

资源政策的新方向：保护

1891年关于资源保护政策的《总修订法》通过，国家对土地和

其他资源的保护愈发重视（第五章“土地政策”对此进行讨论）。尽管遭到私人利益的强烈反对（尤其在西部各州），国家仍然依据《1891 年土地法》的规定回收了约 5000 万英亩的珍贵林地，并在 1900 年出售。由于国会没有为农业部的林业部门提供足够的资金，林业资源储备没有得到妥善管理和保护。但国家森林资源保护已有了良好开端。

当西奥多·罗斯福（Theodore Roosevelt）1901 年接任总统时，他通过立法成功地实施了国家资源保护计划。1901 年成立了林业局（Bureau of Forestry），1905 年升为美国林务局（the United States Forest Service）。第一任林务局局长吉福德·平肖特（Gifford Pinchot）是当时主要的自然保护主义者，他发起了一个国家林地的科学森林管理项目。

到 1907 年，约 1.5 亿英亩的土地变成了国家森林，其中一半土地含有可出售的木材，剩余的部分属于禁止出售和定居的公共土地。虽然许多富有矿物质的土地已归私人所有，但通过这一行动，政府储备了大量的煤炭、磷酸盐和石油。

那时联邦政府的一项职能是执行公共工程计划，以便河流调
103 控。为了解决西部的干旱问题，政府修建了蓄水大坝和灌溉工程。此外，政府还制定了一项政策，明确了水力发电厂的重要性以及其所有权归政府。

联邦政府出台的各项保护政策都受到寻求资源的私人利益的激烈抗议，特别在西部各州。事实上，当时关于资源保护的争议已成为东西部间的问题。罗斯福总统敏锐地意识到自然保护主义和西部私人利益之间根深蒂固的分歧，于是创建了国家保护委员会，由吉福德·平肖特（Gifford Pinchot）担任主席。该委员会于 1909

年提交了一份报告，分三卷，为环保事业提供了大量信息。

后几届政府的环保运动虽有减缓，但罗斯福政府的伟大成就并未付之东流。塔夫脱和威尔逊政府都采取了进一步保护国家自然资源的措施。在 1910 年的《撤离法》（the Withdrawal Act）中，公共领域内的所有已知的煤炭、石油、天然气和磷酸盐地都被保留了下来。1911 年，为保护河流，联邦政府被授权购买阿巴拉契亚的林地。最高法院于 1917 年确认联邦政府有权为公共利益拥有和管理电力站。

美国公众对公共领域的土地、水、矿物和木材等资源的保护意识进展缓慢。1607—1891 年，主要由私人开采资源。公共利益的概念在 1880 年代和 1890 年代被接受；20 世纪的第一个 10 年，人们大刀阔斧地保护国家自然资源，并持续到第二个 10 年。

20 世纪初制定的《宅地法》更符合干旱的平原环境要求。依据 1909 年和 1910 年颁布的《扩大宅地法》(the Enlarged Homestead Act) 的规定，美国西部大多数州的宅地主可以申请 320 英亩土地。1916 年的《畜牧宅基地法》（the Stock-Raising Homestead Act）规定，宅地主可获得 640 英亩只适合放牧的土地。

美国农业部的角色

1897 年 3 月 6 日，当颇有人气的塔玛·吉姆·威尔逊（Tama Jim Wilson）成为农业部长时[2]，美国农业部进入了一个新时代。威尔逊曾是艾奥瓦州立大学的农学教授和实验站主任，也担任过艾奥瓦州议会议员和众议院议员。他坚信科学研究的力量，知道如何通过政治行动实现其研究目标。在他领导下，农业部的研究活动得以加强。在威尔逊任期的 16 年间（1897—1913 年），农业部 104

成为一个伟大的科学生产机构。

1901 年，农业部关于植物和植物病害方面的研究并入植物产业局（the Bureau of Plant Industries）。1900 年，孟德尔遗传定律的再发现，以及荷兰植物学家雨果·德·弗里斯（Hugo De Vries）和美国遗传学家托马斯·亨特·摩根（Thomas Hunt Morgan）在基因突变理论方面的开创性工作，为植物产业局的育种学和遗传学发展奠定了基础。1904 年，昆虫处（the Division of Entomology）升为昆虫局，研究内容有所扩展。化学处（the Division of Chemistry）由于在研究和监管方面工作的扩充，于 1901 年升为化学局（the Bureau of Chemistry）。1906 年的《食品和药品法》就是以该局哈维·W. 威利（Harvey W. Wiley）的调查为基础出台的，此法的监管职能也由该局担任。1902—1906 年，动物产业局（the Bureau of Animal Industries）的监管职能和动物疾病研究有所拓展，在全美建立了牲畜检查站网络。1901 年成立了土壤局（the Bureau of Soils），1903 年成立了统计局（the Bureau of Statistics），1905 年成立了生物调查局（the Bureau of Biological Survey），同年，林业局（the Bureau of Forestry）升为林务局（the Forest Service）。

威尔逊部长坚定地在上述各领域推动科学研究，并力求依据研究结果开展监管活动。但在社会变革问题上，这位部长显得
105 因循守旧。他反对在工作中使用摄像，对汽车更加排斥。（然而，1912 年，他终于批准在马里兰州贝尔茨维尔的实验农场使用车辆。）尽管如此，在他任期内，一些重要的新工作路线已经形成。例如，1905 年成立了公共道路办公室，专门从事道路建设研究，还修建了邮政公路；开展了农业示范工作和成人教育工作；启动了农场

管理和市场营销工作。

之后，农业部的工作进行了几次改组。秘书办公室得到加强，农业部的行政管理日益集中在该办公室。农业部的经济工作得到绝对和相对的增长，并且于1922年成立了农业经济局（the Bureau of Agricultural Economics）。1914年通过《史密斯-利弗法》（the Smith-Lever Act），推广工作实现了制度化。为应对1920年代的农业大萧条，时任农业部长亨利·C. 华莱士（Henry C. Wallace）建议总统实施“农业平等”(Equality for Agriculture)计划，但并未成功。

然而，1897—1913年，威尔逊部长对农业研究、教育和规章制度的重视并未改变。农业部主要是一个调查研究和科学生产机构，依据研究结论开展行政管理活动，其工作人员对解决困扰农民的经济问题力所不逮。

美国的农业院校

1897—1914年，赠地大学开始设立农学院。传统学者与实用农学家之间曾存在分歧，但那段艰难的时期已经结束。到20世纪初，大学设置了标准的农业学科，每门学科均内容丰富，成为深入研究的基础。这些学科包括：

1. 土壤学
2. 农学
3. 植物病理学
4. 园艺学
5. 畜牧学
6. 兽医学
7. 农业经济学

上述领域的研究在20世纪初进展迅速，尤其在植物育种、植物病害、动物疾病和土壤化学等方面。农民们渴望得到这些研究成果的实用信息。为此，农业院校开展了冬季系列讲座和各类成人教育。1914 年的《史密斯–利弗法》通过创建联邦–州合作推广服务，使农业院校的推广项目制度化。根据联邦政府和各州达成的协议，农业部在各州的所有推广工作都由州立农业大学负责开展。因此，尽管州和郡的推广人员是美国农业部和农业院校的联合雇员，但他们实际上是农业院校的校外教员。多年来，美国县级推广机构一直充当着将农业院校的技术传播给农民的媒介。

美国农业院校并未成为预想的未来农民培训机构，却培养了高职教师、推广员和就职于研究机构的科研人员。私营研发机构将他们在农业基础科学领域做出的成果转化为新技术供农民采用。1897—1933 年，美国农业院校和农业部成为科学生产基地，并以此为基础建立了美国现代高效农业。

州立农业院校扮演了另一种角色，这种角色不如科学生产那样广为人知。在至少 75 年的时间里，州立农业院校为青年从农业
107 领域转移到非农生产领域提供了非常有效的渠道。受过大学教育的农村青年通常从事农业相关工作，农业综合企业中就有许多这样的人。也有农村青年被成功培养为从事技术性非农工作的人，他们是农业院校除了农业科研之外的第二种角色。多年来，雄心勃勃的农村青年发现，这是脱离农业的一个有效机制。

20 世纪早期，美国农业部作为首次汇集了大量农业科学家的机构，引领着美国的农业科学生产。随着农业院校与相关实验站的发展并且其主要关注科研和教育功能，以及在 1930 年代农业部进入经济领域后，农业院校成为美国主要的农业科研机构。1897—1933 年，科学技术生产成为农业院校的主要任务。

农业技术

1897—1933 年的农业技术以机械化为特征。机器更庞大，效率更高。1890 年代，中西部的商品粮主产区出现了由 8 匹马牵引的四底犁。耙地机、播种机、耕田机每年都在改进。

1900 年，定制谷物收割成为一种惯例；定制的收割机每年 6 月从得克萨斯开始进行作业，并随着气候变化一直向北推移，9 月至达科他和蒙大拿；该套设备通常包括：脱粒机（将谷粒从秸秆中脱出，运走秸秆，然后将谷粒打包）和蒸汽机（提供脱粒机运转的动力）。到 1900 年，出现了既能翻耕又不会翻倒的谷物联合收割机。尽管 1890 年代和 20 世纪初的蒸汽动力联合收割机每天可完成 100 英亩的作业，但仍然效率低下且很危险。

1900 年，农民需要动力强大的收割机。那时，每年大约生产 108
5000 台蒸汽拖拉机。但蒸汽机需要消耗大量的燃料和水，效率低下，且笨重难操纵。因此，动力仍主要由马匹和骡子提供。

1889 年，美国首先建造了安装在车辆上的内燃机——带有轮子的货车车架。但它不能产生足够的动力牵引力。在整个 1890 年代，发明者致力于增加牵引功率，减轻发动机的重量，并减小安装发动机的车架尺寸。1901 年，艾奥瓦州的查尔斯·哈特（Charles Hart）和查尔斯·帕尔（Charles Parr）成功地制造了第一台汽油动力拖拉机，并在几年之内大量生产。以他们名字“哈特-帕尔”命名的第一台拖拉机重约 10 吨，不过，几年后他们就生产了一台重约 5 吨能产生 30 马力的拖拉机。到 1909 年，估计至少有 30 家公司生产了汽油动力拖拉机，年产量约 2000 台。

1910—1920 年，汽油动力拖拉机在设计和效率方面得以改进，并得到快速推广。农场采用量从 1911 年的约 4000 台增加到 1920 年的 24.6 万台，到 1930 年增加到 92 万台。拖拉机的大批量生产和零部件的标准化，推动了拖拉机的广泛应用。农民可以购买标准化零件替换损坏的零件，而无须专门生产，保障了关键时期的拖拉机正常运转。

毫无疑问，汽油动力拖拉机的出现是这一时期最重要的技术进步，为农业劳作提供了高效可靠的动力来源，解放了畜力，也释
109 放了养活牲畜的土地，这些土地可用来生产口粮。汽油动力拖拉机的出现增加了单位产出，并取代了日益稀缺的劳动力。

其他技术发展：商业化肥、农用石灰和动物肥料的使用缓慢而稳定地增加。例如，氮肥的使用在 1910—1920 年翻了一番，在 1920—1930 年又增加了 50%。1910—1920 年农用石灰使用量增加了 3 倍，但是在 1920—1930 年增长缓慢。凡是有牲畜围栏的地方，如东北部和太平洋沿岸的奶牛场，人们收集动物粪便撒在农田上提高土壤肥力，农民们慢慢学会了提高地力的方法。

在植物育种和动物疾病控制方面，引进了抗旱和抗锈病的小麦品种。19 世纪后期，人们了解了许多动物疾病的病因（如蜱热、胸膜肺炎、肺结核和猪瘟），控制疾病的技术和方法也随之而生。伤口的治疗无疑需要无菌护理，免疫知识为控制人畜疾病开辟了道路。1903 年，一种预防猪瘟的疫苗问世；1914 年基本消灭了牛的蜱热。与猪瘟的斗争持续到二战，直到今天人们依然在与结核病和布鲁氏菌病作斗争。在 1897—1933 年，人们对动植物病因的了解迅速积累，大多数情况下，在发现病因后不久，控制这些疾病的技术和方法就被发明出来了，进而应用于农场的病害防治。

农业生产及市场

对美国农场主来说，20 世纪第一个十年形势喜人，但这并非因为普通农场主扩大了生产。1900—1910 年，农场总产量仅增长 110 了 8%。这一时期，由于农场土地资源的增长速度下降，加上农业技术回报尚未显现，农场总产量的增速放缓。事实上，该时段的农业生产率指数（单位投入产出）是下降的。

这 10 年里，种植业的增长受到种种限制。扩充的土地已基本用尽，优质耕地消失。只有像大平原这样的边境土地有待开垦。能够代替土地增产的关键技术尚未出现。

1910—1920 年几乎是前十年的重演。农业总产出增长缓慢，仅为 9%，原因在于缺乏供农民们扩充的土地资源。因而，此期间的农业生产力基本维持不变。

1920—1930 年的农业总产出增加了 15%，高于前十年。这是通过适度增加农业机械投入和提高生产率（即单位投入产出）实现的。

1897—1933 年农业产出增长缓慢。土地，这个看似取之不尽的资源，实际上已经枯竭。1910—1932 年，耕地面积增加了约 4600 万英亩，但增加的土地属于边境的低产区。1932 年，耕地面积 3.71 亿英亩，达到历史最高点。基于科学发展的农业技术革命尚需 20 年时间。因此，1897—1933 年的生产增长，部分源于耕地面积有所增加，部分源于农业生产率的提升，后者又得益于农业机械化程度的提高。

此阶段，美国的农产品需求以及市场变化剧烈，这是农业经济 111 从萧条走向繁荣再回到萧条的主因。1900—1910 年，国内人口的增长速度大约是农业产量增长速度的2.5倍。国内人口这种绝对和相对增长以及人均收入的快速增加，导致了农业价格的稳步上升。由于一战的爆发，1916—1919年的国内外农产品需求急剧增加，两种强劲的需求导致该时期农产品价格飙升。1920年，国外需求放缓，引起1920—1921年的农产品价格灾难性下跌。1920年代的国外农产品需求始终低迷，国内的农产品价格也没有恢复。农业出口额从1919年的41亿美元下降到1922年的18亿美元。整个20年代，农业出口大致维持在1922年的水平，1932年进一步下降到6.62亿美元。1919—1922年农产品出口的急剧下降是1920年代美国农民经济困难的主因。1929—1933年农产品出口的进一步下降加剧了他们的经济困境。

1897—1933年，美国农业总产量增长缓慢且稳定。由于总需求波动巨大，美国农民遭遇了农产品价格如过山车般变化的经历。他们在前半场的比赛中收获颇丰，却发现后半场的比赛令人胆战心惊，甚至苦不堪言。

信贷与合作

19世纪的大部分时间，信贷短缺和需求不足两个问题一直困扰着先驱农民。农民及其领袖始终在寻找更低息的贷款和更亲民的贷款形式，也需要增强自身的市场竞争能力，更需要找到与大垄断势力（如铁路）相抗衡的方法。1870—1890年代农政革命有两
112 个主要推动力：一是为农民获得更廉价可靠的贷款；二是发展合作营销协会，使农民掌握其产品营销主动权。但农民的这两项努力都没有成功。

20世纪农民取得了一些进展。由罗斯福总统任命的“乡村生

活委员会”在 1908 年的报告中指出，乡村生活的不足之处主要表现在“缺少公平有效的农业信贷体系”。1912 年，所有主要政党（民主党、共和党和公麋党）都在其纲领中主张政府应在农业信贷方面采取行动。1913 年，经国会批准，威尔逊总统任命了一个官方政府委员会随同一个私人“美国委员会”前往欧洲，研究欧洲国家的农业信贷和合作。在他们发布研究报告之后，于 1914 年将《摩斯–弗莱彻法案》（Moss-Fletcher bill）提交到国会。该法案提出了一个国家农业信贷体系，包括私人营利机构和合作协会。该法案遭到了一些农业团体的抨击，这些团体希望建立一个类似欧洲盛行的纯粹农业合作信贷体系，同时也受到一些农业组织的反对，这些组织渴望建立一个向农民提供直接贷款的政府机构。经过两年的论战，国会颁布了一项名为《1916 年农场贷款法》（Farm Loan Act of 1916）的折中法案，由威尔逊总统签署。该法案授权了由 12 家联邦土地银行组成的合作体系和以营利为目的的私人资本组成的股份制土地银行体系。联邦政府为合作土地银行提供了初始运营所需的部分资本，并对两种银行体系的贷款利率进行了规定。

一个长期的农业信贷体系于 1916 年形成。最初几年，土地储备进展缓慢。1916—1920 年的农业收入较高，与之前相比，农民对信贷的需求更少。此外，合作社体系的组织和资金认购计划非常新颖，需要农民用户进行学习。

1920 年代初，随着信贷需求的增加，私营股份制土地银行比合作土地银行更具吸引力。但在 1920 年代中期，和很多信贷机构一样，股份制土地银行在发放农地贷款方面遇到了困难。1920 年代末和 1930 年代初，这些股份制土地银行的财务状况逐步恶化。113

因此，在重组农业信贷机构之后，剩余的私人股份制土地银行于1933年被清算。

1933年是农业信贷领域的关键年。《1933年紧急农场抵押法》通过增加联邦土地银行的服务内容和联邦政府向银行提供的资金，为农民提供了多种形式的紧急贷款。《1933年农业信贷法》（Farm Credit Act of 1933）规定成立生产信贷协会（production credit associations），向农民提供短期和中期贷款，并设立12家地区银行和1家中央银行向农民合作社提供贷款。

随着大萧条的蔓延和加深，传统农业信贷的商业来源枯竭，但对农业信贷的需求却有增无减。为了满足该需求，联邦土地银行大幅度增加了农民的贷款总额。这些土地银行被授权发放可分期偿还的长期贷款，该贷款以农场的第一笔抵押担保。联邦土地银行的贷款不得超过土地“标准”估价的50%加上永久性改善估价的20%。贷款可用于购买土地、机械设备和牲畜。大部分贷款资金来自出售的土地银行债券。

19世纪，许多经营农产品的新营销机构应运而生。贸易委员会（Board of Trade）于1848年在芝加哥成立。1870年和1871年，利物浦和纽约建立了棉花交易所。但农民们对这些机构越来越不满。他们怀疑粮食和棉花价格受到了市场垄断的控制。因此，经济合作成为1870年代格兰奇运动的一项主要内容。当本地格兰奇成立后，第一步就是进行某种形式的合作交易。这些地方机构合并成地区和州一级的机构。如前所述，农民早期通过合作企业履行中间人、制造商和银行家职能的尝试，取得了短暂的成功。到1880年，由于缺乏资金、难以合作、农民缺乏商业经验，以及私营企业的竞争，导致大部分合作企业倒闭。

农业合作社（通常是当地的协会）的首次成功始于 1890 年代 114
末，并一直持续到 1920 年。同时，此期间的东、西海岸也出现了一些大型的联合合作社。经营橙子的加州果农交易所（California Fruit Growers Exchange）是西海岸的成功案例，而经营饲料和其他生产物资的格兰奇联盟（Grange League Federation，后来被称为“阿格威”［Agway］）则是东海岸的成功案例。但大多数农民合作社集中在艾奥瓦、明尼苏达和威斯康星，他们主要从事粮食、牲畜以及乳制品的生产和销售。到 1900—1920 年，已成立了近 1 万个农民合作社。这些成功的合作社专注于提高产品质量，在加工、存储和运输方面比单独经营者更有效率。成功的合作社虽然没有为会员带来巨大的垄断收益，但其收益确实高于效率低下的个体经营者。

但农场主们希望从合作社获益更多。在 1920 年代初和二战后的几年，“有序营销”成为流行语。许多农场主试图建立全国性的合作社，对农产品的销售实行垄断。因此，有必要澄清农民合作社的法律地位，并确保合作社不受各种反垄断法的约束。1922 年设立了《卡珀–沃尔斯特德法》（the Capper-Volstead Act）。依据该法，任何生产者协会均需为其成员的共同利益而运作，并至少符合以下一项要求：（1）无论占有多少股份，任何成员均只有一票的投票权；（2）合作社的股票或资本分红不超过 8%，属于合法经营，不违背反垄断法。农业部长对合作社的定价拥有管辖权。

有了法律的授权，农场主们准备参加萨皮罗运动（the Sapiro
movement），垄断农产品销售。年轻的亚伦·萨皮罗（Aaron 115
Sapiro）曾为加州几家合作社担任律师。他深信，可将当地特色作物的营销实践应用于主要的国家农产品，如小麦和牲畜。他提倡

“美国式合作”，即生产者加入高度集中的销售合作社，这些合作社经法律授权与其成员签订有约束力的合同，要求成员在几年内将其所有产品交付给所涉合作社。合同签订后，合作社就能够对农产品的销售实行垄断控制。在这样一个组织有序的世界里，这些农场主可自行决定商品的售价，进而获得市场垄断收益。

1920 年中期，小麦和玉米的价格开始下跌，生产商开始对萨皮罗的想法产生了兴趣。1920—1921 年冬天，萨皮罗与小麦和玉米种植者的领袖合作，这个被称为“十七人委员会”的组织建议成立一个全国性的谷物合作营销协会，即美国谷物种植者合作社（the U. S. Grain Growers）。该计划雄心勃勃，呼吁建立迄今为止由私人粮食贸易提供的所有机构和设施。1921 年 4 月，谷物种植者合作社在芝加哥举行的一次会议上通过了该委员会的建议，并选举产生了董事会，宏伟计划开始启动。该组织自成立伊始就内部纠纷不断，加盟行动陷入困境。结果表明，很多农场主对加盟不感兴趣。谷物销售垄断的梦想由此破灭。到 1922 年夏天，建立全国性谷物合作社的努力也已然失败。

但萨皮罗并未放弃。1921 年，他与畜牧生产者合作，试图建立一个全国畜牧生产者合作社。不久，他又与棉花和烟草种植者
116 合作，建立了集中的全商品范围合作营销协会。在这三种情况下成立的合作社，几年后均宣告解散。到 1924 年，萨皮罗的思想已经过时。农场领导者们认识到了建立全国性商业组织的艰难。同时，他们进一步了解到，使生产者签订有约束力的合同，并长期向集中营销合作社交付其产品，从而实现农场主的经营垄断，也困难重重。关键时刻，多数农场主都不愿在有约束力的合同上签字。在理论上这是个好主意，但在实践中却难以执行。然而，垄断的理念

在 1970 年代末仍然盛行。在 1929 和 1930 年，联邦农业委员会中再次出现发展全国性商品合作社的想法。

求助政府的农民

随着 1920—1921 年冬季农业萧条的加剧，华盛顿的各类农业组织在 4 月召开了为期十天的会议，试图确立其立法策略。会议组织者格雷·西尔弗（Gray Silver）也与来自农业州的有影响力的国会议员举行了会议。后者被称为“农场集团”（Farm Bloc）。在农业组织的帮助下，农场集团的国会议员于 1921 年通过了五项农业立法。主要包括：

1.《包装商和牲畜市场法》（the Packers and Stockyards Act）；

2.《期货交易法》（the Futures Trading Act）；

3.《紧急农业信贷法》（the Emergency Agricultural Credits Act）；

4.《农场贷款法》（the Farm Loan Act）修正案提高了农业信贷系统销售的债券的利率，但没有提高农民的贷款利率；

5.《农场贷款法》的第二修正案增加了联邦土地银行的资本。

但这些法案的经济目标有限，缺乏处理 1921 年美国农业普遍问题的能力，换言之，农产品总需求的减少主要是外国需求减少导致的。然而，在采取行动之前，国会希望得到更多的 1921 年经济低迷的信息。因此，1921 年 6 月，国会两院同时通过了成立农业调 117
查联合委员会的决议。本尼迪克特（Benedict）教授指出，委员会的任务是确定：

1. 当时农业现状的原因。

2. 生产者获得的价格与消费者最终支付的价格之间存在差异的原因。

3. 工业与农业状况的比较。

4. 农产品与非农产品价格的关系。

5. 国家的银行和财政资源状况，因为它们关涉并影响农业信贷。

6. 国内市场和交通设施状况。[3]

委员会按照指示在 90 天内提出了下列建议：

1. 联邦政府授权农民进行更具体的合作，以销售、分级、分类、加工和分销其产品。

2. 应通过现有的银行系统为农民提供为期 6 个月至 3 年的信贷，以便与农业生产和销售的周转期更吻合。

3. 鼓励各州通过统一的立法，改进联邦特许仓库的规定，规范仓库管理员的责任和行为。

4. 尽快降低农产品的运费。

5. 扩充农业部的统计数据。

6. 将经费主要用于出口农产品的生产和消费。

7. 贸易协会在州和联邦的许可下，制定更准确、统一和实用的农产品等级。

8. 为记录农产品的生产成本拨出足够的经费。

9. 由州政府、农业部和农业院校开展广泛有效的研究项目，减少气候条件、动植物病虫害的影响。

10. 为商品（尤其是易腐商品）批发提供更充足的港口设施。

118 11. 改善从农场到市场的道路，并为终端市场提供连接水路和陆路运输的设施。

12. 尽全力改善社区生活。[4]

但本尼迪克特教授进一步指出：“委员会没有抓住整个调查的重点。”[5] 委员会并没有集中分析当时农业萧条的原因和应对策略，提出的一系列建议过于随意，这些建议已经在农业界讨论了多年。为了关注农业萧条问题，农业部长亨利・华莱士于 1922 年 1 月召开了全国农业会议。会上，伊利诺伊州莫林犁公司的乔治・皮克（George Peek）公布了他和同事休・约翰逊（Hugh S. Johnson）正在开发的计划。这项名为“农业平等”的计划呼吁国会和美国总统采取必要措施，立即建立“农产品与其他商品的公平交换价值”，从而产生了农业平价的概念。

这项实现农业平等的行动计划包括三个基本步骤：

1. 每种作物的总产量将分为两部分。考虑到国内需求，第一部分将投放国内市场，使农场主获得公平的交换价值——平价。

2. 第二部分在国际市场上以一定的价格出售。

3. 当农产品在国际市场上以较低价格出售时，所遭受的损失由生产者分担。

这是基本理念。如果将该计划纳入立法，会与之前不同，特别是在谁将承担损失方面。大多数农业领袖希望联邦政府能承担损失。但在 1924—1928 年，当俄勒冈州参议员麦克纳里（McNary）和艾奥瓦州众议员豪根（Haugen）向国会提议后，情况并未改变。这是一个大胆的出口倾销计划，将剩余农产品倾销到国际市场，而后通过关税壁垒限制其回流到国内市场。这可能会奏效一段时间，但必会引起竞争国和进口国的报复性行动；因此，最终会导致什么 119
结果，也只是一个猜测。

但农民很快接受了这个观点。在 1920 年代，对农民来说，农业平等或平价的概念是完全公平的，为解决农业问题提供了一个简单直接的途径。1924 年 1 月，参议员麦克纳里和国会议员豪根向国会提出的法案中包含了“农业平价计划”的基本特征；该法案得到了华莱士国务卿的默许。事实上，将这项计划付诸行动并非易事。首先，需成立一家出口公司。对平价的概念加以界定并具可操作性。其次，设置关税壁垒，将国际低价农产品挡在国内市场之外。最后，还要建立一种机制支付农产品价格，将农产品分成两个市场，并以不同的价格出售。美国农业部承诺该计划将得到有效实施，并于 1924 年 5 月向国会提案。6 月，众议院否决了该法案；反对者指责这项计划操纵价格，属于违宪。1925 年和 1926 年，国会也否决了其他类似的法案。

1927 年 2 月，国会通过了麦克纳里–豪根法案（McNary-Haugen bill），法案的措辞有所改变，并规定了农民合作社在计划中的角色。但柯立芝（Coolidge）总统强烈反对该项立法。他指出：（1）该计划旨在以牺牲其他地区农民利益为代价，帮助某些地区的农民（即奶农付出代价，粮农受益）；（2）该计划涉及定价行为；（3）该计划难以管理；（4）该计划中吸收出口损失的“平价”，代表了国会征税权的违宪授权。1927 年该计划夭折。

1928 年农民再次争取。新的麦克纳里–豪根法案尽可能考虑到了总统的反对意见，该法案以压倒性的赞成票在国会获得通过。
120 柯立芝总统再次否决了该法案。农场集团的国会议员竭力推翻该否决，但在参议院只获得四票。

1928 年的总统竞选，农业平价计划作为一个重要议题，其行动在 1920 年代达到高潮。但是赫伯特·胡佛（Herbert Hoover）和柯立芝一样，强烈反对该项计划的理念。1929 年人们渴望修订版的农业平价计划（即“国内分配计划”）能够通过，但随着新总统的上任，该计划宣告失败。

胡佛总统认为，通过实现农产品在国内外市场的有效商品化，减少投机，提高营销效率，可以成功地解决农业问题。这些目标将通过 1929 年的《农产品销售法》（the Agricultural Marketing Act）实现，该法设立了一个有权向合作社提供贷款的农业委员会，贷款用于如下方面：

1. 改进农产品的销售；
2. 建造或获取装卸设备；
3. 组建票据交易协会；
4. 扩充合作营销和采购协会的成员；
5. 为合作社的种植者提供多于常规信贷机构的现金预付款。

胡佛总统在《1929 年农产品销售法》框架内主张制定的行动纲领，并未给领军农场主留下深刻印象。如果 1929 年农产品价格不再下跌，也许农产品销售体系会有些许改进，这些改进将对农民和消费者均有益，但事实并非如此。1929—1932 年，粮食价格下降了近 50%。为此，农业委员会试图通过向稳健的企业发放贷款的方式收购剩余产品，并将其挡在市场之外，以遏制农业价格的下滑。

但是，委员会没有足够的资金收购市场上的小麦、棉花和玉米这些大宗作物，以阻止它们在全球市场上的价格下跌。每当企业释放一种作物的库存，为来年大宗作物腾出空间时，市场价格就会进一步下跌。委员会及其补贴的企业没有财力阻止世界大宗商 121
品价格的下跌，除了继续压低农产品价格，别无他法减少积压的库存。委员会向红十字会赠送了少量小麦，并在国际市场上交换了一部分。但它无法走出经济困境，因为根本没有出路。因此，在

1931 年末和 1932 年大萧条最严重之时，董事会无法作为，因为资金已经耗尽。如果在市场上出售商品，价格将进一步下跌，更不必说在销售活动中遭受的损失了。

这段时期没有新的农业政策出台。农民们只能盼望奇迹出现，或者静待风暴过去。哈佛大学的约翰 · 布莱克（John D.Black）和蒙大拿大学的M. L. 威尔逊（M. L.Wilson）等教授正忙于制定推广国内拨款计划。农业组织的领导者正试图就某项政策战略达成一致，希望下一届政府能够实施该战略。那是一段极度沮丧、灰暗的时期，希望渺茫，没有活力。

推荐阅读

1. Benedict, Murray R., *Farm Policies of the United States, 1790–1950: A Study of Their Origins and Development*, New York: Twentieth Century Fund, 1953, Chaps. 7, 8, 9, 10, and 11.
2. Schlebecker, John T., *Whereby We Thrive: A History of American Farming*, Ames, Iowa: Iowa State University Press, 1975, Chaps. 15, 16, 17, and 18.
3. Soule, George Henry, *Prosperity Decade: From War to Depression, 1917-1929*, Vol. Ⅷ of *The Economic History of the United States*, New York: Rinehart Press, 1947, Chap. Ⅺ.
4. U. S. Department of Agriculture, *Century of Service: The First 100 Years of the United States Department of Agriculture*, Washington, D. C. : Government Printing Office, February 1963, Chaps. 4, 5, and 6.
5. U. S. Department of Agriculture, *Farmers in a Changing World. 1940 Yearbook of Agriculture*, Washington, D. C. : Government Printing Office, pp. 236–326.

第七章 技术革命：1933—1970年

大萧条

在该时期的开始，农业经济正陷入严重的萧条之中。大萧条触 122
底或许发生在1932年，农产品价格和工业生产水平均达到最低点。随后几年，农业和非农经济缓慢复苏。1933—1937年，农产品价格和农场收入缓慢上升，之后在1938—1939年再次下降（图7.1）。

1930—1934年，每个农场的平均年净收入为454美元，直到1941年（美国加入二战那年）才超过1000美元。在这种情况下，1930年代每年都有成千上万的农场主破产，但他们通常继续留在原土地上成为佃农，或被新的农场主取代。结果，该时期的农场数量几乎未变，仍保持650万左右。与此相应，美国农场总人口于1929—1933年略有增加，1933—1939年又缓慢下降。在这10年间，农业总人口大约稳定在3100万。

然而，1930年代的经济萧条对农业投资产生了重大的负面影响。1930—1935年，由于农业机械、车辆和建筑物的折旧超过了
新投资，对农作物和设备的净投资平均每年为负3.36亿美元。由 123
于净投资减少以及生产资料购买量的下降，从1929—1934年，农业生产资料的总投入每年下降约2%，随后在1934—1940年又缓慢增加。

1939年实际用于农业的总资源少于1929年。1929—1939年农业总投入下降的另一个原因是劳动工时的大幅下降，尤其在

1930年代后半期。但是被解放的劳动力——农场主及他们的家人——基本没有离开土地，或者至少没有离开农村地区，因为他们无法离开。1930年代农业部门有着大量剩余或未充分就业的劳动力。他们看起来并未失业，因为所涉人员与其共同生活的直系亲
124 属共享了迫不得已的休闲和低回报的农作。这就是1930年代农民生存的方式。在大萧条时期，大量未充分就业的劳动力利用有限的资本及土地，年复一年地进行生产以获得极其微薄的回报，等待着经济奇迹的出现。

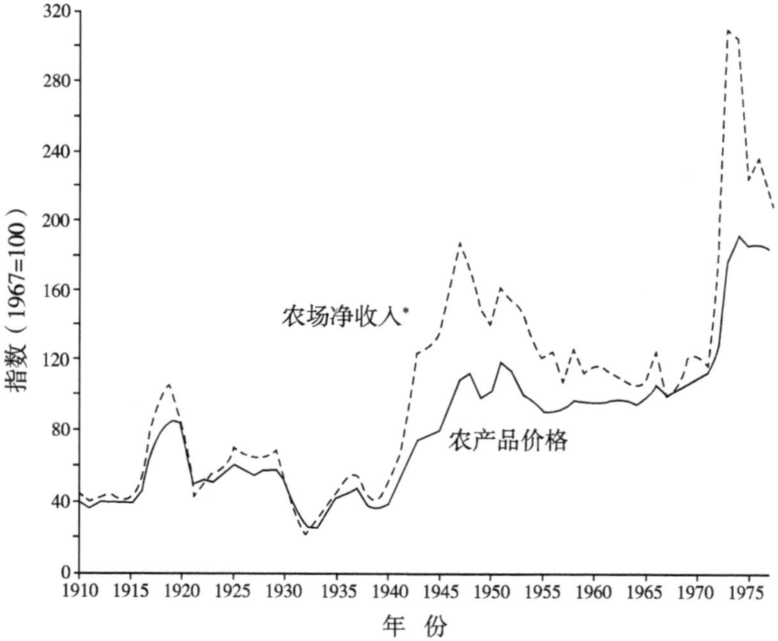

* 不包括政府支付

图7.1　1910—1977年美国农产品价格和农场净收入指数

战时与战后的繁荣

农民等待的奇迹出现在二战之时。战争从两个方面增加了对美国农产品的需求。一方面，军人对食物和纤维品需求的增长，促进了出口；另一方面，战争相关行业的就业增加以及工资上涨，推动了国内的食物和纤维品需求。随着国内外需求的增加，农产品价格在 1940 年开始攀升。1940—1946 年，美国农产品价格上涨了 138%；农业总收入增加了 167%；农民净收入增长了 236%。农产品价格和收入的攀升似乎足以让最阴郁的农民倍感欣慰。

但是，在 1945 年和 1946 年，农场家庭普遍担心农产品价格会像一战后那样崩溃。1946 年，农产品价格并未下跌，农民的恐惧和忧虑得以缓解。与此相反，1946—1948 年，国内农产品价格又一次大幅上涨。其原因包括几个相互作用的因素：（1）敌对行动终止后，美国政府向农民提供两年的价格保障；（2）避免战后经济衰退，并维持国内旺盛的粮食需求；（3）通过向饱受战争蹂躏的欧洲和亚洲部分地区提供粮食援助项目，维持强劲的国际需求；（4）在 1945 年和 1946 年取消食品配给和价格管制。

农产品价格在 1949 年急剧下跌，因朝鲜战争的影响又于 1950 年上升。在 1951 年的战后时期，农产品价格达到了顶峰，其后开始长时间下滑。但对美国农民来说，这是另一个极其繁荣的时期， 125
持续了 12 年之久。事实上，这段持久的繁荣足以令许多农民，尤其是年轻的农场主，忘记 1930 年代的经济困境。

1939—1945 年，除了农产品价格上涨之外，农场家庭还经历了一些重大变化。军队对人力资源的需求以及工业对从业工人的渴望，打破了经济壁垒。战争创造了数以百万计的就业机会，农业领域未充分就业的人已做好准备离开土地，到城市寻找薪水更高、生产率更高的工作——年轻的农业劳动力大量外流。因此，农业人口从1939年的约3100万下降到1953年的约2000万，14年间下降了35%。战争带来了1930年代的充分就业和经济复苏，这是罗斯福新政无法做到的。充分就业使劳动力流动的障碍变得微不足道。

在整个1930年代，作为美国科学生产机构的农业院校和农业部，继续其本职工作，即发现新的科学规律。这些机构和私营企业，正致力于将新发现的科学知识转化成供农民使用的新技术。但是，在1930年代，大部分新技术并未被农民采用，因为采用新技术需要投入，农民缺乏资金，也难以取得贷款。因此，农业技术在1930年代被搁置，到1939年也基本处于未开发状态。

战争及战后的繁荣也改变了这一状况。随着农产品价格和收入的增加，农民获得了资金和信贷，用于购买推广机构和农场报纸推荐的新技术。他们积极跟进，将新技术应用于生产实践，降低了单位成本，提升了产量。只要经济条件允许，农民们基本都会做出合理的生产决策，在战时充分运用新技术。

技术进步

126 在大萧条和战时繁荣期，农业技术进步主要体现在机械方面。拖拉机在1930年代得到了巨大改进。相同功率的拖拉机重量有所减轻。充气橡胶轮胎代替了铁轮或钢轮，这不仅使拖拉机驾驶起来更加舒适，而且大大降低了燃油消耗。齿轮传动比的改变将拖拉机的行驶时速提高到20英里，田间作业时速达3英里—5英里。

由于这些改进，农场拖拉机的数量大大增加。1940 年，农场使用的拖拉机达 160 万辆；1950 年，增至 340 万辆；1960 年增至 470 万辆。到 1950 年，曾作为农场畜力的马匹基本消失。

很多农业机械的发展得益于拖拉机动力的增强和速度的提升。圆盘犁开始普及，尤其在黏土中应用广泛。在 1940—1950 年代，六排或八排播种机取代了单排播种机，通过一次作业完成犁地、播种、施肥等步骤在 1960 年代已司空见惯。到 1950 年，大多数小谷物由联合收割机进行收割。1930—1940 年代，玉米摘穗机被广泛采用。到了 1950 年代，摘穗脱粒机开始流行。1940 年代人们开始使用由拖拉机牵引的单排摘棉机，而大型的自行式摘棉机在 1950—1960 年代开始广泛推行。仅此一项进展就将棉花生产所需的工时从每英亩 150 小时削减到了每英亩 25 小时左右。1940 年代，干草制造设备有了显著改进，到了 1960 年代，大多数手工操作已被淘汰。1950 年代，青贮设备的改进节省了时间和能源，一个劳动力就可处理大量的牲畜饲料。最后，在 1950 年代，自动化挤奶大体实现了，到 1960 年，几乎没有商业的牛奶产品是使用罐头处理的；牛奶的批量处理基本完成。

1930—1950 年代美国农场的机械进步，与之前一百年的农场革命具有同样的本质——取代了人力和畜力。在其后的几十年里， 127
机械进步的迅猛发展极大地降低了人力需求，进而引发一场农业机械革命。农业劳动力投入在 1940 年代、1950 年代和 1960 年代分别下降了约 26%、35% 和 39%。内燃机与先进的整地、播种、收割机器的结合，几乎替代了农业中所有的体力劳动，使得农业劳动力的投入只占了总投入的一小部分。

然而，机械革命并非美国农业于 1933—1970 年发生的唯一革命。美国农场也正在经历一场生物和化学技术革命。人们通过 20 世纪第一个 10 年的玉米施肥试验，了解到了下一个 10 年杂交玉米的发展方向。在 1920 年代，亨利 · 华莱士（Henry A. Wallace）成为首个杂交玉米种子生产商。早期的玉米杂交品种使每英亩单产增加了 2—3 倍，收益增加了 300% 或更多。大萧条时期农场主减少了杂交玉米的种植，但是在 1940 年代早期，玉米主产区的农场主大都种植了杂交玉米。[1] 小麦及其他作物的育种工作的进展虽然不如玉米显著，但也研制出了很多抗旱和抗病品种，几乎所有农作物的产量均有所提高。

人们在培育高产的抗旱抗病新品种的同时，也研发了新的生物化学技术来对付虫害和杂草。这些技术不仅减少了劳动力需求，还提高了产量。但是，该时期产量的提升主要归功于商业化肥的使用。在 1940—1970 年，随着作物品种的改良和种植面积的增加，农民大幅度提升了肥料（氮、磷和钾）的使用。1940—1950 年，氮肥和钾肥的用量增加了一倍多。1950—1960 年，氮肥用量几乎增加了两倍，钾肥用量增加了约一倍。在 1960 年代，氮肥用量再次翻番，钾肥用量也几乎翻了一番。更具体地说，农场主的氮肥用量从 1940 年的 4.19 亿吨增加到 1970 年的 74.59 亿吨，钾肥用量
128 从 1940 年的 4.35 亿吨增加到 1970 年的 40.35 亿吨。随着施肥率的大幅提高，该时期的产量猛增。

表 7.1　1870—1970 年部分年份[a]四种重要作物的每英亩产量

年份	小麦（蒲式耳）	玉米（蒲式耳）	土豆（英担）	棉花（英担）
1870	12.7	26.1	52.6	174.2
1900	13.2	24.8	49.9	182.6

续表

年份	小麦（蒲式耳）	玉米（蒲式耳）	土豆（英担）	棉花（英担）
1930	14.5	23.6	65.9	177.6
1935	12.3	20.5	66.3	185.4
1940	15.4	30.0	77.4	240.8
1945	17.3	34.4	97.7	263.1
1950	15.7	37.8	145.0	273.4
1955	19.4	42.9	165.6	389.0
1960	24.0	56.5	188.2	448.3
1965	26.2	69.7	203.3	508.0
1970	31.8	80.8	226.3	436.7

资料来源：Century of Agriculture in Charts and Tables, Agricultural Handbook No.318, U. S. Department of Agriculture, Statistical Reporting Service, 1966; and Agricultural Statistics, 1972。

注：a. 以该年为中心加上前后两年的 3 年平均值。

该时期主要作物的单产增幅详见表 7.1。此外，从表 7.1 还可获得更多信息：1870—1935 年，小麦、玉米、土豆和棉花的单产几乎没有增加，这种情况同样适用于其他作物；然而，从 1940—1970 年作物单产基本处于上升状态。小麦产量的增长逊于其他作物，因为小麦是在美国低降雨量的条件下种植的。如表 7.1 所示，另外三种商品及其他很多作物的产量在 1940—1970 年的 30 年间大幅增加。这就是美国生物和化学技术革命的成果。

在此期间，动物生产领域也有一些重要的技术进步。家禽生产中的饲料转化率显著提高。防疫技术的进步和现代药物与疫苗的

129 使用，有效控制了动物疫情。随着动物营养知识的普及，动物的饲养方法得到改进。最后，饲养牲畜的建筑物和设施得到了改善，提高了牲畜和畜产品的生产率。除了家禽，畜牧业生产力的增长可能不如农作物显著，但其重要性和广泛性不容忽视。

值得一提的是发生在美国1933—1970年后半段的第四次技术革命——管理革命。这些管理技术在非农经济部门已经被广泛采用。这场革命也让一些农场主开始运用管理技术，包括进入期货市场，采用套期保值的管理实践，使用计算机信息技术制定投入、销售、投资、税收等战略。这场管理革命的参与者并非1950年代和1960年代的所有美国农场主，所涉的农场经营者只占到10%到15%。这些少数精干的农场主综合利用机械、生物化学、畜牧和管理革命，逐渐成为1950年代至1970年代最锐意进取和实力雄厚的农场主。（该主题将在第十九章详细讨论。）

农业结构变迁

到1933年，大多数农场主到市场上销售农产品。但是，农场投入仍然依赖自有资源，并未转向市场。这种情况在1933—1970年有所改变——农场主越来越倾向于从市场寻求投入。这方面的证据从表7.2可见一斑。1933—1970年，非采购投入（由农场企业提供的投入）减少了近一半，而从非农业部门获得的采购投入增加了一倍多。与美国的大多数企业一样，农场企业在1970年已经高度商业化了。

表 7.2 1930—1970 年美国农业总投入和主要投入子群指数（1967 年=100）

年份	总投入			农业劳动力[d]	农场房地产[e]	机械动力与机械[f]	农药[g]	饲料、种子和牲畜采购[h]	税收和利息[i]	其他[j]
	全部[a]	没有购买[b]	购买[c]							
1930	101	176	50	326	101	39	10	30	75	83
1931	101	178	49	333	99	38	8	26	76	87
1932	97	173	46	321	96	35	5	27	79	84
1933	96	170	46	321	97	32	6	28	75	82
1934	90	156	44	288	96	31	7	27	69	76
1935	91	158	46	299	99	32	8	25	63	76
1936	93	156	50	291	99	34	10	34	68	75
1937	98	165	52	314	100	38	11	32	63	82
1938	96	158	53	293	101	39	11	33	69	76
1939	98	158	57	294	102	40	11	41	72	78
1940	100	159	58	293	103	42	13	42	72	78
1941	100	158	59	288	102	44	14	45	73	79
1942	103	166	60	296	100	51	15	48	73	76

续表

年份	总投入			农业劳动力	农场房地产	机械动力与机械	农药	饲料、种子和牲畜采购	税收和利息	其他
	全部	没有购买	购买							
1943	104	166	61	292	98	55	17	52	77	79
1944	105	167	62	289	98	57	20	52	79	82
1945	103	161	62	271	98	58	20	54	80	80
1946	101	155	63	260	102	57	21	53	81	81
1947	101	152	65	246	103	64	23	55	81	83
1948	103	152	67	240	103	72	25	56	79	87
1949	105	152	70	231	104	80	27	61	82	91
1950	104	150	70	217	105	84	29	63	82	87
1951	107	153	73	218	105	90	32	67	82	93
1952	107	150	75	208	105	94	35	69	85	93
1953	106	148	75	200	105	96	36	69	86	92
1954	105	146	75	192	105	96	37	71	85	90

续表

年份	总投入			农业劳动力	农场房地产	机械动力与机械	农药	饲料、种子和牲畜采购	税收和利息	其他
	全部	没有购买	购买							
1955	105	143	76	185	105	97	39	72	88	94
1956	103	138	77	174	102	98	41	75	87	90
1957	101	131	77	162	102	97	41	74	86	94
1958	100	127	80	156	100	97	43	79	87	98
1959	102	125	84	151	101	98	49	84	93	103
1960	101	119	86	145	100	97	49	84	94	105
1961	100	116	87	139	100	94	53	88	95	105
1962	100	113	89	133	100	94	58	90	96	108
1963	100	110	91	129	100	93	65	90	98	109
1964	100	108	93	122	100	93	71	92	99	113
1965	98	103	93	110	99	94	75	93	100	109
1966	98	100	96	103	99	96	85	97	100	104

续表

年份	总投入			农业劳动力	农场房地产	机械动力与机械	农药	饲料、种子和牲畜采购	税收和利息	其他
	全部	没有购买	购买							
1967	100	100	100	100	100	100	100	100	100	100
1968	100	99	101	97	99	101	105	101	101	106
1969	99	98	101	93	98	101	111	101	100	105
1970	100	97	102	89	101	100	115	104	100	109

资料来源：*Changes in Farm Production and Efficiency, 1977*, Statistical Bulletin No. 612, U. S. Department of Agriculture, Economics, Statistics, and Cooperatives Service, November 1978, pp. 56–57。

注：a. 以固定美元计算；

b. 包括经营者和无薪家庭劳动力，以及经营者拥有的房地产和其他资本投入；

c. 包括除非采购投入之外的所有投入；

d. 包括雇佣、经营者和无薪家庭劳动；

e. 包括农场的所有土地、服务性建筑、放牧费和服务性建筑修缮；

f. 包括机械动力和机械的利息与折旧，修理、执照和燃料费用；

g. 包括肥料、石灰和杀虫剂；

h. 包括饲料、种子和牲畜采购的非农业价值；

i. 包括不动产税和个人财产税，以及牲畜和农作物存货的利息；

j. 包括保险费、电话费、兽医费、货柜和捆装材料。

农业投入构成的具体变化参见表 7.2。1933—1970 年，农业劳动力投入下降了 70% 以上，主要源于家庭劳动力投入的减少。 132
农业机械、农用化学品、饲料、种子和牲畜的投入却急剧增加。从表 7.2 可以看出，这一时期农业机械投入增长了 212%，化学物质投入增长了 1800%，饲料、种子和牲畜的采购投入增长了 270%。可见，1933—1970 年农业发生了巨变，尤其是人为资本在某种程度上取代了人力劳动。然而，在这场农业生产资本化的伟大变革中，唯有农业用地的投入几乎没变。

在农业经营性质巨变的同时，农场规模和数量也发生了重大改变。美国的农场数量从 1935 年的 680 万减少到 1970 年的 300 万，35 年内下降了 56%（1939—1969 年更详细的数据见表 7.3）。

可以预期，随着农场数量的减少，农场的平均规模将增加。这一点在表 7.3 中得到印证。该表中的农场按销售总额或总收入加以分类。换言之，表 7.3 中的农场规模是依据每个农场的销售额进行衡量的，这也是确定企业规模的常用经济指标。由表 7.3 可知，在这段时期内，总收入低于 5000 美元的农场数量呈下降趋势，而总收入超过 20,000 美元的农场数量却呈增长态势。总收入在 5000 美元—19,999 美元之间的农场数量先增后减。最后，总收入超过 40,000 美元的农场数量从 1939 年的 32,000 家增加到了 1969 年的 219,000 家。

在 1939—1945 年，单位产品价格的提高是农场总收入增加的主因。换言之，在此期间，农场总收入的增加，不是因为销售了更多的农产品，而是以更高的价格销售了等量的农产品。价格的增加显然不是生产单位规模增加的原因。

表 7.3　1939—1969 年按农产品销售价值分类的农场数量和百分比分布

年份[a]	100,000 美元及以上	40,000 美元—99,999 美元	20,000 美元—39,999 美元	10,000 美元—19,999 美元	5000 美元—9999 美元	2500 美元—4999 美元	少于 2500 美元	全部农场数量
				农场数量（千）				
1939	32[b]		71	245	663	1198	4232	6441
1944	42		102	342	810	1141	3566	6033
1949	51		114	372	807	1030	3348	5722
1954	63		137	398	725	869	2606	4798
1959	20	86	219	503	693	654	1922	4097
1964	32	114	268	482	534	469	1558	3457
1969	51	168	330	400	413	436	1201	2999
				农场分布百分比				
1939	0.5		1.1	3.8	10.3	18.6	65.7	100
1944	0.7		1.7	5.7	13.5	19.0	59.4	100
1949	0.9		2.0	6.5	14.1	18.0	58.5	100

续表

年份[a]	100,000 美元及以上	40,000 美元—99,999 美元	20,000 美元—39,999 美元	10,000 美元—19,999 美元	5000 美元—9999 美元	2500 美元—4999 美元	少于 2500 美元	全部农场数量
1954	1.3		2.9	8.3	15.1	18.1	54.3	100
1959	0.5	2.1	5.3	12.3	16.9	16.0	46.9	100
1964	0.9	3.3	7.8	13.9	15.4	13.6	45.1	100
1969	1.7	5.6	11.0	13.3	13.8	14.6	40.0	100

资料来源：*Farm Income Statistics*, Statistical Bulletin No. 576, U. S. Department of Agriculture, Economic Research Service, July 1977, pp. 32–52; and *The Expanding and Contracting Sectors of American Agriculture*, Agricultural Economic Report No.74, USDA, ERS, May 1965, p. 24。

注：a. 从 1959 年到 1959 年有 48 个州；此后有 50 个州；

b. 出现在前两个类别之间的数字适用于这两个类别。

133 农产品价格在 1949—1969 年基本维持不变。但是，总收入低的农场数量继续下降，而总收入高的农场数量继续增加。显然，这一时期的农场平均规模有所增加。普通农场主的生产量和销售量均上涨。

农场规模的扩大何以发生？它是规模更大、更具进取心的农场主联合行动的结果。他们利用自己雄厚的经济实力，收购了那些面临倒闭的、规模较小、效率较低的农场主的生产性资产。他们运用掌握的商业“诀窍”获取所需的信贷，以得到更多的非农生产资本（例如更多的化肥，更大的拖拉机，以及相关资本）。他们凭借拥有的先进技术“秘诀”，采用新的和改进的技术，提升其生产
134 能力（例如，单亩产量的增加）。总之，在 1940—1970 年，那些规模更大、更进取的农场主变得更强大、更高产，而那些规模小、安于现状、效率低的邻居农场被逐渐淘汰。

通过对表 7.3 和表 7.4 的分析可知，农业生产越来越集中在少数农场主手中。1939 年，收入最高的前 15.7% 的农场主（收入在 5000 美元以上的 101.1 万农场主）占农产品销售量的 62.2%；1969 年，仅 7.3% 的农场主（收入 4 万美元以上的 21.9 万农场主）占农产品销售量的 52.7%，18.3% 农场主（收入 2 万美元及以上的 54.9 万农场主）占农产品销售量的 73.1%。与此相反，收入较低的 68.4% 的农场主（收入不足 1 万美元的 20.5 万农场主）仅占 1969 年的农产品销售量的 13.8%。

总之，美国的农业结构在 1931—1970 年发生了根本性变化。农场数量减少、农场规模变大、生产集中于少数大农场，农场更加商业化和资本化，这些方面的变化都是质的飞跃。

表 7.4　1939—1969 年按农产品销售价值分类的农业总现金收入的百分比分布[a]

单位：%

年份[b]	100,000 美元及以上	40,000 美元—99,999 美元	20,000 美元—39,999 美元	10,000 美元—19,999 美元	5000 美元—9999 美元	2500 美元—4999 美元	少于 2500 美元	全部农场总比例
1939	14.8[c]		8.7	15.5	23.2	22.0	15.8	100
1944	17.9		9.8	18.3	23.9	17.7	12.4	100
1949	20.6		10.9	18.7	22.4	14.8	12.6	100
1954	23.3		13.6	20.5	20.2	12.4	10.0	100
1959	15.9	14.9	18.1	21.6	15.7	7.6	6.2	100
1964	22.6	17.9	20.0	19.1	10.9	4.9	4.6	100
1969	31.2	21.5	20.4	13.1	6.9	3.6	3.3	100

资料来源：*Farm Income Statistics*, Statistical Bulletin No. 576, U. S. Department of Agriculture, Economic Research Service, July 1977, p. 53; and *The Expanding and Contracting Sectors of American Agriculture*, Agricultural Economic Report No. 74, USDA, ERS, May 1965, p. 24。

注：a. 包括来自定制工作和娱乐用途的收入；

b. 到 1959 年有 48 个州；此后有 50 个州；

c. 出现在前两个类别之间的数字适用于两个类别。

135 与农业结构调整并行的是：（1）为农民提供生产性商品与服务的服务性产业的发展；（2）将农产品从农场转移到消费者手中的加工和分销产业的发展。到 1960 年代，依据农场对非农产品使用量的增加可以推断出服务业的规模。但是，加工和分销产业的发展更迅速，其自 1820—1860 年美国农业专业化和商业化初期就开始发展。然而，随着 20 世纪生产专业化程度的提高，以及 1933—1970 年人均收入的增加，对加工和分销产业的需求大幅度上升。该产业通过扩充并改善其在装配、储存、运输、加工、包装、批发、零售以及食品配售方面的设施和服务以满足人们的需求。到 1960 年代末，食品营销领域的发展已经使食品生产或农业生产行业相形见绌。

通过对图 7.2 的研究，可以透视整个农业系统结构的变化。由
136 图 7.2 可知，1968 年，非农业领域向农业领域出售的生产投入达 290 亿美元。农业经营对食物和纤维产品总流通的增加值为 195 亿美元：其中，农业提供的投入为 110 亿美元，农业经营增加的价值为 85 亿美元（按农场净现金收入衡量）。按市场营销总费用衡量，营销领域增加的价值为 1120 亿美元，是农业领域的近 6 倍。

1968 年的农业经营在整个食物和纤维系统中的作用仍然至关重要。但相对而言，其作用已有所减弱。另一方面，美国消费者对食物和纤维产品的相关服务要求提升，因此，提供这些服务的营销系统逐渐变成了国民经济中的重要支柱。

有人认为，1960 年代末的营销体系将许多不必要的服务推给了消费者，既浪费又低效。1966 年，国家食品营销委员会对这些指责采取了部分接受的态度。委员会的大多数成员认为："虽然像广告、促销、推销员等具有社会生产力，但推销的成本并没有增加

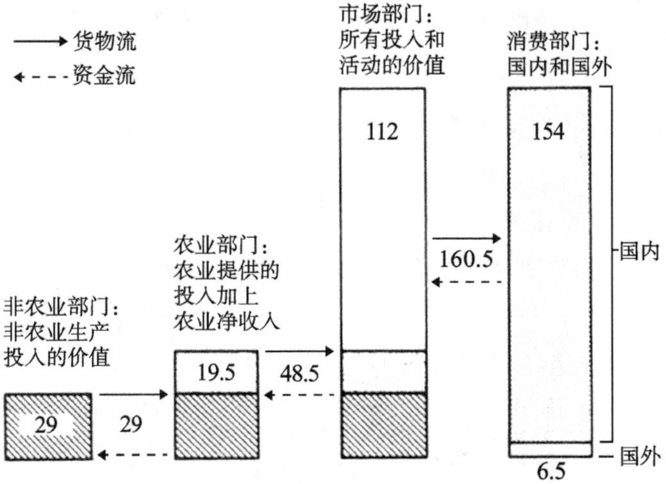

图 7.2　1968 年食物和纤维系统的货物流和资金流（以 10 亿美元计）

产品的价值。多数情况下推销是难以避免的，但原则上可以在不损害消费者利益的情况下，大幅度减少推销……”[2] 尽管委员会对改进营销体系提出了批评和建议，其结论是：“食品产业对美国生活水平不断提高做出的贡献完全可以与其他经济部门相媲美。”[3] 简言之，食品产业与其他经济支柱产业一样高效，毫无疑问，该结论是最明察秋毫的观察员得出的。该行业在 1933—1970 年迅速发展的原因在于，随着消费者收入的增加，它能够满足消费者对食品及其服务的需求（例如，新鲜的水果和蔬菜、冷藏熟食、蛋奶以及餐饮）。

农业生产的回应

农场的技术革命以及这些农场向高度商业化和资本化的转变 137

并非偶然。这些发生在农民认为有利可图的地方。农民采用新技术并用化学品和机器代替人力，是因为这样做降低了单位生产成本。在发生技术革命的农场，其生产者供给曲线向右平移，该农场可依据既定价格随时增加供给。随着参与农场的增加，产业供给曲线向右平移，这些农场都可依据既定价格随时增加供给。经济学家将此现象界定为“供给增加”，该现象于1933—1970年普遍存在。各农场主通过采用先进技术，用低廉且高效的生产要素代替昂贵且低效的生产要素，提高了根据市场价格调整供给的能力。那些没有这样做的农场——它们数量众多——纷纷倒闭了。

1930年代的技术革命进展得很缓慢，因为大多数农场缺乏财政资源——资金或信贷——用采用新技术的支出。那时，农业总产量仅增加了11%。

然而，第二次世界大战打破了农场主的经济限制，他们争先恐后地采用新技术，使1940年代的农业总产量增加了25%。在1950年代，尽管农产品价格有所下降，但农场主采用新技术和以资本代替人力的倾向却没有改变，该时期的农业总产量增长了20%。

该过程一直持续到1960年代。因此，尽管当时农产品价格稳定，但农业总产出持续增长。该时期的农业总产出增加了17%。

1940—1970年是美国农业密集化发展时期。该时期生产性资
138 源的总投入并未增加，农业总产量的急剧增长多是通过采用新技术得以实现的。除了技术进步，农场主们还利用资本代替人力。其结果是，资本投入增加与劳动力投入减少相互抵消，农业总投入不变，农业总产出增加。

然而，1933—1970 年在美国农场发生的技术革命，并没有改变农业生产的基本定位。第四和第五章所述的 19 世纪农产品生产的区域专业化，在 1933—1970 年并未因美国农业的集约增长而发生重大改变。这一结论从对 1950 年美国主要农业区域类型的回顾中可见一斑。

长期产能过剩

1933—1939 年，农产品需求的增长幅度略高于产量的增长幅度，同时，农产品价格不规则地上升。1939—1951 年，农产品需求 139
的增长远远超过产量增长，农产品价格飙升。随着朝鲜战争和二战后救济活动的结束，国外需求减少，农产品价格在 1952 年开始下降（图 7.1）。但与 1921 年相比，1952—1953 年农产品价格下降的幅度并不大。这得益于政府对主要农产品的价格支持计划，且直到 1960 年代末期价格一直都保持稳定。同时，生产控制、商品储存和过剩产品处置等辅助计划也促进了价格支持计划的实施。

如果没有上述一系列农业计划，农产品价格还会下降多少？此话题引起了 1950 年代和 1960 年代农业经济学家的广泛争论。不过，有证据表明，如果 1950 年代末取消上述所有计划，农产品价格水平将再降 40%，食品零售价格水平将下降约 20%。如果取消价格支持和生产控制计划，继续实施国外过剩产品处置计划，农产品价格可能会下降近 20%。研究者通常认为，如果没有各农业计划的实施，1950 年代的农产品价格水平还会进一步下降。换言之，农业计划的作用和影响远高于市场清算、农产品均衡价格等。[4]

在 1950 年代和 1960 年代的农产品价格水平上，农产品供给超过了国内外的市场需求，农业经济长期处于过剩状态。

那些剩余产品该何去何从？联邦政府采用了两种处理方式。它通过生产控制计划付钱让农场主不生产这些产品。对于已生产的多余产品，政府进行收购并储存，然后再依据过剩处置方案操作。其中，最重要的是对国外过剩农产品的处置。

140 那么，国内农场长期产能过剩达到了什么程度呢？当时的众多学者对该问题进行了研究。有研究估计过剩的产能低至总产量的 5%，也有研究认为这一比例高达 8%—9%。数据之所以不同，部分原因在于调查的年份不同，部分原因是研究假设相异。不过，有理由认为过剩产能占农业总产量的 5%—9%（平均值约 7%）。这些产品在农产品支持价格水平上无法售出。从 1950 年代中期到 1960 年代中期，7% 的过剩产能看起来似乎并不高。但鉴于农产品需求弹性低，引发了一系列非常棘手的问题。政府所持的可储存商品的价值从 1952 年的 13 亿美元上升到 1959 年的 77 亿美元，1965 年达 64 亿美元。农产品储存、生产控制和过剩产品处置计划的年成本，从 1952 年的不足 10 亿美元上升到 1965 年的 45 亿美元。[5] 如果政府取消这些计划，农产品价格有可能再下降 20%—40%。在 1950—1960 年代，这是任何政府或国会都不希望看到的。

因此，农业技术革命以及资本密集型投入转向所带来的产量增加，一开始被看作是好事，后来却引发了一系列经济问题。这个经济问题——长期产能过剩，没有消失，也不会自行消失。政府顾忌取消联邦农产品价格和收入支持的后果，不得不年复一年地继续实施这些计划。伴随计划的持续，产能过剩问题便成为一个长期问题。

政策斗争与最终妥协

1933 年 3 月罗斯福政府上台，农民正处于水深火热之中。为应对不断加深的农业萧条，总统和国会迅速采取了行动。《农业调整法》（the Agricultural Adjustment Act，简称AAA）于1933年5月12日通过。该法案并未包含长期提倡的麦克纳里-豪根计划 141 或国内分配计划（Domestic Allotment Plan）的基本特征，但事实上借鉴了两者的某些特征。《农业调整法》授权联邦政府与农场主签订协议，通过减少基本作物的种植面积来控制生产，在农场储存作物并预付款项，与生产者和经营者签订营销协议以稳定产品价格，并通过征收加工税为作物减产计划提供资金。诺斯、戴维斯和布莱克对《农业调整法》中提出的农业计划理论进行了如下总结：

> 1. 通过提高农产品价格以及支持"补助金"（benefit payment）来减轻农场主的负担。"补助金"将使农民立即获得一笔可观的资金，使他们能够保持其农场财产完好无损，并用于维护设备、保障农用物资和日常消费支出。
>
> 2. "补助金"是从商品的特别消费税中提取的。"补助金"的理论依据是通过这种方式，消费者和加工商将为目前消费的这部分产品支付"公平交换价值"，而非异常的低价。该低价据说是因为农场主无法根据市场需求不足而调整经营，积压大量库存所导致的。
>
> 3. 只有那些同意参与生产控制计划的农场主才会获得"补助金"。生产控制计划旨在创造一种有利于农场主价格水平的供求情形。该计划的目标是"平价"，即使农产品的购买力恢复到前一时期（通常是1914年7月前的5年）的平均水平。[6]

根据《农业调整法》计划，政府在1934年和1935年向农场主支付了超过10亿美元的款项。这些补贴帮助很多农场主履行了财政义务。此外，该计划还成功地减少了烟草和棉花的种植面积。但该计划是否有效减少了其他作物的生产，还有待商榷。然而，1934年的旱灾则使大多数商品的产量下降，降幅超过了该计划的要求。

142 1936年1月，最高法院宣布《农业调整法》违宪，早期通过控制生产提高农产品价格的努力戛然而止。1936年，临时立法获得通过，取消了通过生产控制提高价格的做法，将重点放在单个农场的生产调整上，以实现保护农场主的目标。用于支付的资金并非通过税收筹集（最高法院反对原《农业调整法》的这一做法），而是由国会从财政部拨款。之后的两年，政府和农场主都在艰难摸索。而后，国会通过了《1938年农业调整法》。该法原本为永久性法案，现在仍在不时修订，其中，很多价格和收入支持农业计划应用至今（1991年）。法案的总体目标和主要特点概述如下：

> 1938年2月16日通过的《农业调整法》规定，美国所有农场主均可参加农业计划。
>
> 其中，部分条款强化了《土壤保护和国内分配法》（the Soil Onservation and Domestic Allotment Act）的规定。依据后者，约400万农场主参加了1936年和1937年的农业保护计划。与过去两年一样，这些条款对每位农场主都有效，授权继续向参加农业保护计划的农场主提供补贴。
>
> 还有一些条款对保护计划进行了补充，对棉花、小麦、玉

米、烟草和大米等五种商品的州际和对外贸易进行了规定。

该法案的上述两个部分规定旨在保护农业生产力和稳定农产品贸易。所有补偿均以参与水土保持措施为条件，并使农场主享有公平的国民收入份额。

总的来说，该法案被视为助农逐年丰产的六项计划的基础。法案旨在保护农业不再受到价格暴跌的影响。该法案采取的具体方法，如耕地分配、销售配额和农产品贷款等，不仅使农场主收入稳定，也保障了国家农产品储备的充足。事实上，这意味着一个“常平仓”（Ever-Normal Granary）将要被建立。据估计，该法案关于储备供给的条款将导致玉米和小麦的年均结转量翻一番。

法案涉及的六项计划可概述如下：

1. 为保障食物与纤维供给，继续实行土壤保持计划，并将其作为一项永久的农业政策。

2. 耕地分配的面积须满足国内消费、出口和储备供给所 143
需的产量水平，并给予农场主相应的补贴以鼓励生产。

3. 将丰年的粮食和饲料盈余进行系统性的储存，以备荒年之用，该费用由贷款支持。

4. 对于棉花、小麦、玉米、烟草和大米五种上市商品的销售量超过配额的生产者，经三分之二的生产者投票同意后对其进行处罚。该计划旨在避免出现上述五种产品市场供给过量的现象。

5. 根据营销配额释放市场供给，以解决缺货问题。

6. 从 1939 年开始实施的小麦保险，将为小麦生产者和消费者提供更好的保护，以防止作物歉收。农场主缴纳的小麦保险费将有助于“常平仓”的建设。[7]

上述六点声明，有不少政府辞令模棱两可。第二点指出“……给予农场主相应的补贴以鼓励生产。”实际上，补贴是为了诱使农场主参与该计划，并将其产量控制在分配的范围之内。第三点指出“系统性地储存剩余的食物和纤维产品……在贷款的支持下”。事实上，无追索权贷款是使农场主将农产品从商业渠道移交给政府的主要机制。《1938 年农业调整法》旨在通过控制生产和（或者）管理来供给维持农产品价格；上述官方声明试图将这一鲜明的经济目的掩盖在那些冠冕堂皇、毫无争议的措辞背后。

法案中授权的各种计划是否能使农业经济摆脱萧条状态一直存疑。1939 年，欧洲开始第二次世界大战，食物和纤维制品的需求增加，导致农产品价格飞涨。1940—1951 年，除了 1949 年，这项法案的价格和收入支持计划是失败的。战争期间，关于农产品价格和收入支持立法的一个重要问题确实值得关注。随着市场上农产品价格的上涨，法律对农产品的价格支持增加了一长串清单（14 种所谓的斯蒂格尔［Steagall］商品：人造牛奶、乳脂、鸡、蛋、
144 火鸡、猪、干豌豆、干大豆、油、亚麻籽油、花生油、美国埃及棉、爱尔兰土豆和红薯）。在二战结束及 1948 年之后的两年里，价格支持水平提高到了平价的 90%，包括六种基本农产品，即玉米、小麦、棉花、烟草、大米和花生。这就是 1947 年农业政策辩论开始时的情况，为通过 1948 年新的农业法做了铺垫。

许多人和组织参加了 1947 年的农业政策辩论，他们各持己

见、旨趣迥异，讨论的内容多元且具体。参与者大致分成两个阵营。第一阵营倾向于减少政府干预，停止价格支持和生产控制、政府储存、剩余处置等措施；参与者为多数共和党领导人、农业综合企业商人和大部分经济学家。第二阵营希望维持一个高水平的价格支持，同时需要接受相应的政府干预（尽管政府希望尽量减少生产控制）；参与者有南方和平原的民主党领袖，领导 1933—1938 年农业调整法案讨论的农业组织精英，还有一些政府经济学家和工会领导人。

随着时间的流逝，参与者一直在变，但争论从未停歇（甚至在 1980 年代争论再次达到白热化），利用政府力量支持农产品价格的事实也没有改变。1948—1965 年，几乎每年都有农产品价格和收入支持法案被颁布，它支持的力度取决于当时的经济状况和对手的政治力量。[8]

为打破在农产品价格和收入支持立法方面的政治僵局，人们进行了三次主要尝试。1949 年，美国农业部长查尔斯·布兰南（Charles Brannan）制定了“布兰南计划”，包含了四个新想法： 145

1. 制定取代 1910—1914 年旧的平价标准的价格标准。

2. 提出新的价格支持计划以资助易腐商品生产者。（继续对耐储存农产品提供价格支持计划。）

3. 推出新的农产品清单（包括重要的动物产品），取代之前的清单。

4. 生产价格或收入支持不得超过一定的限制，该限制将由普通的家庭农场规模决定。

尽管布兰南计划得到了经济学家的认可，但并没有受到国会议员们的支持。原因至少有三个。第一，华盛顿的大型商业农场主，强烈反对上述第 2 和第 4 点。他们不希望将收入补贴的范围暴露在公众的视野下，也不希望对生产价格和收入支持在数量上有任何限制，这些限制会损害其利益。第二，布兰南部长提出的收入支持标准太高，导致他失去了很多天然盟友。原本支持布兰南的国会议员，难以接受每年 30 亿美元—80 亿美元的支持费用。第三，共和党不认同布兰南计划的政治诉求——农场主获得高价格收入，农业工人则相反。而后，共和党人团结一致反对布兰南计划，1950 年该计划失败。

农业部长以埃兹拉·塔夫脱·本森（Ezra Taft Benson）和他
146 的前任布兰南一样，认为政府不应该干预经济运行，应由自由市场解决农产品过剩问题。对于政府是否应干预经济的问题人们的观点可能相左，但毫无疑问的是，通过减少农产品价格支持水平或者由自由市场调整均衡价格，可以缓解 1950 年代美国农产品过剩问题。问题在于美国农民要为低收入付出多少代价？国会认为农民的代价太大。因此，本森部长和国会在价格支持水平上争论了 8 年。本森部长在几场争论中胜出，实现了价格支持水平的小幅下降。但国会赢得了最终胜利，即不能通过降低价格支持水平的做法来解决剩余问题。因此，在 1952—1960 年，政府库存持续增长。

奥维尔·弗里曼（Orville Freeman）部长对农场问题的看法完全不同。他认为，通过政府对农业经济的大力干预来控制生产，就可以消除物质过剩的问题，提高农业收入。肯尼迪总统也希望增加农业收入，同时控制政府农业项目的成本。问题是，肯尼迪政府该如何在提高农场收入的同时，又减少政府开支呢？这是通过强制性的生产控制来实现的，农民据此可以在市场上获得高价，而无须政府付出任何代价。

尽管农场主们期望农产品价格攀升，但是他们中的大多数人也强烈反对强制性的生产控制。用于控制农产品价格的生产控制或供给管理计划，在 1961 年和 1962 年的国会上屡次受挫。在 1963 年的全民公投中，生产控制提案被小麦生产商否决。

然而，政府确实从上述政策斗争的失败中吸取了教训。在支持农场收入方面，与高标准的价格支持相比，收入补贴造成的资源调整问题较少。高于均衡价格的价格支持与美国以出口为基础的农 147
业产业不相匹配。并且，自愿生产控制加上收入补贴可以有效地控制生产。

因此，在 1965 年，知识和经验的积累可以促成政策妥协，这种妥协可能会持续一段时间，而后合理有效地实现其目标。也许因为论战双方都疲惫不堪，他们在 1965 年达成了一项基本协议，出台了《1965 年农业法》。双方对该法案都比较满意，之后 5 年没有做重大修改。虽然 1970 年和 1973 年的《农业法》在商品计划一项中增加了一些新内容，但也没有更改 1965 年达成的基本协议。

1965 年协议的基本内容如下：

1. 各农产品的价格逐渐与世界均衡价格持平。这样，价格支持机制就从增加收入机制转变为价格稳定机制。

2. 只有当农场主参与生产控制计划时，政府才会向农场主提供补助。

3. 产品储存和过剩产品处置计划将继续解决上文第二项中未处理的部分，以及应对国内外将来短缺的情形。

农业部前部长本森对上述协议并不满意，因为政府的参与度仍然很高。1960 年代后半期，政府用于农产品价格和收入支持计划的预算成本大幅上升。同时，很多农场主也不满意，因为他们的收入并没有明显增加。尽管如此，该折中方案一直持续到1970年代中期。首先，这是能让各方都能接受的唯一解决方案；其次，由于1970年代初农产品价格飙升，农场主们的满意度增加。

乡村的贫困人口

148 本章的内容涉及在机械、生物、化学和管理等技术革命的背景下呈现的农业发展问题，以及对发展的结构和产出进行的探讨。但人们却忽视了一个问题，即长期产能过剩以及农业快速发展带来的后果。农村贫困人口是农业快速发展产生的社会代价，这一重要代价不应被忽视。

1965年，农村地区有1400万贫困人口，赤贫比例很高。[9]他们中大多数人（75%）并未生活在农场，而是住在乡村或小镇的棚屋里。其中，白人约1100万，其余为黑人、墨西哥裔美国人和印第安人。

他们致贫的原因各不相同。由于农业技术进步和资本集约化导致的劳动力需求下降，使许多雇工和佃农离开了农场和土地。一些农场主无法应对日益增强的商业化和技术进步的复杂性，他们的农场在竞争中倒闭。一些人在大萧条时期陷入困境，没有抓住二战期间非农领域的众多经济机会，也没能对技术革命带来的农业机会及时做出反应。还有一些人——尤其是黑人和印第安人——由于白人当局长期的歧视行为，导致他们更加穷困潦倒，且难以摆脱。无论哪种致贫方式，在1960年代中期，约有1400万人长期生活在一种农村贫困文化之中。

农村贫困人口生活的地区包括：南方的大部分地区，印第安人聚集区，以及五大湖上游、新英格兰、阿巴拉契亚和西南部的社区。他们的房屋破败不堪，失业率、文盲率、疾病率和婴儿死亡率极高，他们子女还会继续接受贫困学校的教育。

身处这种农村贫困文化中，他们的思维方式和价值观与其他社会成员不同。例如，中产阶级认为教育能让孩子成为更优秀的 149
人，而在农村贫困地区，教育则被视为孩子尽早做工赚钱的障碍。穷人倾向于宿命论和悲观主义，他们不希冀于未来，而是信奉及时行乐，也没有储蓄，这种状态一直持续到1980年代。

与城市贫困人口不同的是，农村贫困人口没有组织，没有话语权。直到最近几年，美国的主要社会福利和劳工立法也绕过了美国农村贫困人口。前一节所阐释的农产品价格和收入立法，是为了帮助商业农民而制定的，与农村贫困人口毫不相干。在美国社会，白人中产阶级的歧视和政府的忽视，使这些农村穷人一直艰难地挣扎在社会边缘，困苦不堪。

推荐阅读

1. Benedict, Murray R., *Farm Policies of the United States, 1790–1950: A Study of Their Origins and Development*, New York: Twentieth Century Fund, 1953, Chaps. 12, 13, 14, 15, 16, and 18.
2. Cochrane, Willard W., *The City Man's Guide to the Farm Problem*, Minneapolis: University of Minnesota Press, 1965.
3. Cochrane, Willard W., & Ryan, Mary E., *American Farm Policy, 1948–1973*, Minneapolis: University of Minnesota Press, 1976, Chaps. 1, 2, and 3.
4. Griliches, Zvi, "Hybrid Corn: An Exploration in the Economics of Technical Change", *Econometrica*, 25, no. 4 ,October 1957, pp. 501–522.

5. *The People Left Behind*, A Report by the President's National Advisory Commission on Rural Poverty, Washington, D. C., September, 1967.
6. Schlebecker, John T., *Whereby We Thrive: A History of American Farming*, Ames, Iowa: Iowa State University Press, 1975, Chaps. 22, 24, 27, and 28.
7. U. S. Department of Agriculture, Economic Research Service, "Changes in Farm Production and Efficiency: Special Issue Featuring Historical Series", *Statistical Bulletin* no. 561, September, 1976.

第八章　世界市场中的美国农业：1970—1990 年

国际贸易趋势

殖民时代以来，出口市场在美国农业发展和整个国民经济中 150
发挥了重要作用。烟草、鱼、毛皮、谷物和朗姆酒的出口促进了当时美国的经济发展。1820—1860 年，最重要的出口商品是棉花，占出口总额的 50% 以上。内战后的 1870—1990 年，棉花出口相对于谷物出口的增长有所下降，这两类商品加上皮革、肉制品以及一些水果和蔬菜等，约占美国出口总额的四分之三。从殖民地早期到 1900 年，农产品出口一直是外汇收入的主要手段和国家经济发展的基础。

但是，随着 19 世纪末 20 世纪初美国工业产能的大幅增加，农业出口开始相对下降。1950 年，农业出口占出口总额的比例下降到 30%；1989 年，下降到仅为 10%。

然而，这并不意味着农产品出口对农业产业不重要。相反，20 151
世纪的每一次农业繁荣与萧条，都与农产品出口的高低紧密相关。在 1970—1980 年代，美国约 30%—40% 的农产品都进入了国际市场。在 1980 年代，农场现金收入的五分之一以上都是由出口创造的。

1953 年，农产品出口跌至二战后的最低点，当年降至 28 亿美元。从 1953 年的低谷开始，农业出口缓慢增长到 1970 年的 70 亿美元。当时，美国农产品出口迅速增长，从 1970 年的 70 亿美元增长到 1981 年的近 440 亿美元（约 160%）。1981—1982 年，美国在世界小麦和面粉市场的份额为 48%，粗粮为 60%，大豆为 86%，棉花为 32%。到 1981 年，美国已成为世界市场上这些农产品的主导者。当时多数美国观察家认为，美国这些基本农产品的出口将在 1980 年代继续增长，并在世界市场上占有越来越多的份额。

然而，事与愿违。美国农产品出口额从 1981 年的 438 亿美元下降到 1986 年的 263 亿美元（约 33%），下降趋势在 1986 年结束。到 1990 年，农业出口又回升至约 380 亿美元。1970—1980 年代的美国农业出口量跌宕起伏。

1934—1990 年的世界粮食贸易格局见表 8.1。值得注意的是，1934—1980 年的世界粮食出口总量增加，1980 年代的 10 年，世界粮食出口趋于平稳。美国的粮食出口大体遵循相同的模式，不过美国的情况更为极端。1980 年代，欧洲共同体的粮食出口急剧增加，从一个净进口国转变为净出口国。加拿大和澳大利亚的谷物出口先是上升，然后在 1980 年代下降。二战后，世界粮食贸易的巨大扩张于 1980 年代结束，全球经济增长普遍放缓。

表 8.1　1934—1990 年世界粮食贸易格局，选定时期的年平均数

（净出口［+］和净进口［-］百万公吨）

地区	1934—1938[a]	1954—1956[a]	1960—1962[b]	1970—1972[a]	1980—1982[a]	1985—1987[a]	1989—1990[a]
美国		13	31	43	109	74	98
加拿大	5	9	10	17	23	24	19
西欧	−24	−21	−26	−25	−7	16	58
澳大利亚和新西兰	3	3	6	11	16	21	14
东欧	5	−4	−7	−7	−10	−3	−5

续表

地区	1934—1938[a]	1954—1956[a]	1960—1962[b]	1970—1972[a]	1980—1982[a]	1985—1987[a]	1989—1990[a]
苏联		2	7	−1	−36	−33	−34
非洲	1	0	−4	−4	−15	−15	−16
中华人民共和国		1	−5	−3	−13	−3	−11
日本	2	−4	−5	−15	−24	−27	−27
亚洲其他地区		−2	−7	−18	−28	−38	−46
拉丁美洲	9	2	1	1	−7	−5	−11
以上国家和地区出口总额	25	30	55	120	222	214	226
世界出口总额	33	49	75	123	230	221	230

资料来源：1975—1990 年粮农组织贸易年鉴。

注：a. 日历年；

b. 每年从 7 月 1 日开始，阿根廷、巴西和新西兰的 1960—1962 年除外，从次年 12 月或次年 1 月开始。

到目前为止，关于国际贸易趋势的讨论，未曾提到美国的农业 153
进口。原因在于美国的农产品贸易属于顺差（即农产品出口总值超过进口总值）。此外，大约三分之一的农业进口产品为非竞争性产品，如香蕉、咖啡、香料和橡胶。更具竞争力的农产品进口有动物和动物产品、蔬菜、水果及其制品、糖和饮料（不包括果汁）。如果美国将来大力奉行更开放的贸易政策（例如，包含加拿大和拉丁美洲大部分区域的自由贸易区），那么，美国就有望扩大其具有比较优势的基础商品的出口。与此同时，也要面对外国生产商在糖、蔬菜、水果及其制品和动物产品等方面的激烈竞争。一个更加开放的世界贸易体系对美国谷物和油籽生产商来说很有利，但对那些目前受到边界壁垒保护的生产商（如糖和一些乳制品生产商）来说，该体系可能会带来严重的企业调整，甚至是淘汰。

殖民早期以来，西欧一直是美国农产品出口的主要市场。如今，情况发生了变化。1979 年，亚洲取代西欧成为美国农产品的主要市场。从 1980—1989 年，美国农产品出口亚洲的占比从 32%（128 亿美元）增加到了 41%（150 亿美元）。1989 年，仅日本就购买了价值 82 亿美元的美国农产品——尽管日本奉行农业保护主义政策。与此同时，美国对西欧的农产品出口从 1980 年的 30%（121 亿美元）下降到 1989 年的 21%（78 亿美元）。可见，美国农产品的国际市场正在发生变化。

解读世界贸易发展

那么，美国的出口量为什么在 1970 年代飙升，而后在 1980 年
154 代急剧下降呢？第一，世界市场对农产品需求的急剧增加，带动了美国农产品出口的惊人增长，而进口国收入和人口的增长又反过来助推了这一趋势。第二，很多进口国能够获得外部信贷，为商品进口提供了资金。第三，由于 1965 年的政策妥协，美国不再支持高于世界市场水平的重要农产品（如谷物、棉花）的价格。第四，1970 年代的美元贬值降低了以进口国货币计价的美国农产品价格。第五，多国由于遭受严重干旱，对小麦、玉米和大豆的需求增加，尤其是苏联。这些特殊原因都导致了美国农产品出口的增加，1981 年达到了前所未有的近 440 亿美元。[1]

1981—1986年，美国农产品出口急剧下降有如下原因。第一，1980 年代初全球经济衰退，导致农产品需求萎缩。第二，1980 年代美元货币快速升值，使得美国农产品出口价格高于竞争对手。第三，发展中国家的巨额债务问题，导致他们对美国农产品的需求下降。第四，1981 年的《食品安全法》（the Food Security Act）打破了 1965 年的政策协议，将谷物和棉花的价格支持水平设定为高于国际市场价格，削弱了美国产品的竞争力。第五，欧洲共同体扩大了农产品出口补贴，出口份额增加。所有这些因素都导致了美国的出口萎缩，致使农业出口在 1986 年下降至 260 亿美元。

1986—1990 年，美国农业出口缓慢复苏，1990 年达到预估的 380 亿美元。出口好转的原因有三：首先，美元的再次贬值，降低了美国农产品的出口价格；其次，依据 1986 年的《食品安全法》，降低了农产品的价格支持，提升了价格的国际竞争优势；最后，美国积极的出口政策，如为棉花、大米提供贷款以及依据“出口促进 155
计划”增加出口补贴等，都增加了农产品的国际市场竞争力。

上述讨论充分表明，世界农产品市场竞争异常激烈。需求增长时期，出口国在世界市场上的胜出依赖于有效的贸易政策。需求萎缩时期，一个国家很容易遭遇出口滑坡，正如 1980 年代初的美国一样。

在 1970 年代和 1980 年代，美国农产品经历了过山车式的出口状态，有巅峰，也有谷底。世界粮食市场在 1970—1971 年开始紧缩，此外各国还面临如下现实：（1）1972 年苏联粮食作物歉收；（2）苏联决定进口粮食以弥补国内损失，同年，南亚和东南亚很多地区因粮食减产进口增加。由此，美国及一些出口国大幅增加了粮食出口，同时国内结转库存骤减，这也带来了世界粮食市场的隐患，即某些意外事件可能导致供给形势进一步恶化。鉴于1973年初的不确定状态，粮食进口国、私营谷物加工商等都通过收购粮食的方式增加了库存。结果，1973年夏天，人们疯狂抢购粮食，粮食价格猛涨。1973年，美国小麦平均价格升至每蒲式耳3.95美元，1974年攀升至历史最高的4.04美元。1972年世界粮食产量不足，1973年丰收，1974年又歉收。这些年来，世界粮食价格随其产量波动而波动。[2]

1975年和1976年的全球粮食和其他作物都获得了丰收，1977年的产量更佳。1972—1974年世界粮食危机因此结束，印度、
156 美国等地的粮食库存再次充盈，1975—1977年世界粮食价格大幅下跌。（1970年代农产品价格和收入波动见图7.1）农场主尤其粮农欣喜于1972—1974年的价格上涨，但在1977年他们又要求政府提供援助；另一方面，世界粮食危机引起美国消费者的恐慌，他们向政府施压，要求政府采取储备计划。

1981—1986年，农产品价格下降，粮食价格暴跌，出口的低迷加速了农业衰退的步伐，那些在1970年代末通过贷款扩大规模的农场主受到重创。与此同时，美联储紧缩货币以应对通胀，利率随之上升。在这种背景下，高负债的农场主陷入财政危机，无论规模大小，很多农场与放贷银行都倒闭了。此外，农场土地价格暴跌，导致原本守信的企业丧失信誉，有些甚至破产。1987—1990年，随着出口回暖，农产品价格上涨，地价不再下跌，农业停止衰退。这个过程艰苦卓绝且难以预料。长达15年的出口奇迹在1981年戛然而止，美国遭遇了从国外需求的放缓，到农产品价格的暴跌，再到美国农业开始衰退。农场主们再次认识到，其经济福祉与出口市场息息相关。

技术发展[3]

1970 年代的农机设备更加大型化、规模化，农作时间进一步减少，除草、除虫的新农药，以及抗病、抗虫的植物新品种也被开发和培育了出来。例如，农场拖拉机的平均功率从 1963 年的 35 马力增加到 1978 年 1 月 1 日的 55 马力。1970 年代，200 马力以上的大型拖拉机被开发出来，可在田间快速牵引大型机器，大大缩减了整地和收割时间，用于控制杂草、昆虫和害虫的新化学品也被开发和引进。作物育种工作仍在继续，致力于培育更抗病、更抗 157
旱、产量更高的品种。

但 1970 年代上半叶的农业生产率并未明显提高。小麦、玉米和大豆的亩产基本没变，棉花和土豆的亩产略有增加（见表 8.2）。1971—1976 年，作物和牲畜产量的总指标几乎都保持不变（见表 8.3）。

表 8.2　1970—1990 年五种重要作物的每英亩产量[a]

作物年	小麦（蒲式耳）	玉米（蒲式耳）	棉花（磅）	大豆（蒲式耳）	土豆（英担）
1970	31.8	80.8	436.7	27.2	226.3
1975	29.4	81.7	453.0	26.2	254.0
1980	34.1	103.1	497.6	29.6	271.0
1985	36.9	114.7	594.0	31.8	291.3
1990	35.5	114.4	634.6	33.6	295.3

资料来源：农业统计。

注：a. 以某年为中心，加上前后两年的 3 年平均数。

表 8.3　1970—1989 年农作物和牲畜生产指数

年份	作物		牲畜	
	耕地和收获（百万英亩）	英亩产量 (1977=100)	年度育种单位 (1977=100)	生产商 (1977=100)
1970	289	88	100	99
1971	300	96	102	98
1972	289	99	101	100
1973	316	99	102	97
1974	322	88	104	96
1975	330	96	103	92
1976	330	94	101	98
1977	338	100	100	100
1978	330	105	99	102
1979	340	113	100	104
1980	342	100	101	107
1981	351	115	101	108
1982	347	116	99	108
1983	294	100	97	112
1984	337	112	95	113
1985	333	120	92	120
1986	316	116	91	121
1987	293	123	89	127
1988	287	106	89	129
1989	306	119	89	131

资料来源：*Production and Efficiency Statistics, 1991*, U. S. Department of Agriculture, Economic Research Service, ECIFS9-4, April 1991, pp. 19 and 27。

为什么农业技术进步的进程会停顿，原因尚不明了。统计失误的可能性很小。有人认为，这是环保人士为保护环境，诱使农民采取非剥夺式的农作方式，并禁用化学品的结果。但是环保人士在1970年代的努力并未变得足够重要和具有说服力，以至于能对农作物产量增加产生负面影响。更具可信性的解释如下：提高作物生产力的技术策略包括采用具有高产潜力的植物品种、增加每英亩的植物种群数量，以及向这些植物供给有效的商业营养素。实际上，仍然处于粗糙的原始阶段。在适宜地区环境栽培适合的植物品种，并制定正确的耕作方式和施肥的策略，仍有待开发。一旦它们被开发出来并投入使用，农业生产率就能实现上升。

1977—1990年作物和畜牧生产力均有所提升（见表8.3）。畜 158
牧生产力的增长速度超过了作物生产的增长速度，主要原因如下：提高了畜禽养殖的机械化水平，饲料转化率提高，更好地记录和控制了动物个体的生长进度，增加了对动物病因的认识，动物疾病预防手段的发展和应用。

1980年代，农业总生产率提高了约28%（见第十六章的表16.2），超过了充满活力的1950年代（22%）。1950年代的10年，农业结构发生巨变，超过160万个农场停业，大农场采用了新的机
械、化学和生物技术。另一方面，1980年代是又一个改良生产控制 159
的10年，通过改进对每次农业操作的控制，提高了生产率。整地效果变得更加有效（例如减少深耕），基于气候和土壤选择植物品种和种子，种植操作更加有效化、化学品使用效率更高、作物收获及时减少浪费，等等。到1990年，商业化农场已经成为工业化的基本单位，其生产流程像工业一样受到了严格控制。

农业结构的改变

1933—1970年出现的农业商品化趋势一直持续到1970年

代（见表 7.2）。但是，发展模式的某些重要差异出现在 1980 年代。1970—1990 年，非购买性投入（家庭劳动力和经营性房地产）随着农业劳动力的减少而走低。1980 年代，农场的购买性投入减少。1979—1989 年的机械设备投入减少了近 30%。难道美国农场主与机械的长久联结即将终结？或者他们利用机械的效率更高？

1981 年农业化学品的使用达到高峰，1980—1990 年的 10 年间又缓慢下降。饲料、种子和购买的牲畜等物品，以及保险、电话、咨询和兽医服务等投入都大幅增加。可见，1980 年代农场主在管理服务和生产效率投入方面支出变多，而对机械等传统投入的支出则变少。这些都导致 1979—1989 年的农业总投入下降了约 16%。

美国的农场数量在 1970—1990 年持续下降，但降速较之前减少（见表 8.4）。1960 年代，农场停产速度约为每年 9.7 万例，1970 年代 5 万例，1980 年代 2.7 万例。按每个农场的现金收入衡量，农场的平均规模继续扩大（见表 8.4）。收入超过 10 万美元的
161 农场数量从 1970 年的 5.3 万个增加到 1990 年的 32.1 万个。另一方面，年收入低于 2 万美元的农场数量从 1970 年的 242.9 万个下降到 1990 年的 125.4 万个。1970 年代农产品价格上涨的部分原因，在于农场生产转向了高价类产品；当然，1970—1980 年，收入 10 万美元以上的农场增加不到 20 万个，其中引起价格上涨的农场不超过 10 万个。此外，1980 年代的农场收入并未上升，实际上，在此前十年还下降了很多。1980—1990 年，总收入超过 10 万美元的农场增加了 5 万个。1970 年，年收入超过 10 万美元的农场占比略低于 2%，年收入低于 2 万美元的农场约占 82%。而到了 1990 年，年收入超过 10 万美元的农场比例约为 15%，年收入低于 2 万美元的农场只有 59%。1970—1990 年，美国农场规模的分布发生了翻天覆地的变化。

表 8.4　1970—1990 年按农场销售额分类的农场数量、分配百分比和农业现金收入总额

年份[a]	1,000,000美元及以上	500,000美元—999,999美元	250,000美元—499,999美元	100,000美元—249,999美元	40,000美元—99,999美元	20,000美元—39,999美元	少于20,000美元	全部农场数量
				农场数量（千）				
1970	NA[a]	4	13	36	165	302	2429	2949
1975	NA	11	38	96	316	315	1745	2521
1980	NA	24	81	166	355	282	1532	2440
1985	NA	27	76	223	328	244	1394	2293
1990	16	27	64	214	306	259	1254	2140
				农场分布百分比				
1970	NA	0.1	0.4	1.2	5.6	10.2	82.4	100
1975	NA	0.4	1.5	3.8	12.5	12.5	69.2	100
1980	NA	1.0	3.3	6.8	14.5	11.6	62.8	100
1985	NA	1.2	3.3	9.7	14.3	10.7	60.8	100
1990	0.7	1.3	3.0	10.0	14.3	12.1	58.6	100

续表

年份[a]	1,000,000美元及以上	500,000美元—999,999美元	250,000美元—499,999美元	100,000美元—249,999美元	40,000美元—99,999美元	20,000美元—39,999美元	少于20,000美元	全部农场数量
				总现金收入：百分比分配				
1970[b]	←——	——	33.4	——→	22.1	19.5	25.0	100
1975[b]	←——	——	50.6	——→	25.2	12.1	12.1	100
1980	NA	28.3	20.0	19.3	18.8	6.7	6.9	100
1985	NA	28.8	18.3	25.1	16.3	5.5	6.0	100
1990	30.9	11.4	13.9	21.2	12.9	4.8	4.9	100

资料来源：*National Financial Summary, 1990*, U. S. Department of Agriculture, Economic Research Service, ECIFS10-1, November 1991, pp. 53 and 55。

注：a. NA= 无法获取；

b. 这些年的估计数来自*Income and Balance Sheet Statistics*, 1979, U. S. Department of Agriculture, Economic Research Service, Statistical Bulletin No. 650, December 1980, p. 106，出版物中的类别定义与本表主要来源中的定义有些不同。

1970—1990 年的 20 年间，随着大型和超大型农场数量的增加，生产和销售越来越集中在少数大农场手中。如表 8.4 所示，1970 年，约 52 万个农场的年收入超过 2 万美元，占全国农产品销售收入的 75%。20 年后，约 32.1 万个农场的年收入超过 10 万美元，占全国农产品产量的 77%。与 1970 年相比，1990 年的高收入农产品数量减少了约 20 万个，其产量占全国农产品产量的份额略多，且它们的规模更大。这是如何发生的呢？有三个现象同时发生：（1）农场总数减少；（2）收入低于 4 万美元的农场接连倒闭；（3）收入超过 4 万美元的农场的规模和数量都在增长——主要通过收购倒闭的农场。大型农场获得了国家总生产资源的更大份额，小农场则相反。1990 年，而约 181.9 万个小型农场的农产品产量和销量只占全国总量的 23%，约 32.1 万个大型农场的农产品产量和销量占全国总量的 77%。此时，美国农业的生产资源集中在少数大农场主手中。

到 1970 年，非农收入已成为家庭收入的重要组成部分。当年 162
平均总收入超过 10 万美元的农场，其净收入约 5.5 万美元，非农收入约 0.8 万美元。但对于平均年收入低于 1 万美元的农场来说，非农收入已变得举足轻重。收入低于 5000 美元的最小农场，其净收入在 1970 年只有几百美元，包括政府补贴，而非农收入平均约为 7000 美元。收入 5000 美元—9999 美元的农场，平均农业净收入（包括政府补贴）略高于 3000 美元，但非农收入约为 5500 美元。到 1970 年，约有 200 万农民成为兼业农民，其非农收入远超过农业收入。

随着非农领域的繁荣和就业机会的增加，在整个 1970 年代和 1980 年代初期，参与非农领域的人数及其收入超过农业领域。随

表 8.5　1985—1990 年按销售类别划分的农场净现金收入和农场外现金收入

	1000,000 美元及以上	500,000 美元—999,999 美元	250,000 美元—499,999 美元	100,000 美元—249,999 美元	40,000 美元—99,999 美元	20,000 美元—39,999 美元	少于 20,000 美元
				美元			
1985 年							
净现金收入	←—— 549,361	——→	130,039	59,939	23,194	8653	−618
非农业收入	NA	22,646	14,900	12,994	17,906	21,808	28,204
1990 年							
净现金收入	1,244,550	272,978	158,267	70,378	25,901	9192	−370
非农业收入	28,472	25,916	27,629	18,096	25,335	31,916	35,206

资料来源：*National Financial Summary, 1990*, U. S. Department of Agriculture, Economic Research Service, CIFS10-1, November 1991, pp. 44, 49, 52, and 58。

着时间的推移，非农收入成为农场主家庭的主要经济来源——或许不是因为家庭数量的大幅增加，而是由于非农收入的金额和稳定性。表 8.5 回顾了 1980 年代后半段非农收入与农业净收入之间的关系。1990 年，对于农场年收入低于 4 万美元的农场主来说，非农收入远超农业净收入，对于收入在 40,000 美元—99,999 美元之间的农场主来说，非农收入和农业净收入大致持平。

截至 1990 年，有 150 万个农场由兼业农民经营，他们的收入主要来源于非农产业，对于这些“农民”来说，农业其实是一种副业。其农产品销售量仅占全国的 10% 左右。收入在 40,000 美元—99,999 美元之间的 30 万个农场，其农产品销售量仅占全国的 13%。作为非农收入和农业净收入大致持平的中型农场，其未来方向大致有三种：（1）增加规模；（2）兼业特征明晰化；（3）被兼并。

农业生产的回应

1970 年代上半叶，主要农作物的每亩产量和牲畜的每个养殖 164
单位产量均趋于平稳（分别见表 8.2 和表 8.3）。由此，人们可能会猜测，美国的农业总产量在 1970 年代前半期将趋于平稳，但是这并未发生。由于农田投入和化肥使用量的增加，该时期的农业总产出增长了约 13%。1970—1975 年，农田面积增加了约 14%，同期农用化学品的使用量增加了约 23%。

但这段广泛增长的间歇期是短暂的。1975—1989 年间，农业总产量继续呈增长趋势。但由于气候变化，美国农业总产量在这 15 年间波动剧烈。但从总趋势看，1975—1989 年间农业总产量呈增长状态，每年增长率略高于 1.3%。产量的增加主要依赖于技术进步。1979 年之后生产资源的总投入稳步下降。这 15 年间，美国农场的总投入下降了 16% 以上。

1975—1989 年，农业总产量的增长平均分布在作物和牲畜上，两者的增长速度与农业总产量的增长速度大致相同，如前所述农业总产量在趋势基础上的持续增长（由于天气影响，作物产量年际变化很大）并非在于可以与杂交玉米种子或农业化学品相媲美的技术进步，而在于管理技术的改进使农业生产方法得以全面控制和改良。1980 年代，农业产量增加，单位产出投入大幅度减少，因为高度商业化的大型农场的管理者，全面改进了农场生产流程的管理方法。

政策困境[4]

1970—1990 年（持续到 1992 年），美国农场主和代表公众
165（纳税人和消费者）的联邦政府所处政策困境由三部分组成。首先，1933—1990 年，农场主向联邦政府请愿，以直接价格和收入支持的形式获得了收入保护，1990 年代，他们继续寻求这种价格保护。其次，美国农业的繁荣取决于占出口总额四分之一到三分之一的农业出口，任何降低农产品出口水平的政策，必会减少农业收入，进而增加了政府的农业收入保护成本。最后，代表公众（纳税人和消费者）的联邦政府一直在不断寻求降低农业收入保护成本以及食品价格的方法。

《1965 年农业法》（The Agricultural Act of 1965）在协调这三种政策目标上做得相当不错，这些目标往往是在 1970 年代中期的政策目标——控制食品价格和政府计划成本，扩大农产品出口，在可接受的水平上支持农场收入。但这一政策在 1970 年代的后半段开始瓦解，首先是农产品尤其是谷物价格下降，其次是由于燃料

成本暴涨导致农场主支付价格剧增。此外，两项新的政策目标在审议中具有重要意义：（1）环境保护和（2）消费者对食品安全的关注。

在《1977 年农业法》中，政府试图通过提高商品贷款水平和目标价格以及建立"自有储备计划"以保护消费者免遭粮食短缺，从而应对农场主的不安和消费者的不满情绪。为了应对包括首都的拖拉机游行在内的大规模农业罢工，1978 年，政府再次提高了贷款利率和目标价格。联邦政府增加了向农场主提供价格支持业务的贷款数量，及其在价格支持业务中接管的商品库存。这些行动加上对农场主的直接补贴增加，导致政府在价格和收入支持活动方面的净支出在 1978 年上升到 56 亿美元——这是迄今为止的最高纪录。但这些国内的价格支持计划并未削减农业出口；农产品出口在 1978—1981 年飙升，农产品价格也随之猛增。

然而，农场主们在 1981 年并不满足，主要是因为他们投入的 166
成本比产品价格上涨得更快。总统罗纳德·里根希望政府摆脱农业压力。但是，在 1981 年农场主和国会同盟赢得了胜利。《1981 年农业法》包含了 1970 年代末农业计划的所有主要内容，如目标价格、偿付能力缺乏、用于支持价格的无追索权贷款、种植面积削减计划、农场主自留、480 号公法项目（P. L.-480）的延长和食品券计划等。[5] 更重要的是，价格和收入支持水平（即贷款利率和目标价格）实际上增加了。

农场主及其国会盟友之所以能击败一位受欢迎的总统，部分原因可在食品券计划和相关的食品援助计划中找到。来自城市的参议员和国会代表愿意投票支持农产品价格和收入支持计划，以换取乡村议员对食品券计划和其他食品援助计划的支持，到 1980

年这些计划的投入达到每年 140 亿美元，到 1990 年将攀升到 248 亿美元。另外，总统低估了农业游说团的政治力量。想要击败他们，必须投入更多的政治资本。

1980 年后出口繁荣不再，农产品价格开始下跌，农场主的贷款利率上升。结果，政府向农场主提供的农产品无追索权贷款大幅增加，政府库存也大幅增加。因为当产品价格低于贷款利率时，农场主将商品转交给政府；政府给予农场主补贴。1982 年，政府的农业支持增加到 34 亿美元，1983 年增加到 93 亿美元。最终，政府在 1983 年为农产品价格和收入支持共支出了 188 亿美元。

1984—1986年，农业萧条加深。1983年玉米带遭受重大干旱，出口继续下降，农产品价格下跌，农地价格开始暴跌，大型商业农场大量倒闭。

167 为应对这一现象，农场主、政府和国会领导人联合制定了新的《1985 年农业法》。该法案包含了所有旧的目标价格机制、价差补贴、无追索权贷款和生产控制。在这套机制中，达成了重要的妥协方案，其中包括：(1)降低 1985—1990 年的贷款利率，使小麦和玉米等商品在出口市场上更具竞争力；(2)将农场收入水平保持在 1985 年的水平；(3)实施大面积缩减耕地计划，以减少农业盈余；(4)实施出口补贴计划，即出口促进计划，以扩大出口。此外，还包括一些新的举措：(1)批准棉花和大米的“营销贷款”，在世界价格低于贷款利率时，授权生产商以较低的“市场价”偿还该无追索权贷款；(2)重新制定了保护区计划，目的是去除耕地中 4500 万英亩的低产地；(3)制定了“易蚀农田和湿地保护计划”(Sodbuster and Swampbuster programs)，阻止高度易蚀农田和湿地向集约化生产转变；(4)增加了生产灵活性条款，以面向市场需求。其中一项被称为“0-92 计划”规定，允许小麦和饲料谷物生产商减少种植面积，同时可获得不超过该面积 92% 的补贴。

无论是低贷款利率，还是美元贬值或出口补贴，都导致了 1986—1990 年的农产品出口增长，农产品价格和土地价值同时上升。此期间目标价格基本稳定，贷款利率可下降，1986 年政府的价格和收入支持计划成本达到了惊人的 260 亿美元，1987 年为 224 亿美元。1989 年，政府的价格和收入支持计划的成本下降到约 100 亿美元，1990 年下降到 7 亿—80 亿美元。

《1990 年农业法》实际上是该年的《食品与农业贸易保护法 168
案》和《预算调整法》的混合体，后者规定在 1991—1995 年削减农业预算计划 136 亿美元，以减少政府预算赤字。[6]1990 年的《农业法》是在农业适度繁荣、农产品出口不断扩大、联邦预算赤字面临巨大压力的情况下颁布的，其主要目标是：（1）减少联邦赤字；（2）提高农产品的国际竞争力；（3）改善环境。国会议员面临的问题是如何以最小的政治代价实现这些目标。他们提出的折中方案是“三个基础”计划。支持这项计划是关于 1991—1995 年的两个定价理念：（1）鉴于政治因素，维持 1990 年的固定目标价格；（2）为了提高竞争力，允许贷款利率适度下调。“三个基础”延续了面积削减计划（ARP），将农场土地划分为“可耕”和“闲置”。“可耕”土地分为两部分：一个是基础土地，种植计划作物并可获得价差补贴；另一个是“灵活”土地，1991 年占总许可面积的 15%，不能获得价差补贴。“灵活”土地可以种植除水果、蔬菜以外的作物。其隐含的政治交易是：“给予农场主生产灵活性，但是无法获得价差补贴。”这样做有助于降低政府成本。

《1990 年农业法》中，营销贷款价格支持机制扩展到大豆，且1991—1995年贷款利率保持5.02美元。生产者可以选择缩减10%的“可耕”土地。此外，它维持直接补贴和价差补贴5万美元的限额，实行营销贷款7.5万美元的新限额。维持农场主的储备计划，建立小麦3亿蒲式耳—4.5亿蒲式耳和玉米6亿蒲式耳—9亿蒲式耳的储备。

环境问题是1990年法案的主要推动力。因此，国会在法案中列入了一些保护措施。到1995年，保护区计划的目标维持在4000万
169 英亩—4500万英亩。一个自愿湿地保护区计划建立了，旨在将100万英亩的湿地纳入至少30年的有偿地役权。一系列旨在帮助农场主改善水质的措施得到实施，如果农场主不遵守“易蚀土地和湿地计划”条款将无法享有某些福利。在美国农业部内设立了环境质量办公室和环境委员会，分别负责环境评估和指导环境政策制定。环保做得如何，未来才能看到答案，所以国会要求农业部必须认真对待环保问题。

食品券计划被重新批准了，为期5年，并对欺诈和滥用食品券的行为追加处罚。有趣的是，依据1990年《农业法案》，1991年用于家庭粮食计划（包括食品券计划）的拨款为276亿美元，是农产品计划拨款（84亿美元）的3倍多。

1987年7月，里根政府向关税及贸易总协定（GATT）提出激进建议，用来供乌拉圭回合贸易谈判审议，在此背景下，1990年《农业法案》出台。里根政府提议，所有参与农产品贸易的国家都应取消农产品价格和收入支持计划（包括出口补贴）。里根政府在1981年及1985年未能减少政府对农业的干预作用，显然试图通过国际谈判来实现该政策目标。指望参议院批准取消农产品价格和收入支持计划的想法，令人难以理解。或许它的理由是，如果其

他国家都这么做了，美国农场主便会接受。

在 1986 年 9 月至 1990 年 12 月 6 日的乌拉圭回合贸易谈判中，美国就减少边境壁垒与制成品和服务的国内贸易扭曲计划方面取得了很大进展。但在农业领域，没有达成任何协议。一方面，澳 170
大利亚、新西兰等重要农产品出口国强烈支持美国的建议。这并非他们的新立场，他们在关贸总协定中长期反对美国的出口补贴等农业计划。另一方面，日本和欧共体强烈反对美国的提议。因为他们都有增加农业收入的国内方案和有效的边境保护措施，所以不足为奇。美国农业团体希望农业贸易谈判失败，他们想让日本和欧共体在谈判会议上与里根政府辩论。欧共体对瑞典农业部长兼农场集团主席提出的折中方案犹豫不决，该方案包括减少出口补贴和国内支持、增加市场准入。韩国和日本立即加入欧共体方，反对折中方案。这些事发生在 1990 年 12 月 6 日，农业贸易谈判于当晚破裂。此后不久，多国会议休会，乌拉圭回合贸易谈判无限期中止。

乌拉圭回合贸易谈判的农业部分为什么会破裂，如何破裂的，这个漫长而复杂的故事有多个版本。[7]同时，在 1990 年《农场法案》的保护下，美国农业进入了 1990 年代。

推荐阅读

1. Cochrane, Willard W., *Feast or Famine: The Uncertain World of Food and Agriculture and Its Policy Implications for the United States*, National Planning Association Report no. 136, February 1974, Washington, D. C. : National Planning Association, 1974.
2. Cochrane, Willard W., & Runge, C. Ford, *Reforming Farm Policy: Toward a National Agenda*, Ames: Iowa State Press, 1992.

3. Paarlberg, Don, *Farm and Food Policy: Issues of the 1980s*, Lincoln: University of Nebraska Press, 1980.
4. Rapp, David, *How the U. S. Got into Agriculture: And Why It Can't Get Out*, Washington, D. C. : Congressional Quarterly, Inc., 1988.
5. U. S. Department of Agriculture, Economic Research Service, *National Financial Summary, 1990*, ECIFS10-1, November 1991.
6. U. S. Department of Agriculture, Economic Research Service, *Production and Efficiency Statistics, 1989*, ECIFS9-4, April 1991.
7. U. S. Department of Agriculture, Economic Research Service, *Foreign Agricultural Trade of the United States*, September-October 1991, and earlier issues.

第三部分　发展的动力和结构变化

第九章　丰富的土地

吸引的磁石

丰富的土地——无论是便宜的还是免费的，无论是否在腐败 173
下分配的——刺激整个国家发展。土地吸引了第一批定居者来到这片英国殖民地。近三个世纪以来，土地这块磁石继续吸引定居者进入荒野，越过阿巴拉契亚山脉，在独立战争之后的一个世纪里横跨大陆。北美廉价甚至免费的土地，让西欧渴望土地的人们心驰神往。为了拥有这片热土，他们蜂拥而至，历尽艰辛。[1]

依托赠地条款的赠地行动促进了军队征募。这些军队参与了美国的三场战役，即美国独立战争、1812 年战争和美墨战争。公共土地的出售为 19 世纪的各级教育提供了资金。另外，道路、运河、铁路的建设由公有或私营代理处资助，这些参与设施建设的代理处都获得了公共土地许可。土地是年轻苦干的美国政府拥
有的最大资源，它慷慨地甚至不顾一切地利用这一资源促进经济 174
发展。

联邦政府计划用超过10亿英亩的公共土地支持移民和国家发展（见表9.1）。官方并未就特定用途的土地面积及土地接受者的类型达成一致意见，但倾向于依据公共土地的最终用途进行分配。表9.1显示了土地分配方案的大致情况。有超过3亿英亩的公共土地用于基础设施建设融资（交通运输、教育和其他公共设施）。《宅地法》及其修订法案出台之后，移民获得的赠地仅约1.47亿英亩。[2] 开荒者们定居的公共土地多是他们以每英亩1美元—10美元的低价购买的。部分定居者和投机商直接从联邦政府的公开拍卖中购买了约2.77亿英亩土地。其余的5亿多英亩土地从州代理处、铁路公司以及私人土地公司购得。总之，这些分散的土地很廉价，多数情况下并不免费。关于土地投机和出售方式始终都有不少流言蜚语。

表9.1 联邦政府的公共土地[a]分配（截至1956年）

土地种类	英亩数（百万）
土地分配	
直接赠与铁路公司[b]	131.0
赠与州以支持教育[c]	99.0
赠与州以支持交通运输和其他内部改进	125.0
军队土地奖励[d]	73.5
宅基地和相关补助[e]	147.0
出售和赠地给私人[f]	455.5
共计分配	1031.0
印第安部落和责任地	52.8

续表

土地种类	英亩数（百万）
保留的国家森林、公园、野生动植物、国防和其他目的	187.8
未确定的以及未拨款的公共土地	170.6
原始公共土地总计	1442.2

资料来源：源自*Land: 1958 Yearbook of Agriculture*, U. S. Department of Agriculture, 1958 第 48 页所列表格的原始材料。这个材料经由以下资料依次完善：U. S. Department of Interior, *Report of the Director of Land Management*, Statistical Appendix, June 30, 1956; U. S. Congress, Senate, *Inventory Report on Real Property Owned by the United States*, Sen. Doc. 25, 85th Cong., 1st sess., June 30, 1956; U. S. Congress, Senate, *Inventory Report on Federal Real Property of the United States*, Sen. Doc. 100, 84th Cong., 2nd sess., June 30, 1955。

注：a. 包括美国大陆的 48 个毗连的州。

b. 该数字根据政府旧文件中的定义和作者们的解释而有很大差异。例如，一些作者将这个数字设置得低至 0.91 亿；而弗雷德·香农教授在《农场主的最后边疆，1860—1897 年的农业》（*The Farmer's Last Frontier: Agriculture, 1860–1897*）一书中阐述，超过 1.83 亿英亩赠给了铁路公司。

c. 包括支持初级、中级和更高级别的教育。

d. 这是一个争议很大的数字。一些作者强调这个数字应该低至 6.1 千万英亩。

e. 该数字依据定义和作者们对政府旧文件中定义语言的解释从 9.6 千万到上表中的数字不等。

f. 该数字是表中总量减去其他数字的差。例如，若作为军队土地奖励处理的土地英亩数字下降，那么它将会更大；若赠与铁路的土地英亩数增加，那么它将更小。

物质资源

森林最初曾占美国国土的一半左右，约十分之四的国土为草原，从伊利诺伊中部茂密的草地到大平原疏矮的草坪，种类应有尽有，其余大约十分之一为不毛之地。

密西西比河东岸是湿润的东部，大部分土地被茂密的森林覆盖——依地貌不同分布着阔叶林或针叶林。越过大平原是更远的西部，山中点缀着小片森林、干燥的山谷及盆地。西部有商业价值的原始森林不到五分之一。

176 高草之地从伊利诺伊州中部开始呈扇形辐射到艾奥瓦州、明尼苏达州南部及密苏里州北部。进入大平原时，草丛变得低矮，从加拿大边界延伸到得克萨斯州，到大平原西边又变成了稀疏的荒漠草地。到 1960 年为止，密西西比河东岸一半多的原始森林被开垦后种植作物，西部的商用森林面积大约减少了 25%。

大多数原始高草之地被改造成了农田，其中伊利诺伊州中部、艾奥瓦州、南威斯康星州和明尼苏达州被改造的农田是美国目前最好的耕地之一。原优质的矮草地用于灌溉和种植旱地作物，其余草地用于放牧。1790 年这个新国家准备实施一项世界农业发展中最伟大的成就——开垦 3 亿英亩的森林处女地，并在短短一个世纪内进行耕种。众所周知，该措施因人类的贪婪和政府贪污而中断。尽管如此，也不影响它的伟大。

48 个州约有 19 亿英亩的土地。其中，约 6 亿英亩适宜作物生长（20 世纪种植了 3.5 亿英亩—4 亿英亩），当农产品价格有利可图时，可以整理余下 2 亿英亩—2.5 亿英亩有种植潜力的土地，例如去除石块、次生树木和灌木，安装灌溉设施等。

大多潮湿地区的土地有三个利于作物生产的因素——湿度适宜、保墒土壤和缓坡。该区域大部分位于五大湖南部并从俄亥俄州中部伸展到内布拉斯加州东部。这是地球上最富饶的广袤沃土之一，以种植高产的饲料谷物为主。此外，因为该区域位居中央，不仅成为国家铁路网和水陆交通中心，更拥有独特的市场优势。

有些区域的地形虽适合耕作但土壤条件稍逊，原因是排水能力弱。密西西比河三角洲就是例证——农田水量过多。从弗吉尼亚州到密西西比河区域的土壤和地形地段适于耕作，该区域的土壤条件虽然不是特别优质，但土壤水分供给充沛。该区域很多地方，或坡度陡峭，或土壤贫瘠，或两者兼而有之，因此这片土地的森林面积较大。当北方无法生产玉米、柑橘类水果、花生和蔬菜时，该区域因为水分充足、无霜期长，可以生产上述作物，弥补了其土壤贫瘠的不足。 178

有些区域属于湿润地区，但由于多沼泽和山地不适于作物生产。

人们向西迁移，跨过密西西比河进入大平原，气候从湿润向半湿润转变。两个气候区基于降水指数的分界线，大约位于西经96°。在半湿润地区，有些地方的土壤和地形有利于保墒，即使没有灌溉条件，农作物也长势良好。这些半湿润地区位于大平原的东部边缘地带。限于水分条件，该地区的农作物选择较湿润区域更少。

在偏干旱区域，有灌溉水的地方最具生产潜力。灌溉水多来自湿润山区的积雪。这4000万英亩的灌溉地（截至1970年）对全国产量的贡献远高于其所占农田比例。然而，在干旱的西部，用于灌溉的水资源十分稀缺，且城市生产用水的竞争性需求还在逐年上升。

半湿润-半干旱区域由于土壤干燥，多用于畜牧业。干旱区域由于土壤更干燥，除了少数灌溉地，该区域仅用于支持稀疏的畜牧业人口。这片土地提供的饲料有限，需要从其他高产地区运输。 179

除了水资源，其他的气候要素尤其温度，也影响着作物生产。众所周知，同样湿度的南方比北方更具优势。作为太平洋国家，温度优势明显。盛行风从太平洋吹向内陆，使得沿海山谷冬暖夏凉，适于生产水果和蔬菜。

可见，美国的土地资源丰富多样，气候宜人。在此定居的建设者幸运地拥有了世界上最有价值的不动产之一。

土地分配的目的、政策与投机

关于如何分配公共土地，联邦政府的态度始终不明朗。因为人们对土地分配的政策一开始就存在分歧。一种观点认为新政府急需税收，土地应当以政府税收最大化的价格出售给公众。土地政策应有助于美国尽快实现工业化的目标。此为亚历山大·汉密尔顿（Alexander Hamilton）及其支持者的观点。

反对观点认为公共土地应免费赠与定居者。将公共土地分成小块，使农民拥有小型不动产所有权。此为托马斯·杰斐逊（Thomas Jefferson）及其追随者的观点。

第一个重要土地立法——《1785 年土地法》（the Land Ordinance of 1785）出台，意味着一方是工业和投机商利益团体，另一方是农业和先驱农民利益团体之间达成的妥协。土地最低售价每英亩 1 美元，每次至少购买 640 英亩。法案规定公共土地应
180 分布有序，这就需要满足以下条件：首先取消印第安人所有权；进行土地调查并公开拍卖；政府对已购土地颁发地契；按镇完成拍卖以稳固定居点；每个镇至少划分两块地用于支持公立学校。

在土地处理政策上，汉密尔顿团队和杰斐逊团队的竞争始终存在，双方都在 1796 年出台的第二土地修订法案中有少许收获。为增加政府税收，将土地最低售价调整为每英亩 2 美元。同时，将购地者的信用纳入法律体系；购地者可在一年内完成支付。1796

年汉密尔顿一党的地位达到高点。1796—1862 年，寻求廉价土地的先驱农民多次获胜。之后的土地立法，进一步放宽了公共土地分配的条件。[3] 众所周知，1862 年的《宅地法》实现了土地免费。

但是，正如弗农·卡斯坦森(Vernon Carstensen)教授指出的，除了法案，公共土地处理中还包括很多因素：

> 法律条文只是一个前奏。法律具有指导、强制的作用。一些政策与官僚机构也逐渐形成。财政委员会依据《1785 年土地法》进行土地拍卖。美国地理学家对土地测量工作进行指导。1796 年，依据宪法，成立了第一个土地办公室，虽然它并未发挥应有的作用；测量总监代替了地理学家；确定了联邦政府转让土地的程序。土地拍卖充实了国库，但是由陆军部(the War Department)负责与印第安人谈判。由国务院颁发地契，转让土地需要总统签字。1812 年成立了联邦土地总局(the General Land Office)，合并了一些职能，但直到 1836 年总测量师才向公共土地专员负责。
>
> 土地测量前要取消印第安人的所有权，然后进行土地拍卖。1800 年后在成立的土地办事处负责土地拍卖——所有这些都需要大量的行政管理工作。需要指定人员与印第安人进行谈判。将印第安人集中起来带到指定的谈判场所，诱骗说服他们签署所需的条约。之后，谈判还要得到参议院和总统认可。此后，总测量师必须寻找可靠的副测量师，由他们
> 将工作承包给专业人员。早期的测量工作总是受到质疑。测 181
> 量员一走到地头就开始抱怨。1804 年杰瑞德·曼斯菲尔德(Jared Mansfield)在印第安纳州报道：每年都有草原火灾摧

毁木桩，定居者是否向往草原有待商榷，因为这里只有木头和水，一贫如洗。两年之后，他又进行报道：人类几乎无法在河边生活，因为他们会"被众多苍蝇和蚊子滋扰，人和动物都难以生存。" 1811年，托马斯·弗里曼（Thomas Freeman）在密西西比州报道："由于洪水侵袭，人们直到8月中旬或者9月上旬才能进入这片旷野；没人能忍受半干的泥浆、腐烂的鱼类和植物性物质问题——难以穿越的藤蔓，以及滋生蚊虫的潮湿——这些洼地在洪水退去后到处都是。" 1831年12月，指导定居工作的卢修斯·里昂（Lucius Lyon）在约翰·朗特里（John Roundtree）的帮助下，在威斯康星州和伊利诺伊州交界处向上级汇报：土地测量进展缓慢。"朗特里先生是个好人，但他在南方长大，在寒冷的气候下工作对他来说很难"。[4]

然而，免费赠地或低价出售土地的效果并不理想。民间传言：公共土地处理中充斥着贪婪、腐败和投机，上至总统下至最底层黎民都被牵扯进来。穷困但胆大的先驱者在测量之前擅自占地，并成立"保护协会"，在公共土地拍卖中保护他们所占的"权利"。他们的策略就是威胁任何质疑他们权利的人，该策略往往奏效。

土地总局的公共测量员和官员常给大型土地投机商透露内幕，例如地力情况。土地测量时，一些政要和军队首领在拍卖现场公布他们要竞买的土地，不仅用最低价甚至明示其他人不要与他们竞标。大型工业集团和土地投机商通过游说，使土地立法对他们更有利，例如，1796年土地法和1877年的沙漠土地法将巨额土地补助金发放给了铁路公司。

数百万英亩土地就在那里，待人夺走——那些足够强悍能从

大自然攫取土地的人、那些足够勇猛能从印第安人手里掠夺土地 182
的人，以及那些足够狡猾能从联邦政府这一合法土地拥有者那里抢夺土地的人。在这场争夺战中，强悍和勇猛者获取了一些土地，但狡猾的人获取的远远更多。卡斯坦森教授又指出：

> 公共土地的历史充斥着这些词语：投机者、土地垄断者、拳击场、贪官污吏、封口费、不法侵占、伪装闯入、土地律师、土地诈骗等。毫无疑问，公共土地内的每个新社区都曾讲述过以"无辜的谎言"攫取土地的故事。东部律师很在意合同，认为主张地权的协会阻碍了拍卖，但西部视这些协会为拙劣的联邦法律的补充。人们对很多谎言习以为常。诸如：蒙上证人眼睛带他到地里，之后他能在土地总局证实他曾一直在那片土地上，没有看到过矿藏的迹象；当土地官员询问时，一个男孩可能会站在标记为"21"的地方，声称他超过了21岁；一名8—10岁的女孩能作为男孩的合法妻子，给予他俄勒冈捐赠法规定的双倍土地份额权利；在新耕犁沟中倒的一桶水，或者几英寸见方的棚屋，就可以用作灌溉或居住的证据。普吉特海湾的几个伐木工人被法院以偷窃木材的罪名传唤，被处罚款和拘留一天。伐木协会的会议上屡次提及这个故事，其版本是伐木工人支付了罚款，并用雪茄烟和饮料送走了法院的执行官。后来伐木工人、执行官、法官等人都因此下狱。法律的正义得到伸张。[5]

擅自占地者、垦殖先驱、政策引领者、大型土地投机商以及铁路公司是如何处理土地的？虽各行其是，但不谋而合。他们对土地稍加改良，并试图出售以获取利润。总之，他们都是土地投机者——无论拥有 80 英亩还是 800 万英亩土地。

多年来，经济史学者普遍认为西部的投机行为并不成功。1840—1850 年代水路和陆路交通建成之前，多数土地投机冒险即是如此。原因在于投机商面对的是资金匮乏的先驱垦殖者，在市
183 场商业化之前，他们无法从农业赚钱去买地。但是，运输系统的发展为市场商业化带来契机，土地投机也变得有利可图。大投机商以每英亩 1.25 美元从政府处买地，以每英亩 3 美元—8 美元一次性出售 80 英亩—160 英亩。多数先赊销土地，待农场主生产获益后再支付土地款。此外，铁路公司也曾免费获得政府的土地许可，1850 年以每英亩 3 美元—15 美元赊销铁路沿线的小块土地。土地投机商不得不长期持有土地，并负担土地销售费和监管费，因而投资回报变化不定。100% 的回报率是闻所未闻的，回报率下降到 5%—25% 则司空见惯。19 世纪上半叶，尽管有很多投机商倒闭，仍然有一些很富有，甚至是富甲一方的百万富翁。

不管是否定居，擅自占地者抑或银行家、当地政客抑或东部参议员，土地投机商无处不在，并影响着西部农业发展。其动机或许备受质疑，但这就是典型的美国人，他们在塑造文化、殖民和生产中扮演着重要角色。没有他们，就没有美国西部。

对农场运作的影响：粗放时期

如上所述，19 世纪上半叶在新土地上定居的先驱者也是土地投机者。他们并未尝试多产高效的农业，相反，这些家庭都尽其所能以不同方式获取更多土地——建房、搭篱笆、开荒、加宽农场
184 小路等。之后，将改进的农场卖给下一波多金且渴望土地的移民

家庭。通过这样的市场化运作，第二波垦殖者可能成为商业化农场主。

拓荒和土地投机催生了一个掠夺的、非生产的农业类型。在整理好的有限土地上采矿；耕作方式是粗放式的，生产出玉米或小麦后没有进行地力保护。森林里散养的牲畜几乎不产肉或奶。农场运营的目的是养家糊口，改良是为了将农场转让给下一个家庭；并非为了生产剩余的待售农产品。

19 世纪下半叶，运输系统的建成与先驱农场主进入商业市场的行为，导致了农业的商业化。农场主们开始热衷于剩余农产品的贸易活动。由于可以获取廉价甚至免费的土地，商业化农场的运作仍是粗放的。劳动力稀缺，资本昂贵，土地却很廉价。因此，农场主们结合大量廉价的土地资源和有限的劳动力与资本进行生产。土地没有被集约化利用，农场主们通过扩大耕地生产剩余产品，单产基本不变甚至降低了。

这种安排当时并无不妥。利用廉价资源维持低成本是农场主盈利的途径之一。19 世纪的廉价资源是土地。所以那时的农业生产是粗放式的，低单产、低牲畜生产力让西欧精细的畜牧者痛苦不堪。

农业部部长詹姆斯·威尔逊（James Wilson）充分意识到了 19 世纪美国农业的粗放性，并指出了该特征的推动力。1907 年他写道：

> 延续了三分之一世纪的粗放农业生产存在诸多弊端：种植品种多单一；作物轮作短暂且不合理；忽视了禾本科和豆科饲料作物；驯养动物没有很好地嵌入农场经济；奶牛饲养情况 185

> 不佳。肥料在一些地区不受重视，都被浪费和误用了，例如，腐殖质没有被正确地犁入土壤中，在很多地方水土流失现象严重。
>
> 简言之，这是一个新国度的农业史；该时期的农业可能不够科学，却具有经济合理性。穷困潦倒的先驱者在建设家园时，他们最严重的问题是缺乏资本，即使他们拥有足以让评论者满意的农业知识……
>
> 所以，当时每英亩土地的产量很低。但是，农民不可能持续粗放式低产经营。一旦消费需求增加，价格提升，农场主便会回应。知识和榜样的大门正为他敞开。[6]

对农场运作的影响：集约时期

看起来取之不尽的良田最后都消耗殆尽了。通常认为殖民地边界于1890年代封锁，没有法律保护的荒凉地带延续到1900年。但是，在1900—1920年，蒙大拿州与更西部仍有大量土地的开垦方式很粗放。1890年或更早，免费的优质农田便不复存在。众所周知，随着市场扩大，1896年后国内外农产品价格持续上涨，土地价格也随之攀升。

这时，农场主们必须寻找低成本的生产方式。一般而言，首先用机器（从马力到拖拉机）替代最昂贵的生产要素——人的劳动。

第二，通过改良植物和牲畜品种增加单产，该目标在1930年代实现。

186 第三，增加资本要素（化肥、灌溉、除草剂、杀虫剂等），使劳动力需求降低，提高了生产力。二战后资本要素投入达到高潮。

这就是集约式增长。1933—1970年，美国农业正处于无与伦比的快速发展时期。

只要土地唾手可得，甚至向西部无限扩展，农场主就没有改良生产方式的压力。因此，土地被粗暴地对待，并被严重地浪费，也就没有集约式发展。只有当资源缺乏时，人们才会懂得保护。我们应该从中吸取教训，善待环境。

与增长的需求相比，自然资源愈发匮乏，美国人开始注重资源保护。随着土壤、水、能源价格的持续上涨，资源保护压力与日俱增。本书无法预言其结局，但可以肯定的是，生产经营方式将在现有农田基础上得到改善。

一些基本结论

前文阐述了公共土地处理中的腐败现象，并用更多篇幅描写了其中的投机活动。本章对此进行了简要讨论，旨在揭露贪污、投机行为对相关人员和国家的影响。毫无疑问，这些行为导致大众收入的不公平。从这个意义上讲，贪污和投机是有害的。但是它们对国家造成了重大伤害吗？也许在某种程度上有。然而，不论定性或定量研究，很难测量其程度。

带有着腐败和投机现象的土地处置政策，也并非显著地抑制 187
了国家的安居和经济增长。其他替代性的土地处置政策，难以达到这样的速度。道格拉斯·C. 诺斯认为：

> 因此，可以得出一个普遍适用的暂时性结论……土地政策总体上与高经济增长相一致，很难找到其他的替代性假设方案。[7]

此外，农业生产增长质量如何？其结论大致良好。除了美国

"旧南部"之外，美国的土地处置政策使得农业经营主体的单位很小，主要由本地农场家庭经营。南北战争消除了"旧南方"种植业的经济和社会基础，即奴隶制。重要的是，在殖民即将落幕时，农场家庭在经营过程中投入了至关重要的支持。这些支持在社区幸福和国家福利的可持续中都扮演了重要角色。显然，杰斐逊及其支持者的梦想在1900年成为现实。对美国乡村白人来说，这是一个美好的社会，并且事实清楚地表明，这也是一个高生产力的社会。

但人们争辩说，国家的土地处置政策导致了一种掠夺型农业：美国的自然资源在19世纪被肆意剥削；土地资源被滥用；西欧标准的农业实践很糟糕。但是，是否由美国的土地处置政策导致了这些？并非如此！土地资源充裕，加上来自美国东部和西欧的移民对土地的贪婪，首先导致了自由的土地处置政策，其次又导致了鲁莽的土地开发。土地处置政策不是原因，而是结果。

188 本文认为，从农业经济和社会发展来看，土地处置的结果虽然谈不上完美，但也算差强人意。与拉丁美洲相比，可以说非常出色。截至1900年，美国的地产很少，劳动力主要由居住在自家农场的家庭成员组成，并且这种典型的家庭所有和经营的农场是高效且多产的单位。那么，又何须多言？

推荐阅读

1. Carstensen, Vernon, ed., *The Public Lands: Studies in the History of the Public Domain*, Madison: University of Wisconsin Press, 1968.
2. Schlebecker, John T., *Whereby We Thrive: A History of American Farm-*

ing, 1607–1972, Ames, Iowa: Iowa State University Press, 1975, Chaps. 6 and 12.

3. Shannon, Fred A., *The Farmer's Last Frontier: Agriculture, 1860–1897*, Vol. Ⅴ of *The Economic History of the United States*, New York: Farrar and Rinehart, 1945, Chap. Ⅲ.
4. U. S. Department of Agriculture, *Land: 1958 Yearbook of Agriculture*, Washington, D. C. : Government Printing Office.
5. U. S. Department of Agriculture, Economic Research Service, *Farm Real Estate Historical Series Data: 1850–1970*, Washington, D. C. : Government Printing Office, June 1973.

第十章　农业机械化与技术进步

稀缺的劳动力

189 自第一位英国殖民者在弗吉尼亚殖民地登陆伊始，用于开发这片沃土的人力资源便开始短缺。在殖民地时期，定居者以各种方式尝试增加劳动力供给（参见第二章）。从垦殖者和国家面临的繁重发展任务来看，劳动力一直短缺。每个家庭都有替代方法，或购买土地，或非法占有土地。在边疆雇佣劳动力的花费非常昂贵，因此，除了黑人奴隶制存在的地区，直到 1840 年或 1850 年，家庭可以开发和经营的土地数量都受到家庭劳动力规模的限制。

19 世纪初期，拓荒农场家庭扩大规模、提高生产力并最终实现繁荣所最需要的，就是极其昂贵的生产要素——劳动力——的
190 廉价而高效的替代品。当时雇佣劳动力的成本奇高，必须想办法让生产效率更高。19 世纪上半叶，机械开发使农场工人能够以较少的人力投入更快地完成更多工作。代表性的做法是用畜力代替人力。整个农业机械化过程——在 1820—1840 年取得进步并发展迅猛（见图 10.1）。

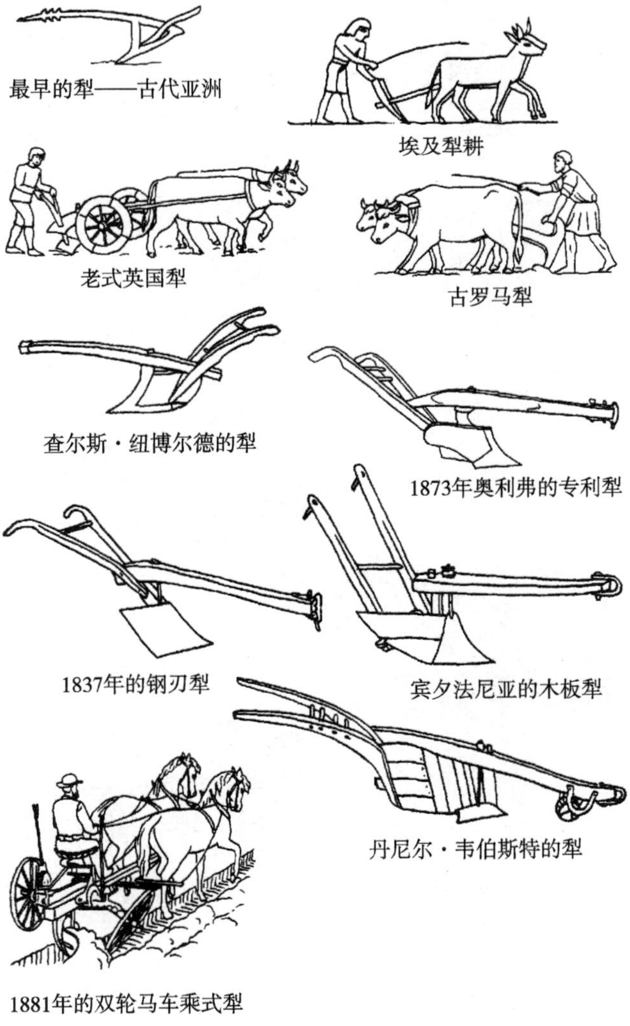
最早的犁——古代亚洲
埃及犁耕
老式英国犁
古罗马犁
查尔斯·纽博尔德的犁
1873年奥利弗的专利犁
1837年的钢刃犁
宾夕法尼亚的木板犁
丹尼尔·韦伯斯特的犁
1881年的双轮马车乘式犁

图 10.1a　犁的种类

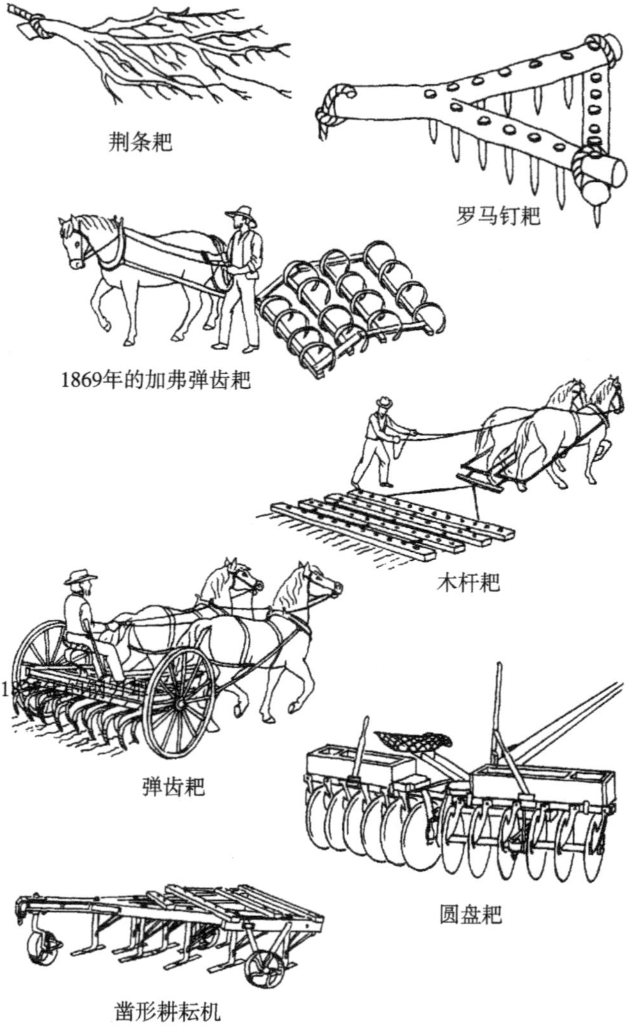

图 10.1b　整地的农具

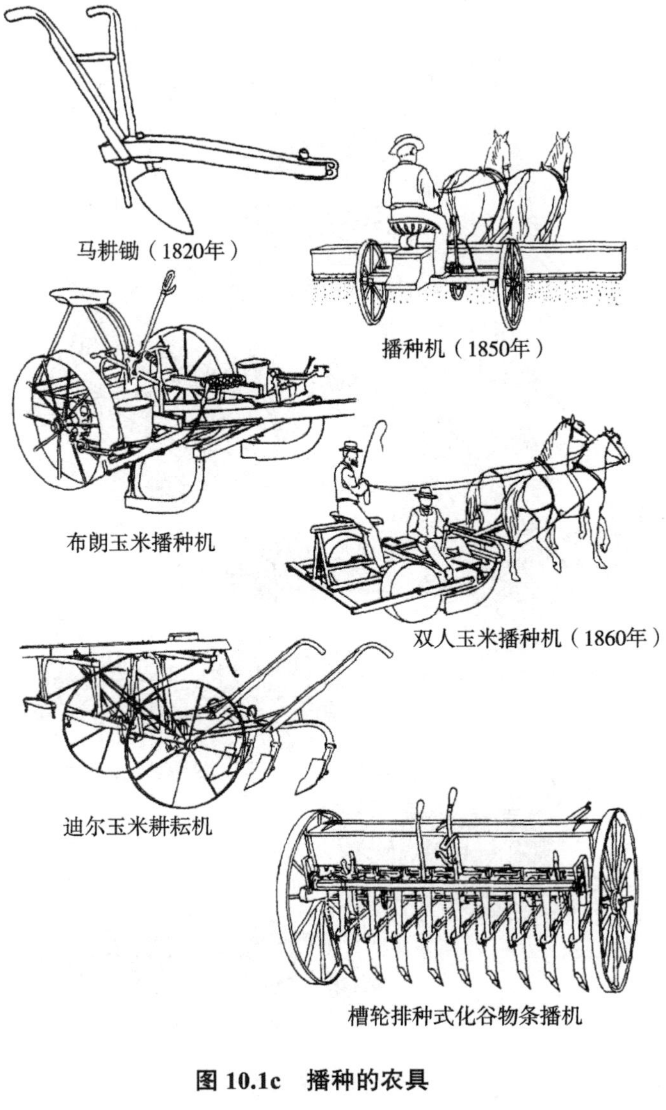
马耕锄（1820年）
播种机（1850年）
布朗玉米播种机
双人玉米播种机（1860年）
迪尔玉米耕耘机
槽轮排种式化谷物条播机

图 10.1c　播种的农具

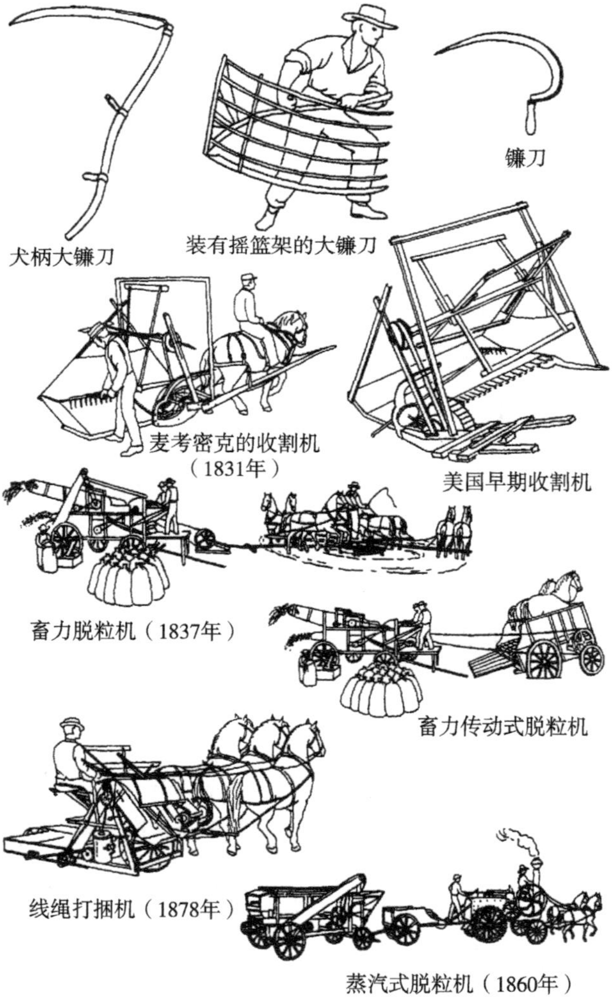
犬柄大镰刀
装有摇篮架的大镰刀
镰刀
麦考密克的收割机（1831年）
美国早期收割机
畜力脱粒机（1837年）
畜力传动式脱粒机
线绳打捆机（1878年）
蒸汽式脱粒机（1860年）

图 10.1d　收割的农具

19 世纪的农业机械化

1840 年以前，美国农民使用的主要是手工工具：斧头、锄头、镰刀等。当时没有专门从事农业机械制造的工业公司，也没有机械设计的研究站。有些对农业技艺感兴趣的学者写过相关主题的文章，如弗吉尼亚的托马斯·杰斐逊和埃德蒙·拉芬（Edmund Ruffin），新英格兰的丹尼尔·韦伯斯特（Daniel Webster）和伊泽基尔·霍姆斯（Ezekiel Holmes）。他们对农业技术（包括机械设计）有自己的想法，但没有制造出省力的机器。1820—1880 年，有一些长期生活在农场、了解农民需求的铁匠制造了培育苗床和收获谷物的机器。

第一项重大改进来自犁的设计和建造。1797 年查尔斯·纽博尔德向美国专利局申请了铸铁犁的专利。该专利虽差强人意，但它标志着对当时笨重木犁的突破。巴尔的摩的R.B. 切纳沃斯（R.B.Chenaworth）在 1813 年申请了铸铁犁专利，这种犁把犁壁和侧板分开，易于更换磨损零件。杰斯罗·伍德在 1813 年和 1819 年申请了铸铁犁的改进专利，他毕生致力于铸铁犁的推广和应用。伊利诺伊州的约翰·迪尔在 1837 年制造了带有钢制切割边缘的锻铁单件犁。该犁在伊利诺伊黏重的土壤中犁地效果甚佳，被称为“鸣声犁”。在 1840 年代中期，约翰·迪尔每年生产 1000 台鸣 195
声犁，到 1850 年代中期，约翰·迪尔公司每年生产量约 10,000 台。接下来是开发单底多犁。到 1890 年代，中西部大农场的大型组合犁由 8 匹马拉着，组合犁常被称为“马匹杀手”——必须用一种新的动力源代替畜力。

19 世纪谷物收割机的改进比犁更彻底。早在公元前 3000 年，人们用镰刀切割谷物。4800年后，在收割方面最重要的进步是手工工具镰刀和筛子的发明。1830年代出现的机械收割机，为粮食收获的彻底机械化开辟了道路。当时的机械收割机是由木头制成的，有少数金属零件，包括用于驱动的齿轮。该齿轮将动力传输到镰刀型切割杆上，谷物在地面附近被切断。切割好的谷物由旋转的卷轴推到一个平台上，人工将谷物拆成小捆。机械收割机使收获谷物的时间减少了一半。

早期的收割机有不耐用的缺点，奥贝德·赫西和塞勒斯·麦考密克（Cyrus McCormick）一直努力加以改良。1850年代，麦考密克结合他和赫西的技术优点开发出了高效可靠的收割机，受到农民青睐。凭借傲人的销量，麦考密克公司成为领先的收割机制造商。

随着收割机的发展，谷物脱粒机也随之改进。到1830年代，生产销售了大约700种脱粒机。第一批脱粒机只是简单地脱粒，需要人工用耙子分开麦秸，然后筛除谷壳。

1840年代至1850年代，皮特和凯斯（J. I. Case）两家公司，
196 开始生产销售一种混合脱粒机。它能够使谷物脱粒，分离麦秆，去除谷壳。购买这些昂贵的大型机器的农场主，为其他农场提供定制服务。到1860年，小麦种植区都实现了机械脱粒。

1870年代至1880年代，远西地区也开始使用谷物联合收割机，将麦子收割、拍打、分筛、扬谷。重达15吨的大型联合收割机由40匹马牵引，收割幅度宽达35英尺。到1890年代，大型联合收割机上安装了蒸汽机，为打谷作业提供了比地轮更稳定的动力来源，蒸汽拖拉机开始取代畜力。20世纪晚期，为收割及时并减少操作损失，收割机变得愈发庞大，需要寻求更强劲的机械动力。

继改进犁和收割机后又出现了许多其他机器，如播种机、割草机、干草机等。有趣的是，这些机器无论是何时发明的，均在 1850 年代得到了广泛应用。农业生产是一个系统，需要各方面的齐头并进。1850 年代的谷物生产者在各要素之间实现了平衡。

在南北战争期间，面对高昂的农产品价格和严重的劳动力短缺，南方以外的农场都加速了机器的使用。与 1820—1840 年机器的新发明阶段不同，1865—1900 年农业机械化始终在推进，并得到迅速改良，可操作性提高。这并非一个创新时期，而是一个广泛应用阶段，解放了大量的农场劳动力，生产率大大提高。

20 世纪的农业机械化

1880 年代和 1890 年代开始研发汽油驱动拖拉机（以下简称拖 197
拉机），实际它是一台与车轮连接并安装在钢架上的内燃机。1905 年，这台原始机演变为十分高效的机器。1910 年，有多家公司开始进行拖拉机的流水线生产。如表 10.1 所示，拖拉机的应用迅速增加。1910 年，美国农场的拖拉机大约有 1000 台，1915 年 2.5 万台，1920 年 24.6 万台，1965 年增加到约 480 万台，1965—1988 年，数量每年在 460 万—470 万间波动。1980 年代，农用拖拉机的平均马力总量远高于 1960 年代——从 1965 年的 1.76 亿增加到 1983 年的 3.09 亿。更重要的是，1980 年代的拖拉机比 1960 年代更易操作，效率更高。

在拖拉机广泛应用的同时，农用卡车也有所增加——从 1915 年的 2.5 万辆增加到 1988 年的 340 多万辆。汽油发动机应用在拖拉机、卡车、收割机（如谷物联合收割机）上，承担着农场的繁重劳作。将非农物品运到农场，备好苗床、播种、收割，再将农产品运到市集。20 世纪的农业机械化与内燃机的发展及其应用紧密相关。

表 10.1　农业机械：1910—1988 年美国农场各类机械数量和拖拉机马力[a]

年份	拖拉机（蒸汽机和菜园除外）		机动卡车（千）	谷物联合收割机[c]（千）	玉米采摘机[d]（千）	捡拾打捆机[e]（千）	田间收割机[f]（千）
	总计[b]（千）	马力（百万）					
1910	1		0	1			
1915	25		25				
1920	246	10[g]	139	4	10		
1925	549		459				
1930	920	25[g]	900	61	50		
1935	1048		890				
1940	1567	42	1045	190	110		
1945	2354	61	1490	375	168	42	20
1950	3394	93	2207	714	456	196	81
1955	4345	126	2675	980	688	448	202
1960	4688	153	2834	1042	792	680	291
1965	4787	176	3030	910	690	751	316
1970	4619	203	2984	790	635	708	304
1975[h]	4469	222	3038	524	615	667	255

续表

年份	拖拉机（蒸汽机和菜园除外）		机动卡车	谷物联合收割机（千）	玉米采摘机	捡拾打捆机	田间收割机
	总计（千）	马力（百万）	（千）		（千）	（千）	（千）
1980[i]	4780	304	3377	656	701	756	293
1983	4669	309	3435	644	684	800	285
1988[h]	4609[i]	[j]	3437	667	[j]	823	[j]

资料来源：基础数据主要来自《农业普查》报告。对于《农业普查》中未涵盖的年份和未报告的项目，用以下信息得出估算值：普查局的《当前工业报告》（早前名称《工业实情》）、机动车年度登记、调查结果、农场收入变化和估计报废率。

注：a. 截至 1 月 1 日的数据；

b. 包括轮式和履带式拖拉机；

c. 1975 年及以后的数据不包括连枷式饲料收割机；

d. 包括联合收割机收割的玉米；

e. 不包括 200 磅以上的大型打捆机；

f. 1976 年及以后的数据不包括连枷式饲料收割机；

g. 1920—1924 年和 1930—1934 年的平均数；

h. 最新的普查报告；

i. 仅包括轮式拖拉机；

j. 系列数据于 1984 年不再收集。

拖拉机、卡车、收割机上的内燃机代替了畜力和蒸汽引擎，解放了人类的体力劳动，提高了拖拉机的普及率，也促进了其他机器（如玉米采摘机、打捆机、牧草收割机）的开发。

199 内燃机的普及有其原因。第一，20 世纪前 75 年，石油价格低廉，内燃机是一种高效的能源。第二，内燃机只需一人操作，而蒸汽拖拉机或钻机需要四个人——两人操作蒸汽机加上两人运输水和煤。第三，易启动、易加油。第四，随着轮胎和方向盘的应用，拖拉机变得更舒适便捷。考虑到这些优点，1990 年的美国农场机械化主要是在拖拉机、卡车和收割机上安装内燃机。所有农用机械的设计都与内燃机息息相联。

农场的动力源来自电力和内燃机。挤奶机、饲料混合机等由电和家用电器驱动。

农业机械化的影响

美国农业机械化主要关涉机器取代人类劳动，历经从畜力驱动到内燃机驱动的过程。本文发现，自 19 世纪以来劳动力需求便急剧下降。

1830 年，在 5 英亩土地上，用手工工具生产 100 蒲式耳小麦需要 250—300 个工时。同样生产量，1890 年以畜力驱动机器为
200 主进行生产需要 40—50 个工时，1930 年用三底犁、拖拉机、双列圆盘耙、联合收割机、卡车进行生产需要 15—20 个工时。到 1975 年，用拖拉机、30 英尺的圆盘耙、27 英尺的播种机、22 英尺的自动联合收割机和卡车在 3 英亩的土地上生产 100 蒲式耳小麦仅需 3—4 个工时。同一时期，机械化生产玉米、棉花和其他大田作物所需工时也相应减少。

劳动力需求的大幅减少导致了两个结果：一是中等农场可经营的规模在19世纪稳步增长，到20世纪迅猛增长。二是1920—1990年，农业产量大幅增加，从业人数从1340万下降到290万。农业机械化使劳动力从农业流向非农再就业，农业总产量随需求增长而增长。

其结果的优劣尚有待讨论。机械化导致劳动力需求下降，农场从业人员减少，农场规模变大，劳动力流向城市，增加了城市负担。同时，也使国民生产总值增加，人均收入提高。

农业技术进步

1820—1920年，农业技术进步的主要形式就是农业机械化。201
这一时期的农民认为技术就是机器，技术进步就是机器的改进。

我们所说的技术进步意味着什么呢？技术进步是资源以新形式或新配置进行结合，使得相同资源的产出提高[1]，或者以更少资源获得相同产出。所以，技术进步的本质是资源以新形式或新配置进行结合，单位产出增加。对于经济学家来说，它意味着农场的生产功能提升，农场的成本结构下降，即农场以既定价格生产销售更多的产品，或者以较低价格销售相同数量的产品。

追溯本书第二部分的历史分析，农业部的科学家和1870年代赠地大学的农学院试图了解动物疾病的原因，寻找治愈疾病的方法，寻求解开植物和动物遗传学的奥秘，探讨植物病害的根源，研究土壤的性质，培育抗干旱和抗病的植物新品种，考察动植物的营养需求。这些内容与改善犁等农具的命题截然不同，有冶金知识的工匠甚至农民都可以做到后者，前者则通过建立解释动植物功能的知识体系来完成的。这需要时间和理论知识，从农艺学、植物病理学、兽医学、动物营养学、土壤学和农业工程等这些知识体系202 出发，新技术开始以这些形式出现：新的高产植物品种和控制动植物疾病的方法，高效的动物饲养方法和土壤施肥策略等新技术逐步形成。

这些新技术大多代表了农业技术的进步，它们在 1920 年之前进展缓慢，经过 1920—1940 年的积累，于 1940 年后大量涌现。1940—1970 年，美国农业同时发生了三次技术革命。机械革命带来农业生产的机械化；生物革命催生了抗旱抗病品种，并极大地提高了产量；化学革命则更加神奇，不仅控制了动植疾病、害虫和杂草，还为土壤提供了肥料。

1970—1990 年的技术发展不如前三十年那么具有革命性。人们更倾向于通过管理控制改进机械、生物和化学技术的应用。因此，在 1970 年代初短暂的停顿之后，农业生产率在 1980 年代有了质的飞跃。在 1940—1990 年的漫长岁月里，成千万的农场主在频繁地采用各种新技术方面拥有独一无二的历史经验，这些新技术的采用提高了农场主对资源的利用率。因此，这些农场主拥有独特的经验：随时准备生产；在新的一年或新的生产时期，在任何给定价格下，生产出比之前更多的产品。每位农场主都愿意且这样做了，因为每个人都采用了新技术，这些技术标志着农场生产流程的进步。

资本与金融的影响

除了 1920—1940 年这段时间，1870—1950 年农业中实物资产的总价值一直在增长。其现值从 1870 年的近 120 亿美元上升到 1900 年的约 220 亿美元，1920 年达到 840 亿美元，1935 年下降到

400 亿美元，1950 年再次上升到 1070 亿美元。

以 1910—1914 年的固定价格衡量，1870—1920 年农业实物资产总额增长迅速，在 1920—1940 年的农业萧条期趋于平稳，随后在 1940—1950 年再次增长。1870—1920 年，尽管农产品价格 203
经常疲软，资本形成率高的主要原因是土地可供定居使用。农民无偿或低价从联邦政府、州政府、铁路公司或私人土地投机商那里获得土地，通过他们的辛苦劳作将其转变为农场经营。因此，这一时期，农民通过艰辛耕耘和储蓄在很大程度上为农场资本积累提供了资金。

由图 10.2 可见，封锁边境、农业机械化和技术进步之后，农场资产结构也发生了改变。1900 年后，土地价值趋于稳定，机器价值却骤增。1870 年土地和建筑物占有形资产的 80%，1950 年降至 78%。机器占有形资产的比例却从 1870 年的 1.3% 上升到 1950 年的 8.2%。该图显示，马和骡子的绝对与相对价值下降。1870—1950 年农场实物资产结构的变化反映了该时期的技术变迁。[2]

按当时价格计算，实物资产总值从 1950 年的约 1110 亿美元增加到 1990 年的约 7960 亿美元。大幅增加的原因在于物价上涨和实物资产增加。

1950—1990 年，农业总资产（实物和金融）结构扭转了 1870—1950 年的形势。农业房地产占总资产的比例从 1950 年的 62% 上升到 1990 年的 72%。另一方面，农业机械的资产占比保持在 11% 左右。房地产（土地和建筑），一直是农业的主要实物资产，在 1980 年代则更突出。

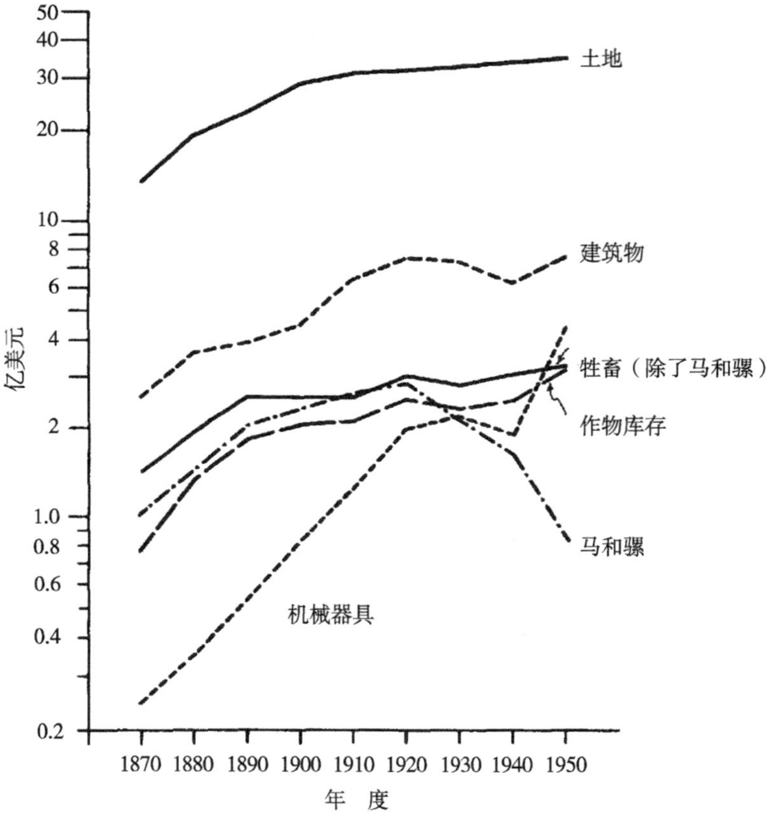

图 10.2　美国 1870—1950 年的农场资产类型（以 1910—1914 年的价格标准）

与有形资产相比，农业生产包含得更多。其中劳动力曾占主导地位，而运营资本的作用日益突出。如表 10.2 所示，1870 年劳
204 动力占农业总投入的 65%，1870—1990 年该比例稳步下降，1990 年降至 19% 的低点。同时期土地和建筑物比例稳定，占总投入的 18%—24%。（据专家判断，表 10.2 中的波动是统计权重变化的结果，并非实际情况。）

表 10.2　1870—1990 年美国特定年份农业投入百分比构成的变化

单位：%

年份	劳动力	地产	资产[a]	总计
1870	65	18	17	100
1900	57	19	24	100
1920	50	18	32	100
1940	41	18	41	100
1960[b]	27	19	54	100
1970	19	23	58	100
1980	20	22	58	100
1990	19	24	57	100

资料来源：1870—1940 年，*Productivity of Agriculture, United States, 1870–1958*, U. S. Department of Agriculture Bulletin No. 1238, April 1961, p.11；1960—1976 年，美国农业部经济研究局的唐纳德·杜罗斯特（Donald Durost）提供的未出版数据。

注：a. 包括各种资本项目：营运资本和除土地和建筑物以外的实物资本；

b. 与 1870—1940 年相比，1960 年及以后的数据使用了不同且更现代的权重。

1870 年，美国农场资本仅占总投入的 17% 左右。但是，由于 1870—1990 年农场机械化水平的提高，以及 1930—1990 年农业技术的进步，资本的投入比例稳步上升。到 1990 年，各类资本占农 205
业总投入的 57%。因此，1870—1990 年，农业结构中劳动和资本的地位几乎完全颠倒。

从 1850 年代至今，农业机械化和技术进步使劳动力被不同资本替代。这意味着农民不得不更多地从农场外采购生产资料，也愈发依赖生产企业的信贷和非农融资。总之，农业已成为一个高度资本密集型单位，必须利用大量的信贷才能成功运作。这种发展无可厚非，但成功的农场经营者不仅要精通复杂的现代农业技术，还要懂得信贷和金融。

动力源：农业技术进步[3]

206 作为动力源，农业技术进步是如何促进农业发展的？一位州立大学基础研究科学家在其论文中提出假设：利用电能对生长中的植物进行特定处理，能使植物产生某些理想突变，实现产量翻倍。

美国农业部一位遗传学家由此开展了试验。他发现确实可以产生突变，但突变不可预测。之后，他与植物育种家合作，培育突变可控的植物——可产出两倍果实。最后，终于培育出具有该特征的植物，且变异植物的种子能稳定地表现母本植物的特性。研究结果逐渐成为植物育种家的常识。

新品种产量提高了，但可能抗病性弱，或者植物茎秆承受不住穗的重量，也不利于机械收获。有种子公司参与其中，通过杂交培育出矮茎抗病品种。三四年后，该公司可能会推出一种产量提高三分之一且茎秆结实的抗病品种。

从论文撰写到新品种上市，可能历经了 10 年或 20 年。每个阶段研究人员都会遇到瓶颈，一些研究团队因失败而放弃。但是，随着更多研究人员在前人研究基础上参与研究，加上大量资金投入，研究就会有所突破。突破或许难以预测，但经过上述过程后，突破确实会发生。

当种子公司推销该品种时，农民会采用吗？第一年，大多数农民可能不会采用，但一直关注新生产实践的创新者会采用。他们
207 阅读有关文献，如果觉得品种有潜力将会采用。如果价格不变，成本下降，他的净收益将会增加。创新者以其卓越的商业嗅觉和技术判断能力获得回报。

第二年更多农民会采用新品种；有关更高收益率的消息也会传开。创新者的邻居会看到产量增加，县代理也会开会讨论新品种。几年后，品种将被广泛采用，每个农场和产区的总产量将大幅提高。

该案例的采用过程很简单。采用成本很低；改良品种的种子价格将比经过类似开发过程的先前改良品种的价格稍高一点。且田间的生产流程大体相同。唯一有争议的是新品种的产量是否增加了三分之一。如果得到证实，新品种将获得广泛采用。

但实际情况不总是如此简单。新技术应用需要大量资本投资或者农场运营的重大重组。如果农业是无利可图的，为什么农民会采取新技术呢？或者，如果每个人都采用了新做法，总产量扩大、产品价格下降，为什么会有农民首先采取这种做法呢？

要想理解这个过程，首先需要从农业经济结构入手。农业是一个原子化的行业，单个生产者无法左右市场价格。

换言之，农民是价格的接受者。但是，尽管单个农民无法影响
销售价格，但他可以对自己农场的生产实践做出调整，从而改变生
产成本。如果能降低单位成本，农民就可以改善其经济地位。他可
以根据情况减少损失或增加利润，还可以通过采用新技术降低单 208
位成本，提高单位产出。

只要新技术可行，精明的经营者就会这么做。不管他当时是否盈利，采用新技术都能改善其经济状况。因为新技术可以降低成本，所以每个农民都视它为解决问题的办法。可见，农民总是采用新技术的动力。

如果向农民推广新技术，农业技术进步将成为农业发展的强大引擎，例如1940—1970年的状况。但是在1970年代，这一引擎

似乎出现了停滞。随后，在 1970 年代末和 1980 年代，农业技术的发展取得了巨大飞跃。

推荐阅读

1. Miller, Merritt F., "The Evolution of Reaping Machines", *The Making of America*, Vol. Ⅴ. of *Agriculture*, edited by Robert M. La Follette. Chicago: De Bower, Chapline, 1907.
2. Schlebecker, John T., *Whereby We Thrive: A History of American Farming, 1607–1972*, Ames: Iowa State University Press, 1975, Chaps. 9, 10, 15, 16, 17, and 24.
3. Tostlebe, Alvin S., *Capital in Agriculture: Its Formation and Financing Since 1870*, Princeton, N. J. : Princeton University Press, 1957, Chaps. 1, 4, and 8.
4. U. S. Department of Agriculture, *Productivity of Agriculture, United Stated, 1870–1958*, Technical Bulletin No. 1238, April 1961, pp. 11–28.
5. U. S. Department of Agriculture, *Power to Produce. 1960 Yearbook of Agriculture*, Washington, D. C. : Government Printing Office, pp. 1–74, 132–135, 218–267.
6. U. S. Department of Agriculture, Economic Research Service, *National Financial Summary, 1990*, ECIFS, 10–1, November 1991.

第十一章　物质性基础设施建设：交通与其他要素

什么是基础设施

基础设施在字典中的定义是“一个国家的军事设施、通信和运 209
输设施等系统的基本框架或基本特征”。在经济学用语中，“基础设施”是指由社会控制的且在使用它们的公司或个人之外的投入和服务。该术语有时与“社会间接资本”互换使用。本章的调查涉及物质性基础设施在农业中的角色。[1] 农业基础设施“独立于私人农业公司之外，为私人农业公司提供服务并对其经济运作产生重大影响的公共和私人资本”。公路和铁路是典型的物质性基础设施。

传统社会自给自足的农业家庭几乎不需要基础设施。然而，即便部落时代，人们也需要警察或军事基础设施为其提供人身安全，以免遭入侵、战争和奴役。随着自给农业的发展，人们对基础设施
的需求增加，用来获取生产资料，储存剩余农产品，[2] 并销售和运输 210
产品。成千上万的农业生产单位的发展，需要基础设施服务的支撑。

19 世纪对交通的重视

为什么 19 世纪的美国如此重视交通运输系统建设？为什么进行基础设施建设时，人们和美国政府重视交通运输？这些问题的答案或许可以从美国地图和历史中找到。伴随独立战争后的胜利，从阿巴拉契亚山脉到密西西比河的土地成为新国家的一部分。这里森林茂密，许多印第安部落宣称拥有其主权。但对新国家而

言却是一片空地，呼唤着定居者前来。如果要在这片伟大的土地上定居并建立一个国家，就必须找到开发它的办法，必须设法促进定居者的流入，向新移民提供物资，并加强定居点剩余农产品的输出，考虑到有待定居和开发的大片土地，这个新国家迫切需要在这片辽阔的土地上建立一个高效的运输系统。

于是，在独立战争后一百多年的时间里，联邦和州政府集中力量建设运输系统：首先是道路和桥梁，其后是运河和水道，最后是铁路。为此，人们付出了艰苦卓绝的努力，经历了很多错误和挫折。但将整个国家联系在一起的运输系统终于在1900年完成。当时，恰好一种新的运输技术——内燃机——正在研发之中，它正好需要一个全新的运输系统。

道路和桥梁

211 独立战争落幕之时，大型城市外围的道路状况糟糕透顶，基本上是穿过森林的小路，路上布满大石头和树桩。雨天泥泞不堪，晴天尘土飞扬。骑马尚可，马车则行进艰难，载满货物的货车更难以通行。

1790—1812年，新英格兰和大西洋中部各州建设的收费公路取得重大进展。收费公路通常经州政府特许，由私人公司在交通要道上修建。建于1794年的兰开斯特收费公路的地基由坚石和砾石构成，该路连接了费城和兰开斯特。它在财务上的成功开创了收费公路时代。

19世纪头两年，国会为建设“邮政公路”试图说服联邦政府进行资助，由于种种原因失败。包括几位总统在内的政治领袖认为，联邦政府的资助违宪，新国家最大的困扰是派系之争。新英格兰通过国家和公民的努力建立了良好的交通体系，它反对联邦资助基础设施（例如，联邦资助的公路系统）。此外，新英格兰人惊讶地看到人们从山上迁移到俄亥俄河谷。并且，虽然南方的公路欠佳，但通航河流充足，因此，它对全国公路系统兴味索然。只有俄亥俄河谷西部的人们一贯支持由联邦政府资助的国家公路系统，却无法在国会取胜。

因此，美国转由私人修建收费公路，该时代从1800年开始到1830年结束，在这一时间内，数千里的收费公路在新英格兰和大西洋中部各州被修建起来。其中，最辉煌的收费公路在联邦政府 212
断断续续的援助下建成，道路始于马里兰州的坎伯兰，途经弗吉尼亚州的惠灵、俄亥俄州的哥伦布，最终于1850年左右抵达伊利诺伊州的万达利亚。

收费公路对乘马车的旅行者来说是巨大的利好，但对笨重货物的长距离运输价值有限。由马或牛拉着的大货车，运输成本高得令人却步，且速度缓慢。所以，人们基本不会选择收费公路，导致公路盈利不佳。1820年代，收费公路开始停业，1830年代运河和铁路的出现也终结了它们的命运。

1830年代又出现了一种厚板道（在铁轨上铺设牢固的厚木板或纵梁），被称为“农夫铁路”。第一条厚板道于1837年在纽约州锡拉丘兹附近修建，其后20年，美国修建了几千英里的厚板道。

厚板道的盛行有几个原因。首先，由于木材丰富，建造成本较低。其次，马车在厚板道上的载重比坎坷的土路更大，是农场到市场的短途交通的理想选择。最后，早年人们排斥铁路，许多投资人宁愿投资比蒸汽引擎更完善的交通措施。

但是，厚板道的寿命很短暂。与收费公路相比，厚板道并未获得更多盈利，也没有实现人们所需要的货运量。此外，厚板道的维修和保养费奇高。木板预期使用寿命是7—10年，但由于磨损和腐烂，寿命远低于预期。乔治·罗杰斯·泰勒（George Rogers Taylor）认为："厚板道的失败使大多数短途陆路运输陷入困境，直到硬化路和内燃机的出现。"[3]

213 然而，收费公路和厚板道时代极大地推动了桥梁的建设。与收费公路一样，该时期的桥梁也由私人公司建造并收费。不同的是，桥梁对每个人来说都是不可或缺的，桥梁收费易被认可。因此，作为交通基础设施，收费桥梁在收费公路和厚板道停业后仍运营很长时间。

运河时代

美国的运河时代始于伊利运河的开掘。伊利运河于1817年4月获得纽约州立法机关的批准，同年7月开始施工。8年后，在德维特·克林顿州长的支持下，耗资700万美元的运河正式通航。自该运河最终完工之前，从部分路段收取的通行费规定来看，它必会在经济上取得成功。

从地图上可看出伊利运河成功的端倪。这里的地形有利于挖掘运河；在布法罗附近的最高点，该运河只比奥尔巴尼的哈德逊河高出650英尺，建造成本低。更重要的是，伊利运河两端连接着重要的天然水道：东边是哈德逊河，西边是伊利湖。随着伊利运河的建成，人们可通过水路运输从克利夫兰、托莱多或芝加哥到东海岸的重型货物（如谷物）。其成功之处在于可将俄亥俄河谷的剩余农产品与东部不断增长的城市市场进行有效连接。

伊利运河的成功掀起了运河建设的热潮。亟待发展的新国家需要改善交通，加上伊利运河可观的收益，使各地的私人集团和政府单位都争相修建。1825—1840年大致建造了三类运河：（1）旨在改善大西洋沿岸内陆和沿海之间交通的运河；（2）像伊利运河那样连接大西洋海岸和俄亥俄河谷的运河；（3）西部连接五大湖与俄 214
亥俄-密西西比河系统的运河。修建运河需要大笔资金，每英里成本不低于3万美元，甚至高达8万美元。民间团体通常会寻求政府的财政支持。联邦政府向西部各州的运河项目捐赠了约400万英亩的公共土地，并购买了300多万美元的私人运河公司股票。各州政府也为运河建设提供了大量资金，运河多由州政府修建和运营。

到1840年，州政府修建了约3326英里的运河。1816—1840年，用于修建运河的费用约1.25亿美元，有3个州因信贷紧张而濒临破产。1840—1860年基本没有继续修建。1840年代，运河增加了不到400英里，1850年代，废弃的运河超过了新建筑。运河建设的伟大时代宣告结束。

1840年代，由于运河的建设成本远超预期，而收入费用远低于预期，运河的建设告一段落。简言之，除了伊利运河，之后的大部分运河都不盈利。但是，整体来看，运河并未失败。水路运输极大地降低了重型货运的成本，这是阿巴拉契亚西部农业和重工业发展的重要因素。此外，几条重要运河的运输量和收入到南北战争后才达到高峰。例如，伊利运河的运输量到1880年代一直在持续增长。

作为运输重型货物的方式，运河运输远远优于陆路运输，给铁路的发展造成了冲击。整个19世纪运河相对铁路有运价优势。但是，运河远远无法满足需要，因为运输速度极慢，运输方式安全性 216
低。运河常被暴雨冲垮，到了夏季和秋季总是缺水。在很长一段时间内，由于水太多或太少，交通被迫中断。最后，通过运河的水运受到位运河位置的严重限制。因此，运河逐渐输给了铁路。

在介绍铁路之前，简要谈谈另一种水上运输，即内陆水域上的轮船。轮船是 19 世纪第一个 10 年在美国发展起来的。第一艘
217 成功的蒸汽机轮船“克莱蒙特”号，由罗伯特·富尔顿（Robert Fulton）建造，于 1807 年下水，在哈德逊河上运送乘客。按照这一模式，东部的轮船成为专门运载乘客和快件的船只。到 19 世纪的第二个 10 年末，大西洋沿岸和东部河流上行驶着快捷、有序的轮船，许多人加入了客运贸易的激烈竞争。

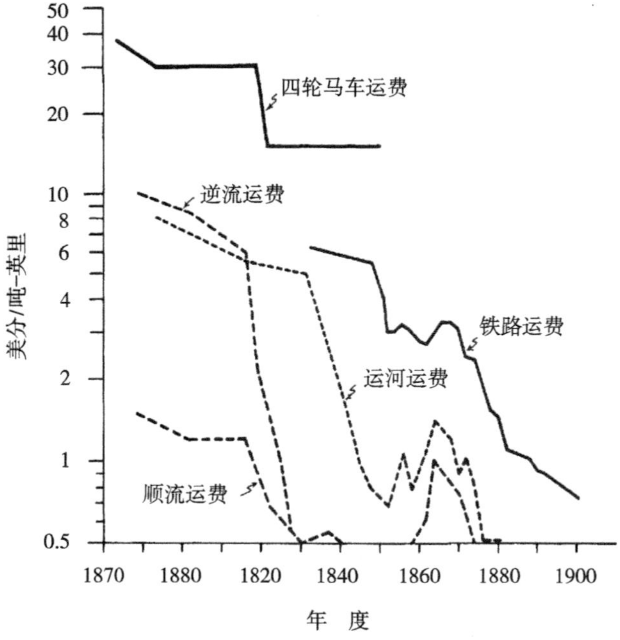

图 11.1　1784—1900 年按运输类型分列的内陆运价

根据此文献中的表 4：Douglass C. North, “The Role of Transportation in the Economic Development of North America”, *Les grands voies maritimes dans le monde XV–XIX Siećles*, Paris: SEVPEN, 1965, pp. 244–246。

西部河流上的轮船发展与众不同，要求既能在上下游运载大件货物又能在浅水域运行。因此，人们开发了宽度大于长度的轮船，通过牺牲速度换取更宽敞的货舱。1817 年，俄亥俄州–密西西比河流域共有 17 艘这样的船只，总吨位为 3290 吨；1820 年，增加到 69 艘；1855 年，有 727 艘，总吨位 17 万吨。据估计，1838 年在俄亥俄河上运行的轮船至少有 20 艘，能够在 30 英寸水深处作业。

轮船运载了粮食、棉花等大宗农产品，以及上游所需的各种物资（如手工工具、布匹、捕捉器、枪炮、铁路设备）。轮船费用相对较低（见图 11.1），加上它能往返于西部所有主要河流和支流，在俄亥俄州和密西西比河流域的开发中发挥了关键作用。

铁　路

铁路的关键部件——铁轨和机车，是经过长期演化才在英国发展起来的。带车厢的金属铁轨最初为煤矿开发，到了 1820 年，马力电车轨道采用了先进的轨道和汽车系统。17 世纪末，人们开始尝试将蒸汽机与轮式马车结合。19 世纪初，人们试图开发牵引煤车的机车，但由于没有足够驱动它的动力而无法使用。

第一条成功的铁路于 1825 年在英国投入运营，机车的设计者是工程师乔治·史蒂文森（George Stephenson）。四年后，他为利 218
物浦和曼彻斯特铁路制造了一台叫“火箭”的发动机。其重量约为 5 吨，可承受自重 3 倍的负荷，速度为每小时 24 英里。于是，美国也开始热衷于铁路建设。1828 年特许了巴尔的摩和俄亥俄的铁路设计，到 1830 年已有 13 英里的铁路线投入运营。查尔斯顿和洪贝格铁路旨在连接皮德蒙特富饶的棉花地区和查尔斯顿港口，并于 1831 年开放旅客运输，到 1833 年已有 136 英里铁路线投入运营，是当时世界最长铁路。尽管投资者强烈反对修建收费公路和运河，也有人抵制蒸汽机车，但在 1830 年代，大西洋沿岸的铁路建设仍在继续。到 1840 年，美国铁路总里程为 3328 英里，几乎相当于当时运河的里程数，大部分铁路线位于阿巴拉契亚山脉东部。1840 年代铁路建设迅速崛起，1840 年代末期美国运营的铁路约 8879 英里，穿过阿巴拉契亚山脉延伸到俄亥俄和密西西比河流域。到 1860 年，铁路网将密西西比河东部都连接了起来。1850—1860 年，铁路系统增加了 20,000 多英里轨道，总里程约 30,000 英里。

1830—1860 年美国铁路网的发展是人为努力的结果。在铁路成为有效的运输工具之前，必须取得技术的进步。第一条铁轨是木制的或顶部贴着金属条的木头，磨损得很快，不能承载重物。经过反复试验，发展出"T"型钢轨，并且经过多年的发展，铁轨的载荷越来越重。为承载蒸汽机和货箱，人们对路基进行了改进，发现牢牢嵌在砾石中的枕木可为铁轨提供坚实的支撑。为提高重型货物运输的效率，人们必须开发更强动力的蒸汽机。同时，人们通过开发旋转式卡车，对车厢进行重新设计，使车厢变得更长、更舒适，容纳量更高。

到 1860 年，完备的铁路网建成并投入运营。同时，水路的货运业务也在运行。第一批铁路主要从事客运业务，快捷可靠，乘客
220 愿意支付额外费用。1830 年代至 1840 年代，在重型货运方面铁路无法与水路竞争。一是铁轨、路基、设备等难以承受重型货物；二是铁路货运费用高，在 1830—1860 年远超水运费用。

到 1860 年，铁路运价下降了约 50%，同时改进技术，开始负荷重型货物，此时，铁路与运河的货运量相当。从 1860 年开始，整个 19 世纪下半叶铁路货运量稳步增长，直到大萧条时期。另一方面，运河的里程和货运量在 1850 年代开始下降，即便最成功的伊

利运河系统，也在 1880 年的顶峰之后缓慢下降。

南北战争之后，铁路建设并未放缓。那时，全国修建了横贯大陆的完备铁路网。除了 1875 年、1894 年、1895 年和 1896 年这四年，1867—1913 年每年都铺设了 2000 多英里铁轨。仅 1872 年，就铺设了 7000 多英里。轨道的负荷越来越高，车厢越来越长，机车也愈加强大。南北战争期间，一辆货车的最大载重量可达 10 吨—12 吨；1914 年，一辆普通货车的载重量可达 70 吨。1860 年，一辆普通机车可牵引 25 节车厢；1914 年，可牵引 50—100 节车厢。到 1914 年，铁路已经超过了其他的运输方式。

如何解释 19 世纪下半叶铁路的成功呢？仅用运费解释是不够的。虽然铁路运价在整个 19 世纪下半叶稳步下降，但从未达到 221
水运的低水平（见图 11.1）。铁路成功的原因通常有四个：第一，铁路可以建在河流不畅的地区，把市场连起来。这点尤其体现在铁路连接东西部的优势上；第二，铁路更加可靠，因为可全年运营，而运河在冬季由于结冰无法运行；第三，与运河相比，铁路既快捷又方便，美国人一直很注重速度和便利性；第四，或许因为以上优点，19 世纪的铁路相当有利可图，很多人投资铁路。

铁路在 19 世纪的确得到了联邦和州政府的大量补贴。联邦政府给铁路公司划拨了至少 1.3 亿英亩的土地，各级政府划拨的土地可能高达 1.83 亿英亩。此外，据估计，1845—1860 年，各州政府借款 9000 万美元用于修建铁路。虽然，运河也获得了州政府的大量补贴，但铁路运输优于水运或许取决于以下条件：（1）包括农场主在内的美国商人高度重视其产品运输的速度和便利性；（2）在一定范围内，铁路可将货物运到任何需要的地方；（3）当运费在 19 世纪下半叶存在竞争时，铁路战胜了其他运输方式。

铁路对美国经济增长的影响是个备受争议的话题。1960 年以前，经济史家们通过定性分析认为铁路对美国经济增长和工农业区位有着决定性影响。1964 年，罗伯特 · W. 福格尔（Robert W. Fogel）提出，铁路对经济增长的影响相当小。[4] 例如，福格尔运用
222 定量方法分析得出结论：截至 1890 年，铁路在运输农产品方面节省的社会成本约占国民生产总值的 1%，在所有商品方面约占 5%。换言之，如果美国在 1890 年以来其他交通方式，主要是水运，国民生产总值只会减少约 5%。自 1964 年以来，其他研究人员运用定量方法分析，他们对货物损失和库存成本采用不同假设，并考虑到客运量，发现铁路对国民生产总值增长的贡献率是福格尔评估的两倍，但与早期经济史学家的数据相比仍然很少。

福格尔和新经济史学派采用的定量分析虽然合理，但非常“可疑”。对于研究假设可以提出很多问题，“如果没有铁路，美国经济的增长率会是多少？”在结论中，我们有两个疑问。首先，“在福格尔的分析中，是否考虑了铁路投资对经济增长的动态影响？”福格尔并未考虑。如果不考虑铁路投资的乘数效应，福格尔可能低估了铁路的影响。

另一个关联度更高的疑问是，“如果没有铁路或类似技术，美国农业将会如何？”或者说，“如果完全依赖水路和马车运输，美国农业将会如何？”显然，美国农业会有很大不同。在俄亥俄州和密西西比河流域，有可通航的河流，它们可以通过运河运输实现更加经济的农业集约化。而明尼苏达、艾奥瓦、密苏里、阿肯色和路易斯安那以西，几乎没有通航河流，农业不可能像有铁路的地方一样实现集约化。向西运输小麦和小谷物到大平原，必须克服巨大
223 困难；大平原上可能仍是粗放式牧业。从长远来看，农业的成败取

决于农业技术的发展。19世纪下半叶，在没有铁路的情况下，几乎可以肯定的是，毗邻水域地区（俄亥俄和密西西比河流域）农业生产总量的增长速度会比实际要慢得多，因为农民为了提高产量不得不投入稀缺的劳动力或高昂的资本。在没有铁路的情况下，通过利用廉价土地资源增加农业产量的做法不再可行。

20世纪的基础设施要素

道路和高速公路

20世纪基础设施建设的重点逐渐发生了变化。随着内燃机技术的进步以及汽车、卡车的发展为公路系统的改进创造了契机。20世纪头二十年，公路系统的建设远远落后于汽车和卡车的发展。然而，由政府哪个单位规划和出资并未达成协议。传统上负责公路维护的地方政府对国家公路建设并不感兴趣，联邦政府对此也犹豫不决。

农民对泥泞道路的抱怨最终促使联邦政府采取了行动。1916年，来自农村选区的议员通过国会试行了第一部道路和高速公路法。随着1916年“联邦资助公路法”的通过，联邦政府开始谨慎地建设国家公路系统，承诺每年投入7500万美元修建农村公路，同时，州和地方政府要配套资金，使联邦政府的资助不超过成本的50%。这仅仅是一个开始，整个1920年代的建设力度都不大。当时的旅行者常常发现，旅途中平滑的水泥路到了州县边界，就变成 224
了砾石路甚至泥泞不堪。全国道路和高速公路的建设参差不齐，加利福尼亚和东部一些州的道路比较先进，而西部则落后很多。因此，在1930年还没有国家公路系统的概念。

大萧条虽然带来了严重的经济问题，但它却为国家公路系统的改善提供了动力。为减少失业、刺激经济投入的公共开支很多用在了公路建设上。联邦政府对道路和高速公路建设的贡献率约从 1930 年的 10% 上升到 1933 年的 40%，并在 1930 年代一直在持续增加，而且其贡献以各种方式制度化。

为实施战后道路重建计划，1944 年国会通过了“联邦资助高速公路法”，规定战后的三个财政年度投资 15 亿美元，并指定建设一条约 4 万英里的州际公路。1956 年，国会批准州际和国防公路系统的建设，包括连接主要地区的 41,000 英里、多车道高速公路，并将在 13 年内完成。该公路系统于 1978 年基本完成，但由于频繁磨损也在迅速恶化。长期来看，维护州际公路系统需要大量的联邦资金投入。

1980 年美国精心设计了一个主要由农用卡车通行的州际公路系统。它多用于运输高价值的易腐农产品（如新鲜水果、蔬菜和肉类等）。但大量笨重的谷物也通过卡车在高速公路上运输，美国的农场主、中间商和消费者又一次选择了高成本、快捷而非低成本、缓慢的铁路。

但是，50 年来货运从铁路转向卡车的趋势似乎在 1980 年代
225 不复存在。1980—1988 年，三种主要运输方式占运输总量的比例几乎未变：铁路 37%，卡车 25%，运河 23%。1987 年，铁路运输成本是每吨每英里 2.9 美分，卡车是每吨每英里 32 美分，人们并没有增加卡车运输的趋势。

水资源开发

整个 19 世纪，陆军工程兵团一直都在努力改善河流的通航能力。但是，直到 20 世纪初，联邦政府才在开发全国水资源方面做出重大突破——通过《1902 年垦荒法》。依据该法案，联邦政府利

用其对西部大片公共土地的专有权力，建造为农田提供灌溉水的水库和输水系统，并为国家和私营部门水力发电制定了符合公共利益的标准。包括航运、防洪、灌溉和水力的多用途工程概念也源于这一时期。

在大萧条时期，由联邦政府发起的旨在刺激商业和提供就业机会的公共项目用于开发水资源。大型水库项目以垦务局和工程兵部队制定的计划为依据，通常涉及水资源的多用途。新成立的田纳西河流域管理局有权开发州内的水资源，用于防洪、航行、发电和区域经济发展等。此外，全国还启动了防洪工程。

1930 年代，联邦政府建立了一系列国家规划机构，包括国家资源规划委员会。该委员会负责协调流域的联邦建设项目，并为公共工程建设制定计划。联邦政府还向州和地方政府提供了技术和财政支持以便他们制定水资源开发规划。二战期间，美国放弃了很多集中规划。

但建设规划依然得到保留。二战后，两个最大的建设项目发展 226
迅速，即工程兵团负责的防洪和航运改进工程与垦务局负责的灌溉建设。这两个项目都强调水库的多用途和水利开发。同时，农业部的水土保持局增加了小型上游防洪设施建设。1950 年代，这一方案为地方政府改善防洪、灌溉和其他目的的小型工程提供了规划和财政支持。

上述项目的实施使灌溉的农田从 1890 年的 370 万英亩增加到 1930 年的 1470 万英亩，1950 年为 2590 万英亩，1990 年为 5000 万英亩。[5] 联邦政府以两种方式开发水资源使农民受益。一是上游防洪工程减少了水灾。二是发电项目降低了用电成本。

但是，今后农民不会像过去那样从水资源开发中获益良多。在供水分配方面，城市、工业以及环保的需求增加，灌溉用水面临强大竞争。不幸的是，自 1943 年废除国家资源规划委员会以来，联邦政府的行政部门没有权力或能力编制总体水资源计划，也没有能力评估工程兵团和垦务局等机构项目的优点。制订和实施水资源开发计划向来是一项临时工作。国会议员通常倾向于有利于其选民的项目，但国会作为一个整体，项目的最终决定由地区的国会代表团做出。在资源丰富的情况下，工作尚且简单。但是，当资源稀缺时，工作便面临挑战，正如现在的水资源状况。在很多地区，
227 水资源的分配已经存在严重问题，随着水资源日益短缺，分配矛盾将愈发尖锐。今后，国家不太可能像过去那样以随意的方式做出水资源开发和分配的决定。但是，截至 1990 年，美国如何在水资源的开发和分配方面做出更合理的决策，仍不明朗。

农村电气化

1936 年农村电气化管理局（REA）成立之前，美国农场电气化发展缓慢。1919 年，通电的农场不足 2%，1935 年仅有 11%。REA 成立后，为农场提供的电力服务迅速增加。1940 年实现电气化的农场占 30%，1950 年约 77%，1960 年达到 97%。

1935 年后，有两件事加速了农场的电气化。其一，1910—1935 年技术的发展大大降低了架设输电线路的成本，变压器的出现使线路可承载更高的电压。这些技术进步使远距离输电成为可能。其二，农村电气化协会的创建促进了农村电气化。联邦政府授权 REA 为架设线路和设备投入等提供贷款，并为农村地区提供服务。发放贷款时，REA 会优先考虑非营利和合作协会以及公共机构。

利用 REA 贷款建设的线路服务整个农村地区，包括人口稀少和稠密的地区。随着美国农村电气化任务的推进，“区域覆盖”成

为REA的指导原则。根据这项原则，决定应否将电力服务扩展至某一区域的检验标准，并不是推广服务是否会自负盈亏，而是整个本地系统是否能自负盈亏。

REA资助的农村电力系统规模较小，1989年有1000多这类 228
系统，运行着220万英里的线路，为1160万消费者提供服务。[6] REA还为农村的电话服务提供贷款，向635家商业公司和241家合作社发放贷款，为近300万农村用户提供现代电话服务。农民也可以从他们的REA合作社获得贷款，用于谷物干燥和储存设施。

截至1990年，美国的农村家庭利用电能点亮他们的家和谷仓，操作各种节省劳力的机器，如洗衣机、烘干机、食品冷冻机、缝纫机等等。在寒冷的北方，他们用电能加热水箱、抽取灌溉水。利用电能，农村实现了牲畜机器喂食和饮水、机器挤奶、鸡和猪的机器育种、冷却食品等。电能为美国农场提供了不计其数的动力。

投入和营销产业的互补发展

投入和营销的发展，始于19世纪铁匠、修理工和小型机械制造商的制造投入，以及小型面粉厂和肉类加工厂的市场经营，并在19世纪得到拓展。机械制造企业开拓了零售网点和零配件库存，机械修理店逐渐取代铁匠。营销公司的扩展分两个层面，一是服务功能增加，如组装、加工、储存、批发、零售；二是产品种类增多。到1900年，几乎所有的农场产品都要经过营销系统才能到达消费者手中。

20世纪以来，投入和营销产业得到了长足发展。从表10.2可以进行追溯，1900年农场的外购资本项目只占农场总投入的
24%，但到了1990年，该比例达到57%。这一变化源于投入产业 229
的发展。石油业、拖拉机和农机业、化肥业、农药业和畜牧饲料业必须发展工厂和分销机构——基础设施——以促进农场资本的转

化。我们将对其中的化肥基础设施进行详细研究。

很少有行业像1950年代和1960年代的化肥行业那样，在产品数量和质量方面发生了巨变。在1956—1966年的10年间，卖给农民的化肥销售额增长了64%，化肥消费总量增长了56%，但植物主要营养物的消费量增加了106%。

植物的三种主要营养元素氮、磷、钾各有其独特的生产特性。氮主要来源于空气，实际上是无限的。氮和氢元素结合形成合成氨。天然气是制氢的主要原料。美国至少88%的氨来自天然气。1921年，有一家公司开始进行商业化生产。到1940年，美国有7家公司生产氨水，生产能力为47.5万吨。这种全行业的扩张一直持续到1982年，当时美国有136家企业生产氨水，生产能力为1600万吨。

所有岩石都有磷，但大多数含量都太低。佛罗里达、北加州、田纳西、爱达荷、蒙大拿、犹他州和怀俄明的磷矿含量相对较高，12家公司在佛罗里达开采了约80%的磷矿。采矿后，磷矿经过冲洗、研磨和化学处理，形成磷酸铵、重过磷酸钙、普通过磷酸钙等产品。为了满足国内外日益增长的需求，美国的磷酸盐生产能力在1980年代初增加到1100万吨。1970年代后期生产企业约128家公司，到1980年代初，随着农场开始萧条，生产企业的数量下降到109家。

230 1960年代末，新墨西哥州有七家生产钾肥的公司，约90%的国内钾肥生产来自新墨西哥州的矿山。国内其余部分的生产来自加利福尼亚和犹他州。美国是钾肥净进口国，大部分进口来自加拿大，1990年，进口占国内钾肥总用量的60%左右。

早期的肥料销售遵循传统模式：原材料生产商将肥料卖给搅拌机生产者，搅拌机生产者再卖给零售商，零售商最后卖给消费者。这种传统的分配模式已基本消失。面对高度季节性的需求，许多原材料生产商在全国各地建了仓库，降低了消费旺季交货中断的风险。从仓库到搅拌厂通常由卡车运输。这样，储存功能就从搅拌工厂转移到了原料生产厂，而原料生产者又将仓储从加工厂转移到了市场。[7]

美国植物养分的使用量在 1981 年达到顶峰，为 2370 万吨，之后缓慢下降（见表 11.1）。用量下降的原因有两个：一是 1980 年代的农业萧条对生产者造成的收入减少；二是生产者面临的改进生产工艺从而提高产量的压力。[8]

表 11.1　1980—1989 年美国化肥利用情况（包括波多黎各）

年份	主要的肥料使用（百万吨）			
	N（氮）	P_2O_5（磷酸盐）	K_2O（钾肥）	总计
1980	11.4	5.4	6.2	23.1
1981	11.9	5.4	6.3	23.7
1982	11.0	4.8	5.6	21.4
1983	9.1	4.1	4.8	18.1
1984	11.1	4.9	5.8	21.8
1985	11.5	4.7	5.6	21.7
1986	10.4	4.2	5.1	19.7
1987	10.2	4.0	4.8	19.1
1988	10.5	4.1	5.0	19.6
1989	10.6	4.1	4.8	19.6

资料来源：*Agricultural Resources*, U. S. Department of Agriculture, Economic Research Service, AR-17, February, 1990。

231 农民将投入转化为产出后，这些产品流入食物和纤维体系的第三部分——产品营销部门进行加工和分销。从1970年代到1980年代初，美国食品营销体系的规模、竞争力和绩效等变化显著。由于大规模的并购、收购与倒闭，1970年代的60万家公司，到1990年只剩38万家。幸存下来的公司业务更集中，债台高筑。这个由加工、批发、零售和服务公司组成的庞大食品分销系统是全国最大的营销系统，也是一个增长缓慢的系统。1980年，这些公司雇用了全国11.5%的工人，而1990年该数为10%。其中一个原因是，1980—1990年个人可支配收入用于食品的份额从13.8%下降到了11.8%。

下面从营销账薄观察产品营销和营销基础设施等。营销账簿包括营销部门的主要成本构成，如劳动力、包装、运输等。农产品营销账簿的成本构成见表11.2。值得注意的是，近几年来，市场营销部门的劳动力成本几乎占总成本的一半。原来在农场家庭进行食品制备的劳动力，在很大程度上进入了产品营销部门，包括进行食品加工、包装、运输和储存等。这些工作需要劳动力的集中供给，且是近10年来农民和家庭主妇都不愿从事的劳动，可见，营销部门是一个高成本劳动密集型部门。[9]

对农业发展的影响

本章第一节认为，“没有基础设施，农业就不可能发展。”这是否意味着，如果没有基础设施要素，先驱者就不会推动整个大陆
233 发展并解决土地问题呢？并非如此。在1775—1820年，先驱者翻越了阿巴拉契亚山脉，定居在俄亥俄河谷。那时，没有任何基础设施，但是，坚韧不拔的先驱者依然完成了伟大的西进。

表 11.2　1960—1990 年部分年份国产农产品营销账簿的构成

单位：亿美元

年份	劳动力[a]	包装材料	城际铁路和卡车运输	燃料和电力	企业税前利润	其他[b]	总营销账簿[c]
1960	19.7	5.4	4.1	N/A	2.1	13.3	44.6
1970	32.2	8.2	5.2	2.2	3.6	23.7	75.1
1975	48.3	13.3	8.4	4.6	7.1	29.7	111.4
1980	81.5	21.0	13.0	9.0	9.9	48.3	182.7
1985	115.6	26.9	16.5	13.1	10.4	76.5	259.0
1990	153.8	36.2	19.6	16.3	14.1	94.2	334.2

资料来源：*Food Cost Review, 1990*, U. S. Department of Agriculture, Economic Research Service, Agricultural Economic Report No. 651. N/A = 无法获取。

注：a. 包括雇员工资或薪金及其健康和福利。还包括未领取规定报酬的业主、兼职人员和家庭工人的预估收入。

b. 包括折旧、租金、广告和促销、利息、税收、执照、保险、专业服务、当地出租运输、学校、学院、医院和其他机构的餐饮服务以及杂项物品。1960 年的数据还包括燃料和电力。

c. 营销账簿是这些食品的农场价值和消费者支出之间的差额，包括在食品店的消费和外出就餐。因此，它包括加工、批发、运输、零售成本和利润。

但是，一旦在定居点安顿下来，如果没有基础设施，结果将大相径庭。垦殖者仍然是垦殖者。除了基于自然水道优势能够出售剩余农产品——如弗吉尼亚洼地的烟草、南卡罗来纳查尔斯顿周边的稻米、路易斯安那密西西比河流域沿岸的甘蔗和棉花——的飞地外，先驱定居者多为自给自足的农民。由于自然条件限制，如果没有良好的运输系统，农产品市场很难发展。没有基础设施的美国农业，如 1950 年的农业，与拉丁美洲的农业大同小异。在自然优势条件下，有实现商业化农业的飞地（或许是种植农业）存在；但其他种植农业仍是低产量、低收入的赤贫农业。

那么，基础设施对农业发展的作用究竟是什么？它为农场经营者提供了有利的经济选择。19 世纪建成的水路和铁路运输系
234 统为雄心勃勃、积极进取的农场经营者提供了一种选择，即放弃自给自足的生产方式，转而生产优势产品，并在商业市场出售剩余产品，然后利用盈余收益购买所需用品。投入增加和营销行业的发展进一步扩大了农民的选择。同样地，水资源和电力开发亦如此。

基础设施建设并不能保证农业的发展，但它为农民提供了发展机会。如果勤劳知足的农民明确各种经济选择对其产生的影响，并相信能够从选择中获益，那么社会提供的基础设施将成为促进农业发展的强大动力。19 世纪和 20 世纪的美国基本满足了上述条件，勤劳坚韧的农民具有经济知识，他们获得了收益也吸取了教训，是适度规模农场的所有者和经营者，并在农场和社区发展中起着至关重要的作用。因此，农场家庭能够最大程度地运用基础设施，并做出最有利的选择。在此背景下，农业部门迅速发展，农民实际收入大幅增加，农村社区长期繁荣。

推荐阅读

1. Frederick, Kenneth D., & James C. Hanson, *Water for Western Agriculture*, Washington, D. C. : Resources for the Future, 1982.
2. Johnson, James C., & Donald F. Wood, *Contemporary Logistics*, 4th ed., New York: Macmillan, 1990, Part Ⅱ, Chaps. 4 and 5.
3. North, Douglass C., *Growth and Welfare in the American Past: A New Economic History*, 2nd ed., Englewood Cliffs, N. J. : Prentice-Hall, 1974, Chap. 9.
4. Robertson, Ross M., *History of the American Economy*, 2nd ed., New York: Harcourt, Brace, and World, 1964, Chaps. 6, 12, and 19.
5. Taylor, George Rogers, *The Transportation Revolution, 1815–1860*, Vol. Ⅳ of *The Economic History of the United States*, New York: Harper and Row, 1951, Chaps. 2, 3, 4, and 5.
6. U. S. Department of Agriculture, *Power to Produce: 1960 Yearbook of Agriculture*, Washington, D. C. : Government Printing Office, pp. 69–88.
7. U. S. Department of Agriculture, Economic Research Service, "The Food and Fiber System—How It Works", *Agricultural Information Bulletin*, No. 383, March 1975.
8. U. S. Department of Agriculture. Economic Research Service, "A History of Water Resources Programs, 1800–1960", *Miscellaneous Publication*, No. 1233, June 1972.

第十二章　社会设施建设：教育与研究

教育信念

235 马萨诸塞湾殖民地的清教徒定居者对教育持有坚定的信念。但殖民地早期的教育目的与今日迥异。彼时的教育并非为了支持民主进程或培养新思想、促进创造性，而是教育儿童守纪律和加强清教徒的宗教正统。1642 年和 1647 年的法令要求所有家长和师傅教导儿童和学徒读写，并在超过 50 个家庭的城镇设立学校，目的是教育儿童和学徒“了解宗教原则和国家法律”。这种宗教原则是严格的加尔文主义信仰。[1]

虽然宗教动机在 17 世纪马萨诸塞州普及教育过程中日益凸显，但从一开始就存在着世俗动机，且这些世俗动机在 18 世纪随着清教徒正统思想的瓦解变得愈发重要。新英格兰人始终把教育看作是“进步”的一种方式。家长认为教育是孩子学习以下活动的
236 合法手段：学习贸易，成为精明的贸易家或商人，抑或专业人士。因此，海湾殖民地的教育总是既有实用的一面，也有发展的一面，而且随着殖民地的发展，教育也变得愈发强大。

事实上，即使是教条的宗教教育也有激发人独立思考的方法，马萨诸塞湾殖民地的教育也不例外。这些关于宗教神学的异端思想很快就在殖民地有所体现，挑战官方的教会教义不仅是一种个人罪过，还破坏并摧毁了在殖民地建立的严密神权国家。因此，罗杰·威廉姆斯和安妮·哈钦森（Anne Hutchinson）这样的异教徒

便遭到了驱逐，被迫进入荒野。其结果是，他们在新英格兰建立了对宗教持不同和（或）更宽容观念的新殖民地。

清教徒殖民者对教育的信仰坚定不移，他们自 1630 年驶入波士顿港后的短短几年，就建立了一个完整的学校体系：所有年轻人均须接受小学教育，学校教他们领会"圣经"和殖民地的宗教、民法；中学培养未来教会和州的领袖们进入大学；一所大学，要培养具有专业知识和执业能力的社会阶层。新英格兰人把这种教育理念带到了西部。1803 年，国会根据 1787 年法令接纳俄亥俄加入联邦，每个乡镇的第 16 条法律都为公立学校预留。俄亥俄的公共教育模式已成为旧西北地区和之后远东地区普遍接受的教育支持模式。国会屡次在立法中强调，为支持公共教育，新州的每个城镇的第 16 条（如果第 16 条已被占用，应提供类似的空缺）都应预留。据估计，新州预留了约 7700 万英亩的土地支持公立学校。

但是，这种强烈的教育信念在早期并不普遍。在清教徒采用普及教育以严明纪律和延续宗教传统的情况下，弗吉尼亚州长伯克利（Berkeley）则奉行相反的政策，即通过愚化大众达到同样目的。这是早期南方殖民地和各州推行的教育政策。黑人受教育是 237
非法的，也几乎没有白人接受教育的规定，教育是私人导师和私立学校为富人提供的奢侈品。南方出现了一些训练有素的律师和物理学家。他们对国家产生了重要影响。但是，到 19 世纪末，大多数黑人和白人仍然处于无知的状态。在南北战争前，普及教育不是旧南方的必要组成部分。南北战争之后，人们用了很长时间才改变这种负面的教育观念。事实上，该理念在 1978 年还没有完全被取代。

乡村小学教育

19 世纪的乡村，每隔几英里就有一间校舍，从一年级到八年级，由一位年轻教师（无论男女）主管，这些都成了农村地区的铁律。内战后，该模式得到良好延续。1920 年代，道路和汽车的改良使农村学校进一步稳定。只有一间校舍的乡村学校，通常为 16 英尺 ×20 英尺，两侧有窗。一侧也许被隔开用来储存煤，或做衣帽间。后来，教室也许配备了一块黑板。冬季用铁炉取暖。校舍的维修情况因社区而异：有些维修良好，有的并非如此。学校的院子通常很大，可以进行各种非正式游戏。院子里有设施简陋的男女厕所和当马厩的小谷仓。

学生人数可能从 10—13 人不等，零散地分布于 8 个年级，有的年级也可能没有学生。根据任教时间长短，教师或持有国家颁
238 发的证书。尽管许多教师只在乡村小学教书，但培训的内容包括八年级及以上教育，外加一年以上的高级培训。政府要求每位教师无论何时都要纪律严明，并能胜任所有年级的教学工作。19 世纪时教科书很稀罕，教材更少见。学生常在个人的小板上做“算数”。教师的教学能力差别很大。一些作家称赞乡村教师能激发学生的创造力；另一些作家则认为乡村教师不过是任意体罚学生的规训者。典型的教师也许处于这两个极端之间。

下面描述的 1860 年代末明尼苏达马丁县第 26 区一所乡校的缘起很有趣。

> 1865—1866 年有几个家庭从宾夕法尼亚、纽约和威斯康星赶着篷车来到这里，定居在一条小溪边。在约瑟

夫·让·尼科莱的第一张地图上，这里被称为尚尼亚卡河或新尼斯卡河。

西摩家族成了定居点的核心，他们都是自耕农。西摩太太从纽约州的老房子里带来了几本书。一家人在草木屋里安顿下来后，她开始教孩子们读这些书。附近农场主也把孩子送到她家接受教育。第一年，半径5英里—6英里范围内的居民一起组织了一个学区，被县里规划为第26区。由于西摩家太小，无法容纳所有学生，所以需要建造一所校舍。人们在小溪的上游修建了地基，面积约为16英尺×16英尺，并砍下周边的榆树和橡树，做成房梁、讲台以及长凳。尽管可以安装两块玻璃窗，但因为开始只有暑期班，所以只留了前面一个入口。

从开学第一天开始，学校就进行了记录。幸运的是，波普老师保存了那本旧的记录簿，为人们提供了一些信息。她是首批教师之一。1870年5—6月的夏季学期开始记录“教师每日报”，埃玛·格里斯沃德老师登记的学生有21名，年龄6—23岁不等。一年后，学校再次开学，其中一名17岁的毕业生艾拉·韦伯担任教师。登记册上的人数增加了3个，月薪12—20美元不等，教师在学期内经常家访，访客登记册显示家长也经常来学校，这段时间里，“年纪较大的学生协助老师做事，度过了愉快的时光”。

几年后，在更中心的地方建了一座更大的校舍，坐落在 239
大草原的一座小丘上，离最近的农场一英里远。校舍两侧有窗，里面配备了炉子以抵御寒冬。1892年6月15日，校舍被飓风摧毁，包括那些记录。一名叫马特·波西维奥的学生说：

“玛吉·奥哈拉老师看到漏斗云来时，让我们保持镇定。”

“我记得的最后一件事是老师站在前面，反复祈祷上帝，孩子们也跟随祈祷。之后，感觉自己要被狂风掀起来了，我紧紧地抓住桌子。接着，我发现我们躺在伍兹（最近的农场）的稻草上，满嘴泥土，老哈登医生在给我们检查身体。”有几人伤势严重，但没有人死亡。

此后，一座可尽览乡村景色的新校舍建在了半英里外一座更高的山丘上。[3]

尽管典型的乡村教师能力有限，但他们责任心强。虽然，教材匮乏，设施简陋，学生的学习效果有限，但学习是彻底而实用的。学习内容包括拼写、语法、阅读、写作和算术。学生反复练习教材，直到成为优秀的拼写者，他们以自己的书法为傲，能写出语法正确的句子和解决简单的算术问题。需要强调的是，虽然条件受限，但却培养了一大批农村青年，创造了文明的乡村社会。

农村小学毕业生能够批判性地阅读。他们了解签订合同的内容和条件，能够粗略计算企业成本和收益，并有能力成为经营农场的理性商人。他们饶有兴趣地阅读报纸，关注国家和社区事务，并以知情的方式参与国家和社区事务。

人们很容易对乡村校舍产生怀旧之情，并将取得的成果归之于此。但是，如果低估农村小学教育的社会贡献，将是更大的疏漏。这种教育经历，使美国人脱离了农民阶层，一些人成为农场
240 主，一些人转入非农行业，参与社会事务的决策；基本的读写能力使他们成为经济社会进程中的理性决策者。教育使美国农民挣脱了传统的桎梏。

高等农业教育的推进

1820—1860 年美国各地组织了农业协会。到 1852 年，大约有 300 个农业协会活跃在各州县。这些地方协会在很多州组成州协会，州立协会又于 1852 年成立了美国农业协会。

国家和地方农业协会的主要活动之一是推动创建科学学校、工业学校和农业技术学校。在此期间，在州政府和地方农业协会的支持下，建立了各种小型技术学校。密歇根州农学院建于 1855 年，位于兰辛（Lansing）附近的一个大农场。1845—1847 年耶鲁大学成立了哲学和艺术系，后来被称为耶鲁科学学院，当时有三位教授从事农业和艺术研究。1854 年，宾夕法尼亚州立法机关通过了一项法案，创建了一所“农民高中”，目的是教育宾夕法尼亚州的青年“将农业科学与实践相连”。这所学校后来变成宾夕法尼亚州立学院，今为宾夕法尼亚州立大学。1846 年国会授权法案规定设立州立大学，威斯康星大学于 1848 年成立。1854 年设立化学和自然科学教授职位，讲授农业化学和“科学在艺术中的应用”。经
过激烈的争辩，威斯康星大学于 1866 年改组为一个农业单位，根 241
据莫里尔法案，联邦政府向该大学提供了土地赠款。

1850 年代，在联邦政府的支持下，全国加快了建设州立农业学院体系的步伐。新成立的美国农业协会要求在联邦政府的支持下建立农业学校、学院和示范农场。伊利诺伊州根据工业大学体系的特纳计划（the Turner plan），于 1853 年纪念美国国会通过的立法，“向联邦各州捐赠价值不低于 50 万美元的公共土地，用于工业大学体系的自由捐赠，每州一所。”但这些努力，包括 1857 年佛蒙特州国会议员贾斯汀·莫里尔（Justin Morrill）向国会提出的第

一份土地捐赠法案，都没有成功。在国会担任委员会主席的南方领导人反对普通教育的公共支持，尤其是联邦政府对高等教育的支持，法案因此被搁置。1859 年，国会议员莫里尔提出了一项赠与大学土地的法案，该法案由国会制定并略作修改，但也遭到布坎南总统否决。布坎南总统表示，这项立法过于昂贵且是违宪的。因此，尽快建立联邦支持的农业与机械艺术学院制度的希望破灭了。

1861 年南方各州脱离联邦，极大地改变了国会的政治格局。此外，总统候选人亚伯拉罕·林肯承诺支持建立一个重视农业和工业艺术研究的州立大学体系。因此，1861 年 12 月由国会议员莫里尔提出的第二个赠与大学土地的法案于 1862 年 6 月获得国会通过，并于 1862 年 7 月 2 日由林肯总统签署成为法律。正如多次重复的那样，这项立法的目的是每个州至少有一所学院（接
242 受法律条款）的捐赠和支持"……**在不排除其他科学和古典研究及军事战术的情况下，主要目标是教授与农业和机械艺术有关的学科**……"

根据《莫里尔法案》的规定，联邦政府以每位议员 3 万英亩的标准向各州拨赠土地，拨赠的土地数量取决于各州拥有的国会议员数量。这意味着纽约州获得了约 99 万英亩，而堪萨斯州只获得了 9 万英亩。此外，纽约州等在其州内没有公共土地，它们获得的土地可以设在任何拥有公共土地的西部州或地区。拨赠土地的程序对新建且贫穷的西部州（例如堪萨斯）很不公平，因为这些州获得的小片赠地，需要定位在本州界内。然而，如果没有上述土地拨赠规定，东部的老州就不会支持上述立法。拨赠土地建设学院和大学的规定由此形成。

只有 17 个州和地区建立了赠地大学。其余州分别建立了农

业与机械艺术学院。许多州，尤其是南方的州，分别建立了白人和黑人的高等教育学院。[4] 早期很多州政府因此财政负担沉重，几乎瘫痪。

新学院成立后很多年，在培养农业技术人才方面几乎无所作为。之前没有农业教授，现在需要进行发掘。与农学相比，有中学背景的学生对医生和律师的职业更感兴趣，而那些有兴趣学习农业技术的人通常没有必要的先决条件。必须大力发展农业科学，填补发展空白。

新学院还有严肃的使命问题。致力于工业教育的人有一个共同目标：提升农业和机械艺术的职业威望。这是“狭义的标准”，他们想把所有与实用农业无关的学科排除在新学院的课程之外。243
另一个极端是为高等教育教授理论知识的古典学者，他们对工业教育者的目标没有概念，也不感兴趣。介于两者之间的是“中庸标准”，将新旧教育结合起来，在既定课程中增加农业、科学和工程课程。整个 19 世纪后半叶，赠地大学的这几个派别都在明争暗斗。某些情况下，牵涉到管理人员、教职员工、受托人和外部压力团体的使命之战，几乎摧毁了羽翼未丰的机构。当实用农业战团获胜时，虽然在科学发展方面没有进步，但农业学院在基础建设和招生方面取得了进展。在古典学者获胜时，农业教育的概念逐渐萎缩。

1870—1880 年大学中农业教育的增长速度缓慢且不均衡。历经多年，人们才扭转了农业只是单一学科的看法。到 1900 年，许多农业院校已经发展出畜牧、奶牛业、农业化学及土壤科学等学科，还成立了试验站、推广站和示范农场。此时，优质农业院校已拥有专门的教师队伍、学生以及农科专业课程。艰难的时期已过去，农业院校成为农业教育的有效阵地。

农业科学研究

1870年代，赠地大学农业学院的领导人清楚地认识到农业科学研究的重要性，这些机构正努力构建一套农业科学体系。1875
244 年，康涅狄格州建立了独立农业试验站。1886年，众议院农业委员会指出，除了康涅狄格州，12个州都设立了隶属于农业学院的试验站，还有几个州虽然没有正式组织，却从事着试验站工作。国会于1887年通过了“哈奇法案”，该法案规定联邦政府每年从公共土地收入中向各州的赠地学院（除了少数已建立独立试验站的学校）拨款1.5万美元，以支持农业试验站建设。“哈奇法案”详细规定了新建农业试验站的工作性质。

一方是注重实用的农业学家，或称“狭义的标准”，一方是倾向于理论的古典学者或化学家，两者的斗争中心从学院转移到了试验站。但是农业化学领域是个例外，该领域既没有传统，也没有指导新站工作的实用原则。查士特斯·李比希（Justus Liebig）在德国的工作及其1840年出版的《有机化学及其在农业和植物学中的应用》（*Organic Chemistry and Its Application to Agriculture and Phynology*）对美国产生了重大影响。特别是他在土壤化学方面的进展，为美国农业提供了坚实的研究基础和对策建议。几个美国人（埃本·诺顿·霍斯福德，约翰·A.波特和塞缪尔·W.约翰逊）志愿赴德国向李比希学习，学成回国后，成功地将李比希的思想进行了传播。他们和在爱丁堡学习的约翰·皮特金·诺顿（John Pitkin Norton）创建了大学的农业化学学科，并确立了学科准则和指导原则。[5]

除了农业化学，其他刚刚起步的试验站到底应当关注实践还

是研究，各派意见不一。试验站需要有专业知识和献身精神的领导 245
人，他们能与农业精英和商人结成政治联盟，使各方都受益。查尔斯·罗森伯格（Charles Rosenberg）教授称这些领导人为“研究型企业家”，例如威斯康星州的威廉·H. 亨利（William H. Henry）、伊利诺伊州的尤金·达文波特（Eugene Davenport）和加利福尼亚州的尤金·W. 希尔加德（Eugene W. Hilgard）。这些人首先能了解外界的技术和政策需求，并且能为专业技术人才提供良好的研究环境实现这些需求。[6] 走这条社会政治的钢索并非易事，但有人成功做到了。到 1900 年，约有 12 个农业试验站从事着高度专业化的农业科学工作。一旦明确了植物、动物和土壤的科学特性和相互关系，防治动植物疾病和提高产量的技术就会大量涌现。但是，直到 1930 年代，农业研究和试验投资的回报才开始显现。

20 世纪下半叶，国家农业试验站已成为从事基础科学和应用研究的重要中心。试验站有三个资金来源：联邦政府、州政府和私营企业。站内的科研人员大都在农学院从事教学和科研工作。[7] 农业试验站是农学院不可分割的一部分。在外界看来，农学院和试验站的工作没有区别，唯一不同的是分属大学不同的预算种类。

并非所有的农业研究都在国家农业试验站进行。自 1870 年代
以来，美国农业部对各州试验站的工作进行了补充。19 世纪，农 246
业部的科研工作进展比各州的试验站都要快，目标更加明确，也更易获得资金支持。因此，到 1900 年，农业科学领域许多著名的学者都是农业部研究机构的成员，他们主导着农业科学的发展方向。但是，到了 20 世纪，农业部在研究方面逐渐衰退：一是赠地学院的研究不断加强；二是农业部的管理压力增加，要优先制定解决农业经济问题的行动计划。

表 12.1　1920—1990 年部分年份用于农业研究和推广的公共支出

单位：百万美元

年份	国家农业试验站	美国农业部	联邦–州农业推广
1920	5.0	7.7	14.7
1930	13.1	15.5	24.3
1940	16.8	22.1	33.1
1950	48.2	46.8	74.6
1960	120.3	105.2	141.7
1970	296.1	238.7	290.7
1980	853[a]	367[b]	683[c]
1985	1259[a]	496[b]	997[c]
1990	1807[a]	593[b]	1662[d]

资料来源：州农业试验站：1915—1960 年《农业试验站报告》，直至 1953 年的报告由试验站办公室出版，1954—1960 年的报告由农业经济研究局出版；1961—1973 年《国家农业试验站研究资金》，美国农业部国家合作试验站服务局。美国农业部：1915—1953 年《财务主任报告》，美国农业部；1954—1973 年《研究和教育拨款》，由美国农业部预算和财政办公室编制。推广：1915—1955 年《农业与家庭经济合作推广工作年度报告》，美国农业部联邦推广局；1956—1973 年未公布的推广服务数据。

注：a. 从华盛顿特区美国农业部合作州研究局获得，包括林业和兽医学校以及塔斯基吉大学的资金；

b. 美国农业部相关年份的预算摘要；

c. Wayne D. Rasmussen, *Taking the University to the People: Seventy-five Years of Cooperative Extension* , Ames: Iowa State Press, 1989, appendix C;

d. 通过电话联系华盛顿特区美国农业部联邦推广局获得。

从表 12.1 中看出，1920—1990 年农业试验站和农业部的科研预算在不断增加，主要是价格上涨造成的。

农业研究不限于公共机构，私营企业也发挥着重要作用。据估计，1984 年私营企业的研发预算总额为 23.59 亿美元，[8] 约占农业研发总预算的 57% 左右。显然，截至 1980 年代，美国在农业研发方面预算庞大，超过了 40 亿美元。

另外，农业研发的初步分工已于 20 世纪形成。公共机构主要聚焦基础研究和科研人员的培养。私营企业集中开发可出售的实用技术，譬如适应特定区域的杂交玉米品种，为猪仔配的饲料，或者适用某种果树的收割机。依据这样的初步分工，公共机构生产公共知识产品，私营企业提供市场技术。 247

最后，我们应意识到，在农业方面可以达到一种科学和技术的状态，研发机构必须不断推出新技术，满足消费者需求。也存在很多不利因素：某些资源（如石油）日益缺乏；世界人口迅速增长；植物和动物病害频发；日趋严重的污染问题。为解决上述问题，需要不断地科研投入，增加技术流动和资源流动。为保持消费者的 248
消费水平，国家必须每年至少投资 40 亿美元用于食品和农业研发。如果上述不利因素的影响加剧，用于研发的资源也要相应增加。从这个意义上说，食品和农业研发是一个永无止境的过程。

成人教育

1870 年代，赠地农业大学很难吸引全日制学生。大多数农村男孩没上中学，也没有资格进入大学。那些计划送儿子上大学的富裕农场主，希望儿子从事有名望的职业——律师或医生，而非学农。为了生存，农业大学开始招收成年人，即愿意改进生产方式的成年农场主，并为成人教育制定教材和教学计划。

1870—1900 年农业大学为农场主设计了一系列教学安排：开设专题系列讲座，为没接受过正规大学教育的农村青年开设冬季短期课程，建立各种培训机构。到1900年，几乎所有的农业大学都开设了成人教育，受到农场主欢迎。

康奈尔大学是成人教育的领军院校。到1897年，康奈尔大学
249 的成人教育覆盖了全州，州政府每年为该教育拨款2.5万美元。其课程体系由五部分组成：(1)以地方实验为教学手段；(2)通俗易懂的农场主公报；(3)巡回园艺学校；(4)乡村学校的自然研究教学；(5)函授和阅读教学。1902年，约3万人参加了阅读课程，9500人参加了妇女阅读课程，2万人参加了初级自然主义课程，2.6万人参加了初级园艺课程。该推广课程体系吸引了全国的关注，很多州20世纪初开始纷纷效仿。

> 1905年，农业院校协会成立了推广工作委员会。该委员会对推广课程体系的定义如下：农业推广教学包括向非在校生提供的与改进农业生产方法和农村人口普遍福利有关的课程。

到1913年，美国38个州的大学都设立了推广系，州政府和地方政府拨款超过100万美元。毫无疑问，这种拓展式教育在农场主中很受欢迎。由于需求不断增加，农业院校及其农场主学员再次向联邦政府寻求资金支持。

1914年5月8日，美国总统威尔逊签署了《史密斯-利弗农业合作推广法》(The Smith-Lever Cooperative Extension Act)，该法有力地促进了各州的推广工作，从根本上改变了农业院校与联邦政府及农村社区的关系。该法规定，由联邦政府每年向各州拨款1万美元，并根据州的农村人口规模相应增加。但是，各州在有相

应配套资金的情况下才能获得拨款。1914 年由联邦政府支持的在 900 个县开展的推广工作，将依据上述法案纳入州合作推广工作，250
地方各组织的捐款将作为配套资金支持县级推广工作。后一项规定在今后几年将带来一些问题，因为新兴的美国农业局联合会的一项工作就是为县代理提供资金支助和方案指导。

起初，赠地农业大学很难通过县代理机构和联邦资金推行成人教育。于是美国农业部和大学共同达成了一份谅解备忘录。具体内容：(1)各州应在农业大学设立一个负责推广工作的部门；(2)该部门的负责人，即推广主任，应作为农业学院与美国农业部的共同代表，管理全州的推广工作；(3)农业和家政推广工作的经费，应通过推广部门拨付；(4)美国农业部应与大学的推广部门开展所有教育领域的合作。[9]

自此，合作推广制度迅速发展，到 1917 年体系建设基本完成。联邦、州、县提供的资金总额从 1915 年的 360 万美元增加到 1917 年的 610 万美元。农业县由 1914 年的 928 个增加到 1917 年的 1434 个，同时期的家庭示范代理从 279 个增加到了 537 个。1917 年，美国从事推广工作的有 2983 名男性和 1117 名女性。

到 1917 年，农村社区的推广工作已制度化。之后的 10 年，开着福特车的乡村代理商，成为农业技术进步的象征，因为代理商是农业大学和农业部研发的新技术的推广者。推广过程还面临一些 251
难题，私营农业组织，例如美国农业局(American Farm Bureau)，与公共教育项目之间的关系问题。解决办法是要求农业局退出公共推广计划，但是在一些州难以实现。不同的州以不同的方式解决了高校推广工作者的地位问题。作为联邦雇员的推广人员在州立机构，即赠地大学，工作的特殊角色，需要各方经过多年进行调整。联邦–州合作推广服务组织已经成为向农场主传播科研成果的高效体系。

随着技术越来越复杂以及农场主的需求越来越高，推广服务的组织形式也发生了改变，尤其二战后农场主获取技术的主要渠道不再是县级代理。每个州的推广服务机构都培养了许多不同的专家，他们的职责是向农民提供具体的技术信息。推广代理的作用是安排技术会议，邀请专家为农场主提供技术咨询。1990 年的技术推广服务基本与 1917 年相同，但技术服务的专业化程度有所提高。

截至 1990 年，推广组织并非唯一的技术服务商，还包括品种协会、作物改良协会和农场管理协会等。几十年来，报纸和期刊仍是技术信息的主要来源。重要的新来源是私营公司以及农民合作社的饲料、种子、化肥和机械销售员或代表。有时，推销员提供的信息可能有失偏颇，但比推广专家提供的信息更具体，也
252 更契合当地的生产条件。因此，农场主越来越多地从本地私营公司和农民合作社的销售代表那里获得相关技术信息。最后，一些规模较大、有进取心的农场主热衷于雇佣技术顾问和进行技术咨询服务。随着农场规模的不断扩大，这些技术信息来源变得愈发重要。

总之，美国过去 100 年的历史记录了以科研为基础的农业技术的发展历程，表明技术在农业经营中发挥的作用日益增强。有进取心的农场主往往主动选择接受成人教育，学习农场经营的先进技术。为满足农场主需求，联邦和州政府主要通过赠地大学、私营公司和合作社进行合理的制度设计，推广农业知识和技能。

现代农业学院综合体

赠地大学中的农学院是一个庞大而复杂的机构。1990 年，一个大型农学院的年度预算超过 4000 万美元，专职工作人员接近 400 人，在州内有许多试验站和农场，也从事其他非农事务。

农学院有三个主要功能：培养学生、科研和技术推广。大学的工作和预算也相应分为三类。为了便于管理，农学院通常划为不同学科的系，如园艺、农学、农业工程、农业经济学。规模大的农学院可能有 20 个系，每个系有 10—50 名专业工作人员。

农学院的工作人员，或从事教学与科研，或从事教育与推广，253 其工作方式有三类：兼职指导、兼职科研和兼职推广。有两点需注意：一是工作人员通常从事三种截然不同的工作；二是开展工作的方式有很强的灵活性。但是，这三种工作职能往往相辅相成：科研能促进教学和推广工作，教学和推广中发现的问题为科研提供了方向。毫无疑问，教学、科研和推广的互动加强了每项职能活动并赋予它们以目的性。

农学院自成立以来，其主要任务始终是为农场主提供新技术和改善生产实践，该项工作和高校的其他工作一样都在有序进行。显然，未来农学院面向生产的活动将以基础科学研究为基础，这有利于新的先进生产系统的开发。这种生产系统还可能超越现在严格意义上的农业耕作部门，把农产品加工也囊括了进来。

20 世纪，农学院的使命已不仅仅局限于开发新技术。典型的农学院有多项使命，本章将阐述其中的五项使命：

一是上文探讨的农业院校的最初使命，即发展农业科学和创造新的生产技术。在这方面，农学院需要不断进行深入研究，以应对新的生产系统和环境保护的需要。

254 二是解决农业社会、经济和体制问题。新技术取代了人力劳动，农民不得不离开土地。新技术带来了生产剩余、低价格和低收入。由于各种原因，如贸易格局的变化、战争的影响，农学院越来越关注农业结构和社会问题。

三是改善动植物和人类生存的环境，包括保护空气、水和土地。二战后，农学院在该领域贡献突出，人们对农学院也寄予了厚望。

四是城乡资源有效利用问题。对此问题，城市和郊区居民与农民一样需要指导。二战后的几年，城郊优质土地的利用冲突骤增。

五是对欠发达国家技术援助的国际使命。二战后，向欠发达国家提供食品和农业技术援助的现象明显增加。那么，美国农学院在该项任务中扮演什么角色呢？

255 伴随承担使命的不断变化，农学院组织机构将变得更复杂化和多样化，专业知识的用途更加广泛。农学院除了关注技术本身，更注重技术如何影响个人和组织。如上所述，农学院承担的历史使命使其成为社会发展的主流，这将有助于重振其作为学术机构的权威。

为适应上述变化，农学院必须在组织功能上不断推陈出新，致力于解决食品和营养、城乡冲突与人力资源调整等问题。一些农学院已进行了规划和调整，并修改了校名。密歇根州的农学院改为农业与自然资源学院；加州大学戴维斯分校的农学院改为农业与环境科学学院；佛罗里达农学院改为食品与农业科学研究所。此外，其他农学院则坚持传统的组织结构。一些力量努力维持传统，一些人想推动变革，要找到平衡点并非易事。但是，如果社会不同阶层对这五项使命下的教学、研究、推广产品的需求都像前面的讨论所表明的那样强烈的话，农学院必须在组织结构和内部规划方面做出改变，以适应发展的需要。

回馈社会

农业教育和研究对社会的回报是多样化的。例如，教育让先驱农民和之后的商业农场主具有以下本领：(1)理性分析并做出正确选择；(2)充分运用稀缺的资源，并做出明智的投资决策；(3)成长为精干的农业生产者。农业科学研究使农场主学到了新技能。如果说技术进步是20世纪农业发展的主要动力，那么研究就是助推剂。农学院为上进的农村青年提供了一条前途无量的光明之路，使人们摆脱了过去持续一百多年的繁重农作。近年来，农业院校 256
培养了大量的高技能农场经理，农业教育和科研促进了美国农场和整个社会生产力的提高。

经济学家们希望运用精确的术语描述投资回报，他们近年来在这方面做了大量工作。威利斯·彼得森(Willis Peterson)教授运用边际内部收益率的方法计算了农业科研投资的回报率。边际内部收益率是通过将研究和推广支出与四个时期中每一个时期节省的额外投入相比较来计算的。内部收益率是指投资期结束时累计的研究和推广支出等于节省的额外投入贴现值时的利率。[10] 内部收益率与储蓄账户利息收益的方式相同，是每年每投资一美元返还的美分数。

本文列出了美国农业研究和推广四个时期内部收益率的估计值。[11] 结果表明，1937—1962年农业研究和推广支出的回报率相对较高，但是1967—1972年的回报率却显著下降。在可预见的将来，农业研究和推广的边际回报率是否有可能低于最低可接受的

15% 呢？初步研究表明，短期内没有这种危险。但长期来看，除非出现重大技术突破，否则回报率可能会下降。

时 期	内部回报率
1937—1942 年	50%
1947—1952 年	51%
1957—1962 年	49%
1967—1972 年	34%

257 近期不同学者的研究表明，农业研究和推广支出的内部回报率在 25%—50% 之间，这已成为美国的常态，且上述研究并未证实此回报率存在下降趋势。[12] 最近衡量农业研究和发展支出内部回报率的指标和 1980 年代提高生产力的措施（详见第八章）均未表明美国农业技术进步有下降趋势，原因在于技术发展所依据的科学知识在不断进步。但是，如果以经济或者预算的名义，让美国公共和私人机构削减农业研发投入，那么农业技术的进步将放缓。

推荐阅读

1. Kellogg, Charles E., & Knapp, David C., *The College of Agriculture: Science in the Public Service*, New York: McGraw-Hill, 1966.
2. Kerr, Norwood Allen, *The Legacy: A Centennial History of the State Agricultural Experiment Stations, 1887–1987*, Columbia: University of Missouri, Missouri Agricultural Experiment Station, 1987.
3.Larson, Elsye Davey, *Country Schoolhouse*, New York: Comet Press, 1958.
4. Moores, Richard Gordon, *Fields of Rich Toil: The Development of the*

University of Illinois, Urbana, EL: University of Illinois Press, 1970.
5. Rasmussen, Wayne D., *Taking the University to the People: Seventy-five Years of Cooperative Extension*, Ames: Iowa State Press, 1989.
6. Rossiter, Margaret W., *The Emergence of Agricultural Science: Justus Liebig and the Americans, 1840–1880*, New Haven: Yale University Press, 1975.
7. Shannon, Fred A., *The Farmer's Last Frontier: Agriculture 1860-1897*, Vol. V. of *The Economic History of the United States*, New York: Farrar and Rinehart, 1945, Chap. Ⅻ.
8. Thayer, V. T., *The Role of the School in American Society*, New York: Dodd, Mead, 1960, Chaps. 1, 2, 10, and 11.
9. True, Alfred Charles, *A History of Agricultural Education in the United States, 1785–1925*, U. S. Department of Agriculture, Miscellaneous Publication No. 36, July 1929.

第十三章 国际投入

258 对美国定居者来说，国际贸易和商业的形成是地理位置和经济发展的自然结果。早期殖民者高度依赖母国提供的基本物资和制成品，并以原材料——毛皮、木材、鱼和烟草等支付货款。殖民者并未将利益局限在从缅因到佐治亚的狭窄海岸线，其关注点包括海上和陆地。他们在北大西洋及其沿岸地带进行贸易、做苦工、捕鱼和走私，仿佛这里就是新世界的一部分，唾手可得的一部分，供他们开发利用。当人们阅读朴利茅斯、塞勒姆、波士顿、纽波特、纽黑文、纽约、费城、查尔斯顿以及马里兰和弗吉尼亚的历史时，就会认识到国际贸易和商业在这些地方发挥的重要作用。国际贸易和商业是殖民期美国的生命线。

17 世纪中叶，殖民者开始进入内陆，经济关注点转向西部。但
259 是，在 18 世纪下半叶，西进运动因印第安战争和独立战争终止，1763 年英国政府宣布禁止在阿巴拉契亚山脉以西定居。1781 年美国在约克镇击败英国人并向西开拓了一直延伸到密西西比河的新领土。在此背景下，美国向西部和内陆发展。在整个 19 世纪，国际贸易的数量不断增加，促进了美国经济的发展，但并没有发挥主导作用。美国人首先关心的是开荒建农场，修建公路和铁路，建立工业帝国。其中最值得注意的是生产力突出的棉花产业，其产品主要在国内市场消费。19 世纪的美国在很大程度上属于国内导向型经济。

两次世界大战之后，由于美国在世界政治中的特殊地位，以及

美国农业贸易顺差的不断加大、对外国原材料尤其是石油的依赖日益增加，使得美国越来越融入世界经济体系——美国已成为国际市场上最大的商品和贸易服务商。这在农业领域体现得尤为明显。美国已成为世界市场上主要的谷物供给商，也是油籽产品、畜产品、棉花和烟草的最大出口国之一。1970 年代和 1980 年代美国农业的成败很大程度上取决于马里兰和弗吉尼亚的出口需求状况。对美国粮食生产者而言，印度或苏联的雨季是否准时来临，其重要性远远超过国内的天气情况。

欧洲和英国遗产

东海岸的第一批殖民者 / 定居者均来自西欧。众所周知，17 世纪大多都是英国人，还有一些瑞典人和荷兰人分散在中部殖民地。260
18 世纪，德国人和苏格兰-爱尔兰人大量涌入，苏格兰-爱尔兰人立即向西迁移到皮埃蒙特地区和阿巴拉契亚的石灰岩山谷。黑人则被迫成为奴隶。

不同的国籍带来了不同的习俗和文化，有些一直持续到 20 世纪。同时，他们也带来了共同的遗产——强调个人主动性、努力工作以及积累财富的愿望。虽然不同国籍的人互不欣赏，通常也不会在一处定居，但他们却有着共同的目标——建立农场、建设城镇和从事贸易。他们在努力“改善自己”的同时，也在接纳彼此不同的宗教信仰和社会习俗。在荒野中建设美好家园的共同目标将不同国籍的人群间的摩擦降至最低，同时也使定居者融入了工业建设的进程。

尽管人们跃跃欲试，但无论荷兰人、瑞典人、德国人抑或苏格兰-爱尔兰人都不可能成功地在 13 个殖民地建立其政治、法律和经济制度。殖民地的各种制度直接从英国移植而来。英国的整个普通法都被搬到了殖民地。制定的法律和既定的规则均从英国直接移植到殖民地，它们管理着经济社会的所有要素——土地、劳工、贸易管制和商业惯例。除了殖民政府通过的法律之外，殖民地的法律都是英国的普通法，再加上殖民前通过的英国成文法，以及议会专门扩展到殖民地的法规。独立战争时期，大陆议会和新州政府都主张实行英国普通法。“正如首席大法官莫里森·韦特（Morrison Waite）于1877年在芒恩（Munn）诉伊利诺伊州案中所言：‘当殖民地与大英帝国分离时，仅改变了政府的形式，而非实质内容。’”[1] 换言之，英国的法律就是殖民地的法律，之后的美国法律都将遵循该思想渊源。

261 今天，美国财产所有权法律源于古代英国法律和殖民期的法律和惯例。管理主人和仆人（劳工）权利和义务的法律也直接来自英国。美国劳动合同的遗留问题比土地所有权法更严重，但同样持久。美国动产交换法律也来自英国法律和惯例。总之，美国的经济制度从一开始就是英国的遗产。

美国人并非没有创建任何自己的法律制度。1785年和1787年的西北法令规定了土地所有权转让、结算方式以及将新国家纳入联盟的程序，这些社会法律思想创新与已接受的英国法律一样重要。此外，与美国公司发展相关的法律和英国几乎无关。但是，英国经济制度的基本框架已经在英国的经验和法律下发展了几个世纪，并被直接移植到殖民地时期的美国。它产生了一个包罗万象的框架，美国人虽然对其进行了修改但并未放弃它。直到1990年，美国人在其经济制度的基本要素上仍具有明显的英国特征，有些人也许会说，这就是18世纪的英国特征。

移　民

移民始终是美国历史发展中最持久和影响力最大的要素之一。美国的全部历史都是由延绵持续的移民潮书写的，他们来到这片迷人的土地，辛勤的汗水使荒凉的大陆变成了富庶之国。1600 年以来欧洲 7000 万的移民中，约有三分之二来到了现在的美国。殖民地时期，主要是英国移民。即便那时，美国人也是混合血统。独立战争时期，殖民地有大量来自德国、苏格兰-爱尔兰、荷兰、瑞典和法国的移民，以及非洲黑人。在 19 世纪和 20 世纪的大迁徙中，德国、英国、爱尔兰、斯拉夫、意大利、俄罗斯、斯堪的纳维亚、加拿大和墨西哥移民纷纷来到美国。同一时期，希腊、叙利 262
亚、亚美尼亚、葡萄牙、中国、日本、菲律宾和波多黎各的移民虽然较少，但数量仍然可观。因此，美国文化融合了不同语言、宗教和习俗的数百万移民的文化，而美国经济则是数百万满腔热忱的移民创造的奇迹。

1783—1815 年移民速度缓慢。据统计，这期间至多 25 万人移民到了美国，主要有两个原因：一是拿破仑战争增加了越过大西洋的危险；二是欧洲政府，特别是英国政府对技术工人和工匠移民的限制。

尽管该时段移民数量很少，但对美国来说有着显著的意义。移民中有很多具有出色才能的人，他们为美国的工商业发展作出了重要贡献。这些才华横溢的年轻人从不列颠群岛和欧洲大陆来美国追寻梦想，使美国获得了充足的劳动力，在关键时刻推动了美国经济发展。

当时和后来的移民为美国经济的发展作出了巨大贡献，他们带来了崭新的、富有成效的理念，这些理念转化为新的和改良的生产流程以及新的和更高效的商业组织形式。为了使整个大陆资源的开发达到最佳，不仅需要饱满的热情和勤劳的双手，也需要新奇而有效的理念。因此，那些具有创造性思想的男男女女在 19 世纪的美国找到了一个接纳他们的家园。从欧洲到美国的大迁徙始于 1820 年代，并在 1854 年内战前达到顶峰，当时有 42.8 万人从外国海岸进入美国。内战前的移民数字见附表。1815—1860 年，有 500 万人移民到了美国，这个数字比 1790 年美国的总人口还多，
263 1845—1855 年有 300 万人在约 2000 万人口的新国家登陆。这是美国有史以来最大的人口流入。尽管每个欧洲国家都在一定程度上参与了这场移民浪潮，但绝大多数移民来自欧洲西北部，有 200 多万人来自爱尔兰，约四分之三的移民来自英国，约 150 万人来自德国。

时　期	移民数量
1820—1829 年	151,000
1830—1859 年	599,000
1840—1849 年	1,713,000
1850—1859 年	2,314,000

大迁徙的动力既有推力也有拉力。推力包括英国、苏格兰和爱尔兰的农业圈地运动，爱尔兰的马铃薯饥荒，英格兰和欧洲大陆工厂系统的发展以及技术工匠的流离失所，以及1830年代和1840年代的政治动荡。拉力是在新世界中改善自己经济状况的吸引力，移民可以通过购买廉价或免费土地、找到报酬高的工作或创业来实现。事实上，更好的经济生活并非总能实现这一目标，很多移民在

当时遭受了无数苦难和煎熬，但这些并没有减少美国的吸引力。除了那些经济低迷的萧条年代，美好生活的“拉力”一直吸引着19世纪的欧洲人源源不断地涌进美国。

1820—1860年，很少有移民迁徙到边境从事农业。几乎没有一个爱尔兰人务农，他们聚集在东海岸的大城市，或者从事大型建筑项目——运河和铁路建设。流离失所的欧洲工匠和政治难民没有在农业方面寻找就业机会。

独立战争前的欧洲移民在美国农业发展中发挥了重要作用， 264
他们具有双重角色。其一，他们为快速扩张的工业部门提供了劳动力，避免了农业劳动力的流失，维持了农业发展的平稳。其二，一些欧洲移民填补了拓荒农民的空缺，使农业向西部边境推进。该时期从事农业的移民往往会从先驱农场家庭那里收购一些发达农场，并在几年内将其变成生产性商业农场。德国移民经常在中西部地区扮演该角色，他们拥有充足的现金和强烈的职业道德，在1840年代和1850年代的中西部地区建立了商业化农业。

内战前几年和内战期间，移民逐渐减少，但战争结束前移民又开始增加。移民人数从1862年的约9.2万人的最低点上升到1873年的约46万人，在萧条的1870年代减缓，1882年又上升到约78万人。之后的20世纪初移民随着经济波动，在1907年达到了128.5万人的高峰，1940年达到了121.8万人的第二高峰。一战期间，移民较少，1921年再次激增到80.5万人，同年，国会终止了移民的自由进入。1924年，通过了一项限制移民的永久性立法，将各国籍的移民数限制在特定配额之内，该法规以及后来限制移民的法规，导致移民大幅下降。1933年达到约2.3万人的低点，之后移民增加到每年约30万人的水平。1950年代后期，特别是在

1980 年代继续上升，1989 年达到略高于 100 万的高点。[2]

19 世纪第二波移民浪潮从 1860 年持续到 1890 年，移民约 1000 万人。这些移民和内战前一样，主要来自北欧——不列颠群岛、德国、斯堪的纳维亚、瑞士和荷兰。19 世纪末，移民的来源地
265 发生了重大变化。三次移民浪潮中最后也是最大的一次浪潮发生在 1890—1914 年，共有 1500 万人。这波移民主要来自奥地利、匈牙利、意大利、俄罗斯、希腊、罗马尼亚和土耳其。通过对比 1882 年与 1907 年的移民人数，可以看出移民来源地的变化。1882 年，约 87% 的移民来自西北欧，13% 来自南欧和东欧国家。1907 年，约 19% 来自西北欧，81% 来自南欧和东欧。世纪之交，移民来源地的变化促使了 1920 年代限制性移民政策的出台，其目的是维持北欧人口在人口的民族组成中的种族优势。

和内战前的移民潮一样，两次内战后的移民在大城市定居的比例越来越高。移民的到来增加了劳动力供给，美国的制成品生产在 1870 年仅次于英国，在 1885 年成为制成品的主要生产国。1870—1890 年，有相当一部分来自英国、德国和斯堪的纳维亚的移民曾在最后的边疆——半湿润的平原和大平原，尝试过耕种。其原因如下：第一，这是“宅地法”规定的土地免费期；第二，这是西部各州修建铁路和移民办公室在北欧和西欧开展招募活动的时期；第三，很多移民并不像战前移民潮上的爱尔兰一样赤贫。那个时期，这些移民中的许多人积累了在美国务农所需的资本。

但是，在西部平原上耕作对这些北欧移民来说是一种全新的体验，来自中东部的美国土著亦如此。这两波移民必须学会在干旱难耕的地区进行农作。但他们都犯了很多生产错误，经受了难
266 以名状的人类苦难。第一批移民中的大多数人，遭受了身体和经

济的双重重创。经历了漫长的煎熬，直到1930年代的干旱之后，大平原上的农民才真正学会了管理这片土地。

在某些时期，移民进入美国对某些民族继续发挥着至关重要的作用，例如1970年代和1980年代的越南和老挝难民，以及合法或非法的墨西哥移民。但移民不再像1820—1914年那样发挥经济主导作用了。在那时，移民不仅为快速发展的美国工业经济部门提供了技术和劳动力供给，还为西部腹地农业生产提供了劳动力，并创造了一个高产的商业农业，欧洲移民的大迁徙为美国工农经济部门的建立提供了条件。

投 资

随着新国家的诞生，外国人开始在美国投资建企业。1790—1860年，投资通常由伦敦的金融机构操作，这些金融机构专门从事美国金融商业服务。到1808年，外国在美国的投资额约为1亿美元，1830年之前一直在该水平上波动。之后的10年，外国在美国的投资从1亿美元增加到了3亿美元，1840年代投资急剧下降，然后稳步上升，到1900年超过了30亿美元。

内战前的外国投资，特别是英国投资，往往集中在运河、铁路和棉花种植方面。内战后，外国投资更加多样化。值得注意的是，英国在遥远西部大型畜牧企业的大量投资往往损失惨重。外商资本在美国经济发展中的重要性值得商榷。道格拉斯·诺斯教授认
为，外国资本在1830年代的运河和铁路建设中发挥了重要作用， 267
但此后，外国资本在总资本构成中的比例在数量和重要性上都有所下降，尽管其绝对值在整个19世纪大幅增长。[3] 该结论似乎比较合理。

然而，从美国农业发展来看，人们不会忘记1820—1860年建设的铁路和水运系统，它们对农业向商业化转变的重要意义。因此，从逻辑上说，由于1830年代外国在运河和铁路基础设施投资方面做出了重要贡献，同时也促进了美国农业的飞速发展。换言之，外国资本在美国经济的全面发展中可能只起了很小的作用，但在美国农业发展的关键时期，这些投资却起到了决定性作用；1820年后，俄亥俄和密西西比河流域从开荒农业向商业化农业的转变完全依赖于有效运输系统的发展。

贸　易

1790年美国的对外贸易远低于独立战争前的水平。此外，这个新兴国家在国际市场上的前景并不光明。英国对美国实行航海法，将其排除在英国国内市场和西印度群岛之外。拿破仑战争有时对美国的贸易商和出口有利，但总的来说，战争并未提供国际贸易繁荣的经济环境。1812年战争期间，美国的出口几乎为零。美国的对外贸易在1785—1815年经历了一段不确定的、增长缓慢的时期。

随着1815年世界和平的回归，美国的对外贸易开始显著上升。虽然1815—1860年贸易水平随商业状况波动，但趋势是持续上升的。例如，商品出口价值从1815年的5300万美元增加到
268 1860年的3.34亿美元。然而，该期间进口商品的价值几乎每年都超过出口价值。原因在于快速发展的年轻国家对制成品进口需求旺盛。长期贸易逆差的解决主要有两种方式：（1）英国投资者提供的贷款；（2）美国商人获得的航运服务收入。

1815—1860年，美国的出口主要是农业出口。1800年，烟草

为主要出口商品。1820 年，棉花出口量最大。同年，原棉出口占出口总额的 42%，棉花、烟草、小麦和面粉合计占出口总额的 67%。到 1840 年，棉花在出口贸易中占据了主导地位，占出口总额的 57%，棉花、烟草、小麦和面粉合计占出口总额的 77%。直到内战前，棉花仍然为主要出口商品；1860 年，棉花占出口总额的 61%，棉花、烟草、小麦和面粉总计占出口总额的 72%。

棉花不仅是南方的“国王”，也是国际贸易的“国王”。棉花连接了美国与北大西洋的经济，并加强了英国与美国之间的经济联系。但更重要的是，新英格兰和大西洋中部各州贸易中心为南方生产的棉花提供了运输、融资、保险和销售所需的服务，促进了这些州的城市化和经济发展。

原棉出口的快速扩张，主要是对英国中部地区的棉纺厂的出口，支持了整个南方棉花种植体系的快速扩张。全世界对棉布的强烈需求，棉花的轧棉、纺纱和织布技术的改进、奴隶制以及有利于棉花生产的新土地的开放，都在几年内联合起来，形成了棉花产业。从南方的种植园延伸到纽约和新英格兰的贸易中心，再到英国的棉纺厂，销往世界各地。在这种有利的发展环境下，南方的种植园主进一步扩大产业，丰富其生活方式。他们用出售棉花的收 269
入，进口奢侈品，出国旅行，购买出口棉花所需的服务，从上南部购买奴隶及食物，并投资远西部的新土地。南方种植园主大多不会投资物质性或社会性基础设施，也不投资商品化企业。由于棉花生产的高回报（或许高于任何现成的替代品），其经济行为具有短期合理性。但从长远来看，它注定了南方的发展进程只能以单一作物、原始的生产技术和陈旧的社会制度为基础，这使得南方的农业生产率低下，经济增长缓慢。

南北战争后的 1865—1900 年，棉花在美国的出口贸易中迅速恢复了主导地位。1866—1879 年，棉花一直保持着统治地位。但在 1880 年，小麦和面粉的出口价值首次超过了棉花，制成品正逐渐成为美国出口贸易的重要组成部分。1900 年美国商品出口的构成发生了重大变化。制成品的价值约占出口总额的 35%，为原棉、小麦和面粉的两倍左右。

1866—1900 年美国的国际贸易有几个重要变化。第一，以商品出口衡量，贸易额增长了约 4 倍。第二，美国商品出口价值经常超过其进口价值。第三，棉花不再是美国出口贸易的主要商品。第四，农产品出口总量增加了 5 倍以上。第五，美国作为世界制成品的主要生产国取得了新地位，到 1900 年，制成品在出口商品中的比例攀升。

1866—1900 年农产品尤其是谷物出口的迅猛增长，对美国农业
270 的发展贡献巨大。如果没有农业出口的扩大，1870 年代和 1890 年代的农业萧条必会更加严酷，对农民的打击也会更具毁灭性。尽管如此，到 1900 年，农产品出口将不再像 19 世纪那样完全主宰美国的出口贸易。1910 年美国生产的制成品占世界制成品的 35%，制成品（不包括制成食品）占美国出口总额的 45% 左右。

1900—1977 年生食产品出口长期呈上升趋势；1920 年代末，原棉出口达到峰值，此后又呈下降趋势。或许更重要的是，20 世纪美国的生食产品和纤维产品出口均有大幅波动。生食产品出口在 20 世纪的前十年逐渐下降，1910—1921 年增加了 4 倍以上。1921—1936 年，生食产品的出口持续下降，1933 年美国食品出口价值为 1870 年以来最低。从数量上看，1930 年代中期至 1951 年，生食产品出口增长了约 12 倍；按价值计算，同期生食产品出口增

加约23倍。随着朝鲜战争的结束，生食产品出口急剧下降，1951—1954年下降了42%左右。1954—1972年，在政府援助和世界经济复苏的推动下，生食产品出口持续增长；1972年和1974年由于世界各地粮食作物歉收，该期间美国的生食产品出口直线上升。1974—1990年生食产品出口出现了极端波动：1974—1981年继续上升；1981—1986年急剧下降；1986—1990年再次上升。同期，棉花出口呈随机波动状态。

美国四种主要农作物在国际贸易中的相对重要性如图13.1所示。值得注意的是，在大多数年份，国内小麦生产的60%—75%用于出口，这些出口占世界小麦贸易总额的30%—40%。另一方面，粗粮出口仅占国内产量的25%左右，但占世界粮食贸易的60%左右。大豆出口在国内产量和世界贸易中的份额约为50%。

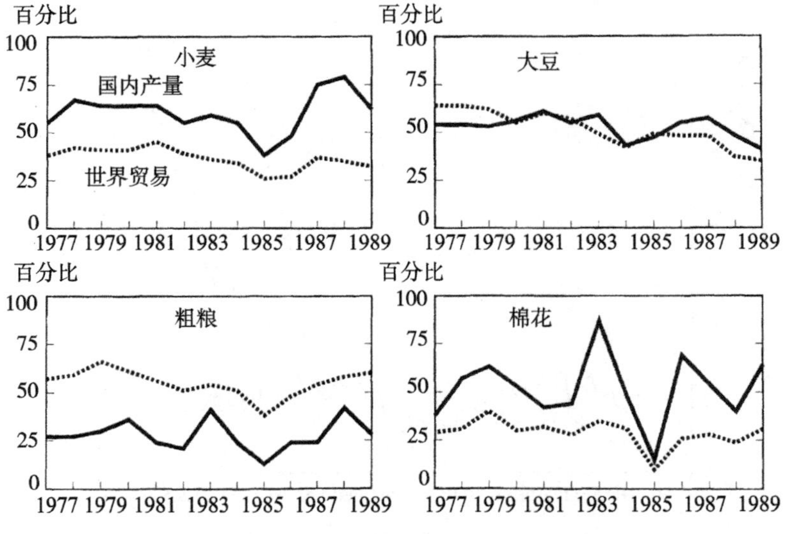

图13.1　美国出口占国内产量和世界贸易的份额

272 20世纪美国出口的所有农产品都像过山车一样波动剧烈（图13.2）。这些波动，或短期，或长期且广泛，与世界大战、经济萧条和复苏以及天气的好坏相关。但无论什么原因，这些波动都对美国农业产生了重大影响（如图13.2）。出口增长时，农业总收入几
273 乎都在增长，反之亦然。由于出口数量的增减会放大或缩小对农产品的总需求，因此可以认为，出口的变化将促成或导致农业收入的变化。那么，农业出口的波动到底对农业收入有多大影响，或许

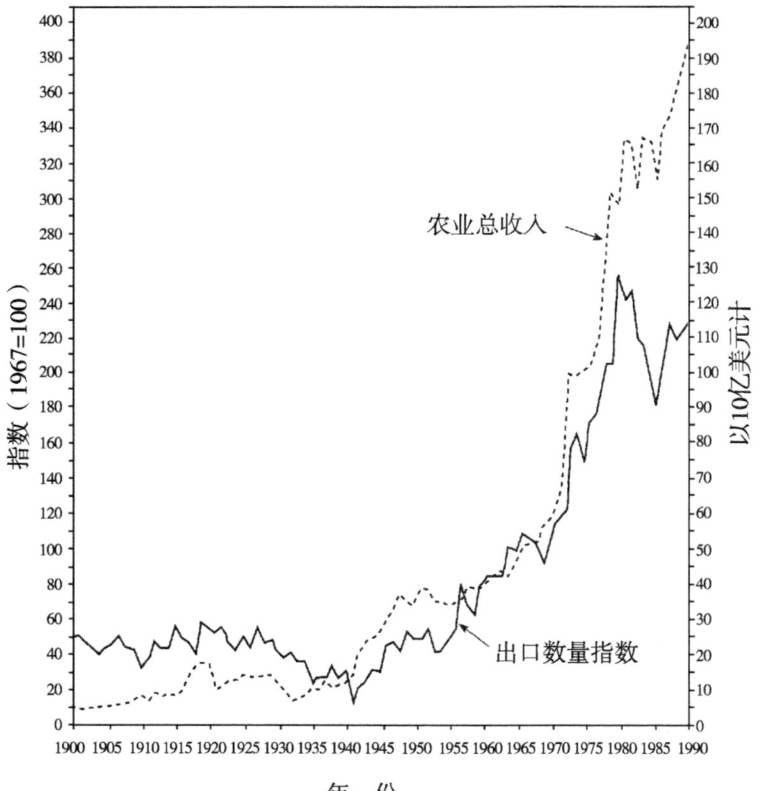

图13.2　1900—1990年美国农业出口及农业总收入

不同时期有所不同，但总需求的出口波动是整个20世纪农业收入波动的一个重要因素，也是1970年代和1980年代农产品价格和收入大幅上涨的主要因素。

1900—1990年漫长的九十载，农产品进口呈增长趋势，但增长速度不及出口，波动也不那么剧烈。这些进口并没有严重阻碍美国的农业发展，原因有两个。其一，这些年美国近一半的农业进口产品与美国生产的商品不存在竞争，涉及橡胶、咖啡、可可豆、香蕉、茶、香料和地毯用羊毛等商品。其二，美国在粮食、油料以及以谷物为原料的畜产品生产方面具有绝对优势，与进口的竞争主要局限于某些特殊商品。如果取消进口限制，只有两个重要的农产业（乳品业和制糖业），将受到严重竞争。而且，由于美国大部分地区的糖业生产高度不经济，外国竞争只会给美国的乳制品造成压力。

总之，20世纪下半叶美国农产品出口贸易再次承担了17世纪和18世纪的重要功能，但它不再像19世纪的大部分时间那样主宰着美国的出口贸易。1989年美国的出口总额为3420亿美元；其中，农业出口总额约为400亿美元，约占12%。除了某些特殊作物和乳品，进口农产品对美国农业没有造成严重挑战。

国际农产品贸易在20世纪下半叶美国农业发展中起着积极 274
的主导作用。如果美国转向自由贸易的政策立场，国际农产品贸易的角色将更重要。但这样的政策立场可能会产生其他问题——一些问题第八章已进行了讨论，还有些问题将在下一节探讨。

相互依存的现代条件

在1980年代，美国平均每年约30%的农产品用于出口，1988年该比例接近40%。表13.1列出了1988财政年度美国农产品出口的 10 个主要市场。

另一方面，美国的发展已经到了这样一个阶段，即必须将约 30% 的年产量销往国外，否则将面临农产品需求减少、农产品价格下降以及农业种植规模减少的压力。日本和韩国在粮食和其他食品的供给方面已经严重依赖美国。当一些国家（如苏联、印度和中国）因气候和生产不稳定造成农作物歉收时，其间的相互依赖就变得复杂多样。因此，自 1960 年以来，美国基于其规模化和常规化的贸易，成为世界上许多国家包括富国和穷国的商品供给国。

事实上，美国农业的增长和福祉高度依赖于世界经济和各进口国的状况。这种增长和福祉取决于两个条件：（1）世界经济的合理增长率；（2）农产品需求的稳定。遗憾的是，由于气候、政治和经济等原因，上述条件无法得到满足。因此，已经完全融入世界经济的美国农业，现在受到世界经济不确定性的影响。

276 如果印度、前苏联和中国连续种植一系列优良作物，他们对美国谷物的需求量可能会下降，美国农场主获得的价格水平也会降低。如果中东爆发战争，预计世界各国将建立粮食储备和其他基本商品储备，美国对农产品的需求将上升，农产品价格水平也将上涨。或者，如果欧佩克（OPEC）国家采取一致行动，减少石油出口，从而进一步推高石油价格，美国的农业生产成本将在减少向日本和西欧进口粮食的同时又一次上涨；在这种情况下，美国农民将面临生产成本上升和产品价格下降的双重压力。

这些都是未来几年美国农民将面临的各种不确定性，他们已经成为相互依存的经济和政治世界的重要部分。这不利于国内经济稳定增长，美国人也无法脱离世界市场。这些要素相互依赖并锁定在世界市场中。如果没有国际市场，美国的农业经济将会

表 13.1　1988 年美国农产品出口十大主要国家和地区市场

单位：百万美元

	总量	1	2	3	4	5	6	7	8	9	10
农产品出口总量	35,341	日本 7274	韩国 2250	荷兰 2087	加拿大 1973	苏联 1934	墨西哥 1726	中国台湾 1577	德国 1306	西班牙 848	英国 819
饲料谷物和产品	5209	日本 1712	苏联 541	中国台湾 431	韩国 428	墨西哥 394	西班牙 194	阿尔及利亚 158	沙特阿拉伯 153	埃及 108	以色列 90
未磨小麦	4674	苏联 822	中国大陆 525	日本 353	埃及 314	韩国 264	阿尔及利亚 187	印度 154	摩洛哥 133	中国台湾 123	波兰 122
大豆	5015	日本 958	荷兰 902	中国台湾 457	西班牙 341	德国 305	韩国 270	墨西哥 261	苏联 172	英国 144	葡萄牙 132
动物产品	6058	日本 1844	韩国 748	墨西哥 621	加拿大 388	中国台湾 223	英国 205	法国 178	香港 106	以色列 105	德国 85
水果和蔬菜	2744	日本 734	加拿大 633	香港 168	英国 145	中国台湾 86	法国 65	荷兰 63	墨西哥 47	新加坡 44	瑞典 43

资料来源：U. S. Department of Agriculture, Economic Research Service; FATUS (Foreign Agricultural Trade of the United States), November/December 1988.

崩溃。正如第八章所述，美国农场主、农业和政治领导人面临的任务是找到稳定依存的世界市场的方法。此类政策行动将涉及成本——可能是持有大量储备的巨大成本。但是，会有哪些选择呢？在一个相互依存的世界中，不可预测的气候、政治和经济力量使美国的农场主和消费者均受到冲击。

推荐阅读

1. Hughes, J. R. T., Rosenberg, Nathan, & Gallman, Robert E., "American Economic Growth: Imported or Indigenous?", *Papers and Proceedings of the Eighty-Ninth Annual*.
2. Meeting of the American Economic Association, Atlantic City, N. J., September 16–18, 1976, *The American Review, 67*, February 1977, pp. 15–31.
3. Jones, Maldwyn Allen., *American Immigration*, Chicago: University of Chicago Press, 1960.
4. Leyburn, James G., *The Scotch-Irish: A Social History*, Chapel Hill, N. C. : University of North Carolina Press, 1962. Pt.Ⅲ.
5. North, Douglass C., *Growth and Welfare in the American Past: A New Economic History*, 2nd ed., Englewood Cliffs, N. J. : Prentice Hall, 1974, Chap.Ⅲ.
6. U. S. Department of Commerce, Bureau of the Census, *Historical Statistics of the United States: Colonial Times to 1957, 1960*, pp. 39–47, 529–566.
7. U. S. Department of Agriculture, Foreign Agricultural Service, *Quantity Indexes of U. S. Agricultural Exports and Imports,* FAS-M-76, Revised January 1960.
8. *United States Trade: Performance in 1988*, International Trade Administration, U. S. Department of Commerce, September 1989.
9. Williamson, Harold F., ed., *The Growth of the American Economy*, New York: Prentice-Hall, 1951, Chaps. 3, 12, 14, 27, and 41.

第十四章　环境政策

资源基础

16 世纪和 17 世纪来到北美的西欧人，是探险家和殖民者，他 278
们发现了一片资源丰富、气候宜居且物质多样的非凡大陆。这片大陆就是美国，从大西洋到太平洋东西绵延约 3000 英里，从墨西哥湾到加拿大边境南北约 1200 英里。大陆的东部是一个北窄南宽的沿海平原，然后是海拔约 3000 英尺的阿巴拉契亚山脉。从那里，人们进入了从俄亥俄中部到堪萨斯东部的内陆低地。低地连接着大平原，在大平原的西部边境，落基山脉南部上升到 14,000 英尺；继续向西，穿过科罗拉多高原，来到北落基山脉的南端沃萨奇山脉，横跨大盆地后又是连绵的山脊。而后，人们穿越 14,000 英尺高的内华达山脉——向北延伸到俄勒冈和华盛顿的卡斯卡德山脉，再挺进肥沃的沿海山谷，越过低海岸区域，最后展现在眼前的是无 280
垠的太平洋。这是一片美丽富饶、物产丰富的沃土。

尽管所有陆地都位于温带，但由于纬度、海拔以及山脉的高度与走向不同，陆地的气候千差万别。在大陆的东半部，平均降水量超过每年 30 英寸，除伊利诺伊中部和艾奥瓦的高草地外，土地上覆盖着茂密的阔叶和松树林。在西部，年平均降水量低于 20 英寸，仅山脉的雨坡有针叶林。树林之间是草原，在西经 100° 以东，草木高大茂盛，以西则矮小结实。在山区和西南部的干旱地区，生长着鼠尾草、丛生草和仙人掌。在这种丰富多样的植被覆盖下，野生动物非常多。种类繁多的鹿随处可见，有些地方可以看到麋鹿、驼鹿和羚羊。这些以及更小的动物是熊、大型猫科动物、狼和狐狸的猎物。栖息在这片大陆上的野鸭、鹤、松鸡、威尔鹅和旅鸽不计其数。河流和小溪中遍布着海狸、麝鼠和水獭。河川中有鱼，海旁有贝类。大平原上约 6000 万头野牛成群结队地涌入东部森林。

这里水资源十分丰富，通航的河流和湖泊使内陆地区的运输十分便捷；奔流的河水提供了源源不断的电力；西经 100° 以东的年降水量超过 20 英寸，有利于作物生长。与这些因素相得益彰的是，大多数内陆低地的土壤都很肥沃。丰富的煤、铁、金、银、石油和天然气等矿产资源支持了庞大工业的发展。

当欧洲人到达北美时，约有 1000 万土著居住在格兰德河以北。他们多以打猎和采集为生，也有人从事原始的种植业，西南部有少量灌溉种植。这些土生土长的美国人在这片富饶的土地上过
282 着悠闲自得的生活，个别部落偶尔也会像落后的原始人一样遭受饥饿。他们的氏族和部落，建立了划分不明显的生活区、农业区和狩猎区。各氏族和部落之间经常因争夺地盘而冲突不断。在这种背景下，欧洲人带着先进的硬（钢铁）技术、组织技能，以及控制这些资源的欲望来到这里。在三百多年的时间里，欧洲人（现在被称为美国白人）渐渐将美洲土著人边缘化，并获得了美国大陆土地的所有权和所有资源[1]。到 1900 年，这些资源牢牢地掌握在了美国白人手中，或私人所有，或政府所有。

征服自然

在 16—17 世纪设立 13 个英国殖民地时，人们或许认为没有必要讨论环境政策；到 18 世纪时如果需要对此话题进行讨论，那

么应该是在资源保护的框架下进行的。维克多·谢弗指出，在雷切尔·卡森（Rachel Carson）1962 年出版的《寂静的春天》（*Silent Spring*）问世之前，“环境主义”一词很少被使用。[2]但在建国后的300 多年里，美国白人肯定有自己的环境政策，该政策也许比 1980 年代末或 1990 年代初出台的任何一项政策都更得到普遍认同。这是一项关于如何“征服自然”的政策，而且要尽快实现。

根据克莱顿·科普斯（Clayton Koppes）的说法，美国白人在使用自然资源方面的三种信仰导致了“征服自然”这一隐性环境政策。[3]第一，人们认为有大量无主自然资源。印第安人利用土地的方式不被美国白人认可。他们属于游牧民族，其社区所有权概念与白人无关。因此，根据英国法律，白人将美洲土著人边缘化，并规定白人可以适当占有未开发的土地，从而取得土地所有权。密歇根州州长路易斯·凯斯（Lewis Cass）明确表示了白人垦殖者的立场，他说：“红色人种是‘暂时种族’，只有当另一群人出现时， 283
他们才能更好地利用上帝的恩赐。”[4]蒙罗总统在 1817 年接受了位于底特律的卡斯州长的简报后，在当年 12 月的第一次年度讲话中向国会提出了这一假设：“游牧民族只能存在于广阔的、未开垦的荒漠中。它屈服于……文明人群的更强力量，它应该屈服。因为将地球赐予人类是为了供养尽可能多的人，任何部落或民族都无权拒绝他人的需求，除非这些是维持他们生存所必需的。”[5]

第二，美国白人认为北美大陆的自然资源是取之不尽的，该想法一直持续到 19 世纪末。由于缺乏哲学或经济动机来保护这些无主的自然资源，美国白人不计后果地开发——事实上，他们掠夺了这些资源。

第三，与资源取之不尽有关的是“即时利用”。美国白人的主流观点是，那些为改造荒野可用资源付出艰辛劳动的人们应尽快从他们的劳动中获益。

支撑这些信念的是一种认可获取和“创造性使用”“无主”资源的司法制度，一种关于人类应拥有尽可能广泛自由的政治哲学，以及一种认为自由市场应是资源使用的最终决定因素的经济观点。于是，美国白人开始染指从大西洋到太平洋的广袤荒野，并不断征服自然。除了少数例外，1890 年人们实现了这一目标。

首先，毛皮商人和捕猎者进入荒野，获取了需求量很大的海狸和麝鼠毛皮，以及很有经济价值的毛皮——主要是鹿皮。在现在的艾奥瓦西部边境以东地区，商业惯例通常是土著人狩猎，白人交易子弹、毯子、烹饪锅、毛皮、威士忌和枪械。在西经 96° 以西，土著人不太合作，敌意满满。因此，白人只能自己打猎、设陷阱。后
284 果都一样：到 1840 年，海狸几乎灭绝。后来海狸帽子不再流行，海狸才有了短暂喘息的机会。此后，仅仅因为海狸阻塞溪流惹人讨厌，便大量被杀。到 1880 年，野牛同样几乎灭绝。世界市场对水牛皮长袍的需求，加上政府将印第安人驱赶到保留地的政策，造成了对牛群的屠杀。鹿在屠杀中幸存，羚羊、驼鹿和狼靠着微薄的边缘土地（资源）活了下来。

继毛皮商和捕猎者之后，来到这片土地的是投机商和定居者。独立战争之前，英国王室在阿勒格尼山脉以东的海湾控制着土地投机者和定居者。独立战争之后，新政府打开了大门，白人涌入俄亥俄和密西西比河谷的内陆低地（见第三章）。新政府急于处置土地的原因有两个：（1）由自己人占领土地，以防英国人侵占北部土地和西班牙人侵占南部土地；（2）通过出售土地获得收益。联邦政府击败了印第安部落，将他们赶出家园，并安置在更西部的所谓印

第安人保留地，推动了移民潮的形成。

密林覆盖了密西西比河以东的大部分土地。因此，先驱农民在到达他从投机商或政府手里购买的土地时做的第一件事，就是砍树。他用砍下的树建木屋，或将原木卖给木厂；如果附近有河，他会将原木漂到木厂；后来，随着铁路的出现，他也许会卖掉原木，用作铁路枕木或蒸汽机的燃料。他任凭被环剥的枯立木在地里腐烂，或将其用作木柴，或在田里烧掉。不管怎样，先驱农民们清除了密西西比州东部的大部分落叶树，包括硬木和软木，这里看起来变成了优质的耕地。

在北方，定居者在开垦的土地上种植玉米、小麦，后来又养殖 285
肉用动物。在边境各州，殖民者种植烟草和玉米，后来出售奴隶和骡子。在南方，定居者在各种规模的土地上生产棉花和玉米。所有定居者都生产玉米，用于家庭消费、喂养动物和制造威士忌。

征服自然的行动并未在东部森林的边界终结。在到达伊利诺伊中部和艾奥瓦的高草之乡后，定居者们在铁匠的帮助下，开发出了可以翻耕草皮的钢刃犁。当被征服的印第安人迁走后，征服者便定居在这个高草之乡，将这里变成了高产农场——生产所有的谷物、饲养牛和猪。由于气候潮湿、土壤肥沃、没有需要砍伐的树木，铁路建成后，移民们迅速从自给自足的贫困农民变成了出售剩余农产品的商业农场主。

继续往西是大平原。随着 1862 年《宅地法》（the Homestead Act）的出台以及内战结束，美国东部和北欧数以千计渴望土地的人来到大平原。这里有免费或廉价的土地，矮草皮非常易耕，以种植小麦为主。但是大平原气候恶劣，大多来自湿润地区的新人都放弃了。1870 年代，在年降雨量不足 20 英寸的地方劳作的首批农场主，需要掌握一套全新的耕作方法。他们花了75年的时间才学会如何在大平原上耕作，1990年代这仍然是一项高风险作业。与此同时，水牛赖以生存的坚韧的矮草地被一代代人不断翻耕，试图生产谷物。少数人学会了如何在大平原上生存，他们成功地坚持了下来。

要在没有树木的伊利诺伊中部、科罗拉多东部、加拿大边境南部和墨西哥边境北部高草地上建造农舍、谷仓、城镇和城市，需要大量的木材。木材的供给多来自于密歇根北部、威斯康星和明尼苏达的白松林。1840—1920年这些州的白松林被大量砍伐。到
286 了1920年，白松几乎被砍光，只留下了光秃秃的树桩。一些小树种幸免于难，如油松和桦树，一些地方重新种植了新树种，如挪威松。但是高大的白松林已经消失——建造了农庄和城镇。19世纪，俄勒冈和华盛顿的大针叶林离市场太远，几乎无人问津。但是人口不断增长的加州需要木材。因此，沿着海岸砍伐红杉树成了家常便饭，在内华达山脉西部山坡上砍伐松树和冷杉也成了大生意。但是，由于山区运输困难以及西海岸的需求有限，红杉、松树和冷杉并未像大湖地区那样被砍伐殆尽。

挺进大平原的农民将牧场主和牧羊人挤向了西部更干旱的地区。到1890年，大型的牛羊牧场往往位于落基山脉的山谷、内华达山脉和落基山脉之间、怀俄明州西南部，以及堪萨斯州的弗林特山和内布拉斯加州的沙丘等地。但无论牧场主在哪里，他们都将未被占用的公共土地视为私人领域，并经常过度放牧。牧场附近只剩下山地、荒地和沙漠等公共领域，他们觉得有权按自己的想法利用这些地方。1890年，他们就像1607年弗吉尼亚白人对待荒野一样对待上述公共领域。但是，正如我们将看到的那样，1890年

代有关资源利用的情况和态度正在发生转变。

进步时代的保护

19世纪下半叶，令人堪忧的农业状况，自然资源的恣意开发（尤其森林的破坏），日益受到关注。乔治·珀金斯·马什（George Perkins Marsh）是一名律师，也是自学成才的科学家。他通过对佛蒙特州过度放牧和伐木导致的水土流失和环境破坏的敏锐观察，撰写了一本名为《人与自然》（1864年出版）的书籍。该书引起了科学界和政治家的注意。马什在书中探讨了“动植物关系的脆弱 287
平衡”，并告诫世人，“当人类驯养植物、砍伐森林、改变溪流或其他干扰自然的活动，其影响将累及更广阔的自然环境。”[6]这本书是生态学出现的标志，也为自然保护者的论证奠定了坚实基础。

1873年，马什的追随者富兰克林·霍夫（Franklin B. Hough）博士是一名外科医生和全国人口普查局局长，他说服美国科学促进会（American Association for the Advancement of Science）建议联邦政府通过立法保护森林。1875年，国会成立了农业部林业局专门研究这个问题。此后，越来越多的作家、专家和科学团体为立法呼吁。为保护国家森林和郊野地区，国会在1872年建立了黄石公园，将其作为“国家公园和娱乐场所”。

联邦政府保护国家自然资源特别是森林资源的第一个重要事件发生在1891年，当时通过了《总修订法》（见第五章）。这项法案废除了1878年的《伐木法》和1841年的《先买权法》，后者规定个人和商业公司可免费或以每英亩1.25美元的低价收购林地。1891年法案赋予了本杰明·哈里森总统建立“森林保护区”的权力。总统在任期内创建了15个禁止出售木材的森林保护区，总计

1600 万英亩。但国会没有为森林保护拨款。克利夫兰总统在 1897 年建立了 13 个新的森林保护区，但仍然没有拨款来管理这些保护区。国会在 1897 年的拨款法案中附加了一项修正案，该修正案限制了总统建立森林保护区的权力，并改变了自然保护的方向，允许在保护区内伐木和利用保护区水资源进行采矿、碾磨和灌溉。这个法案明确了很多事情：它削弱了自然保护者的努力；表明西部采
288 矿、木材和牧场利益集团在国会中的政治权力；恢复了对国家森林的商业利用；为罗斯福在国家森林中放牧、伐木和水力发电的综合利用政策的出台铺平了道路。

此后，保护工作进入了一个进步的时代。1901 年，西奥多 · 罗斯福在麦金利总统遇刺后成为美国总统，他给美国带来一个崭新的、积极的资源保护议程。科普斯认为，在进步时代的自然保护运动中，有三种理念或组织原则：效率、公平和美学（通常称保护）[7] 西奥多 · 罗斯福和他的首席环保助手吉福德 · 平肖特（Gifford Pinchot）认为资源应该得到利用，而且应该有效地利用资源，他们还认为过去资源浪费严重，这种浪费很大程度上源于政治腐败。由于资源问题基本上是技术性的，罗斯福和平肖特认为应该由技术人员而非政治家处理这些问题。由林务员制定每年砍伐的木材量；水利工程师确定水库的位置和河流多用途开发的可行性；农学家决定哪些牧区可以放牧，放多长时间；这样才能最大限度地避免伤害。对于罗斯福、平肖特和他们的追随者而言，保护首先是一场科学运动，保护的本质是合理规划，促进自然资源的有效利用。

对平肖特及其追随者来说，保护不仅是一场效率的斗争，也是一场争取政治自由的斗争。他们认为，资源的合理利用能带来社会公平，公有制和资源控制对遏制垄断至关重要。但是，在他们为

管理自然资源而进行的政治斗争中，这一公平目标往往被忽视了。

进步时代自然保护运动的第三个组织原则是美学或保护主义。该目标是保护风景优美或具有科学价值的自然区，约翰·缪尔（John Muir）是其中的代表人物。其间存在着对美的爱和对荒野的爱的不同理解。美和荒野有同样的需要，即都必须加以保护才能存续，但保护的理由却不尽相同。自然界中的美有很多含义， 289
但不管其含义如何，人们都很容易发现美并愿意分享给他人。例如，每个人都向往的亚利桑那州大峡谷（Grand Canyon）。

人类保护荒野的愿望更难以理解。对一些人来说，野外体验利于心理治愈；约翰·缪尔显然如此。另一些人，则担心现代工业文明在20世纪初将独领风骚，希望把荒野留作最后的净土。到了20世纪后期，保护荒野通常是为了保护生物多样性、保护地球。

但是，在20世纪的第一个10年里，罗斯福、平肖特及其效率专家追随者们对自然保护主义者和他们对美和荒野的非理性热爱持保留态度。这两类人有时一起共事，但大多时间都不在一处。尽管如此，保护主义学派仍小有收获，其中最引人注目的是1916年成立的国家公园管理局。不过，这也给他们带来了麻烦。设立国家公园管理局的初衷，是既要保护自然区域，又要让公众能享受自然。因此，在整个20世纪，那些试图通过修建通路、营地和豪华旅馆扩大旅游业的人与生态保护者之间一直争论不休，直到1990年代，分歧仍在继续。罗斯福支持的效率的福音是进步时代环保运动的推动力。看看它是如何在重要的森林资源领域中发挥作用的。截至1898年，新建的森林保护区由内政部土地总局管理。该局的大多数官员都是受过土地法培训的办事员，但他们对林业或西部的干旱问题知之甚少。此外，土地总局的大多数官员都是政府任命的，对森林管理不感兴趣。平肖特是农业部林业局局长，负责研究林业问题，但他对保护区没有控制权。他主张将保护区的管理权移交给农业部，因为农业部负责的生物科学与林业息息相关。

1898—1905 年平肖特为保护区移交做了很多努力。他提出，
290 应该在科学管理的前提下对放牧开放森林保护区（森林保护区常被称为国家森林），他的主张受到西部国会议员和牧场主的支持。1901 年以前，土地总局禁止在森林保护区放牧。由于缺乏资金，这项禁令没有执行。平肖特认为，森林保护区应持续供给木材，并为牛羊提供饲料，当然，这一切都需要在科学的管理下进行。他的主张遭到保护主义者的反对。在 1903 年美国林务员协会的一次演讲中，平肖特指出，政府的政策"不是因为森林美丽而去保护它们……或者因为它们是野生动物的避难所……但是……（为了）建设家园……其他所有的因素都是次要的"。[8]

在总统的支持下，平肖特取得了政治斗争的胜利，森林保护区的管理权于 1905 年移交给了林业局。1905 年，林业局更名为林务局（Forest Service），平肖特立即开始扩充工作人员及其职责。工作人员的人数从 1898 年的 123 名增加到 1908 年的 1500 名。这些人都是具有公共责任意识且训练有素的森林工作者。1901 年罗斯福就任总统时，全国共41个森林保护区，总面积达4600万英亩；1909 年他离任时，全国共有 159 处森林保护区，总面积达 1.51 亿英亩。

更重要的是，这 159 个国家森林现在是管控森林，提供木材、水域保护以及控制牛羊数量和放牧时间。[9] 这一切来之不易。地方政府和政治家不愿失去对森林资源利用的控制；牧场主不想在森林饲养牲畜时花钱，因为此前是免费的；农场主和伐木公司不想为

国家森林的原木付款；保护主义者也从未停止与平肖特阵营关于利用森林问题的斗争。

塔夫特总统不赞成平肖特为实现其保护目标而采取的政治手段。此外，塔夫特相信宪法的严格标准，不赞成平肖特控制和管理国家资源的立法权的自由解释。因此，1909 年年底，塔夫特总统解雇了平肖特。但是平肖特并没有退出政治舞台。多年来，他一直通 291
过他在 1909 年组织的国家保护协会参与国家保护政策和政治活动。在塔夫特担任总统期间，进步时代自然保护运动的势头逐渐减弱。但是，威尔逊政府继续在灌溉用水和水力发电方面采取了很多措施。

保护与新政

富兰克林·罗斯福在就任总统之前就对环境保护问题很感兴趣。他在纽约州参议院任职期间，是鱼类和狩猎委员会的主席；之后在农业委员会任职时，开始关注农民和水土流失问题。在担任威尔逊政府海军助理部长期间，罗斯福强调要与平肖特、水资源保护者进行友好合作；有一次，他在一次严重的洪灾期间访问了密西西比河下游地区，表示植树造林比修建堤坝更能解决洪水问题。1920—1928 年，他因脊髓灰质炎转到海德公园的庄园从事植树造林工作，推进私人持续增产的森林农业。

在此背景下，罗斯福在担任总统期间重振了环保运动。此期间发生的事件进一步推动了保护活动，并为政府行动提供了支持。到 1933 年，经济大萧条是如此之深，如此之广，公众对保护环境的政府行动计划的支持压倒了从事国家自然资源开发的私营公司（如私人水力发电）的反对意见。1933—1935 年大平原肆虐的沙尘暴摧毁了该地区数千英亩的农田，威胁着该地区的生命，沙尘甚至扩散到大西洋沿岸以东。美国人采取了一系列行动保护环境。

1933 年政府首先采取的行动是在农业调整管理局（Agricultural Adjustment Administration）辖下向农民支付费用，以回收易受侵蚀的土地，以及在公共工程管理局（Pubic Works Administration）辖
292 下展开控制水土流失梯田工程。1935 年，国会在休·班尼特（Hugh Bennett）的领导下设立并资助了农业部土壤保护局（Soil Conservation Service），班尼特被誉为土壤保护之父，罗斯福总统采纳过他的意见。据说，当他去国会山时，议员们只是问，“您需要多少钱，班尼特先生？”在班尼特领导下，土壤保护局在一年内完成了 147 个示范项目，每个项目 2.5 万英亩—3 万英亩，这并非易事。为了支持这项工作，班尼特建立了土壤保护所和研究站，并充分利用了民间资源保护队（Civilian Conservation Corps）的力量。土壤保护局变成了农业部的一个常设机构，是“新政”下较为成功的机构之一；1990 年，该机构与近 3000 个土壤保护区的农民和土地所有者合作，保护面积超过 20 亿英亩。

1920 年代末和 1930 年代初，由于过度放牧，导致水土流失严重。公共土地状况堪忧，甚至连牛羊牧场主都请求政府帮助规范其使用。由于沙尘暴肆虐，1934 年夏天，国会通过了《泰勒放牧法》（Taylor Grazing Act），该法赋予内政部长在公共土地建牧区、发放放牧许可证和收取费用的权力。该法案还要求内政部长与“当地畜牧业协会”合作，解决地区问题。1946 年放牧服务局（Grazing Service）改组为土地管理局（Bureau of Land Management），虽然减轻了公共土地放牧的压力，但未能解决过度放牧问题。收取的放牧费用远低于其实际价值。西部畜牧业者和国会代表给土地管

理局施加政治压力，要求放松放牧监管，降低放牧费用，土地管理局自然难以接受。

罗斯福为保护野生动植物和荒野，扩大了保护区，并调整了保护方向。划为国家公园和遗迹的面积从 1933 年的 1470 万英亩增加到 1946 年的 2030 万英亩。林务局和印第安事务局将大片地区指定为荒野区，并增加了许多野生动物保护区。更重要的是，国家公园服务局（National Park Service）调整了保护方向，增加了 5 个新公园——奥林匹克国家公园、国王峡谷国家公园、大弯国家公 293 园、皇家岛国家公园和大沼泽地国家公园，这些公园都属于荒野，是以生态保护为原则划定的边界。

民间资源保护队的建立或许更贴近罗斯福的核心主张。该计划实施后的两年，共设立 2600 个营地，有 50 万名青年男子参加。到 1941 年，又有 200 万人报名。他们在国家森林里建造了防火通道、瞭望塔、道路和防火道；在溪流和湖泊里放养了 10 亿多条鱼，建了 3 万个野生动物庇护所，并修复了旧战场遗址。他们最主要的贡献是种树——在遭到破坏的平原、山坡和森林里种植了数十万棵树。此外，他们还组建了消防队。

关于野生动物的保护，1937 年的《皮特曼-罗伯逊联邦野生动物恢复援助法》（the Pittman-Robertson Federal Aid in Wildlife Restoration Act），授权将武器和弹药的消费税收入分配给各州鱼类及野生动植物管理部门，这些资金将用于野生动物研究、土地征用和其他获批项目。该法还要求各州将狩猎许可费用于渔业和野生动物项目。1939 年，农业部生物调查局（Bureau of Biological Surrey）和商业部渔业局（Fish and Wildlife Service）合并为内政部新的渔业和野生动物服务局。该机构随后成为联邦政府内负责野生动物研究、保护濒危物种和谈判有关候鸟的条约的主要单位。

内政部长哈罗德·伊克斯(Harold Ickes)及水资源专家认为，大坝解决了 1930 年代萧条期的很多问题。第一，建设大坝提供了就业机会；第二，可提供廉价的水力发电——公共电力——服务于消费者和新兴产业；第三，将为涉及扩大灌溉农业和新兴产业的区域发展提供基础。

1930 年代的自然保护运动没有将大坝视为生态灾难。相反，它认为这是一种有效利用国家重要水资源来造福社会的方式，也是防止经济萧条的重要方式。田纳西河谷管理局(Tennessee Valley Authority)被视为田纳西河谷的救世主，有人认为，以大坝
294 建设为核心的河谷管理局可以带来经济发展和生态进步。

这些公共水力发电的想法在一定程度上是对的。田纳西河谷在 1930 年代被拯救，而哥伦比亚河上修建的多用途大坝，则给太平洋西北地区带来了强劲的经济增长。此外，垦务局(Bureau of Reclamation)水电站的发电量从 1933 年微不足道的 3 万千瓦增加到 1945 年的 220 万千瓦，成为世界上最大的发电厂。第二次世界大战结束后，随着 1940 年代末和 1950 年代的经济繁荣，自然保护运动失去了继续的动力。没有在重新造林、土壤和野生动物保护方面采取新举措。大坝建设继续进行，填海工程更加浩大(例如加利福尼亚州的中央山谷项目)，但大坝建设者只对发电感兴趣，并将工程出售给最高出价者，不问是公还是私。这导致工程项目越来越私有化。填海工程开发商完全无视 160 英亩的限制，大坝建设和联邦政府支持的灌溉成为商业行为。

最后需要指出的是，美学保护对二战后的自然保护产生了重要影响。因为得到新兴的生态学的支持，美学保护在 1930 年代后

期经历了一个重要的转变。审美理性与生态理性相融合，为1960年代和1970年代形成的更彻底的新保护主义哲学奠定了基础。因为该保护理念，位于国家恐龙纪念公园中心的回声公园的大坝建设计划被取消，更重要的是，将垦务局在大弯公园、国王峡谷和大峡谷国家公园建造大坝的计划从设计版图中成功剔除。虽然格伦峡谷失去了一座大坝，但其他风景区得到了保护。

寂静的春天：环境觉醒

环保主义作为一项运动形成于1960—1980年。它的产生源于保护主义和生态学（即研究生物与环境之间关系的科学）。雷切尔·卡森1962年出版的《寂静的春天》标志着该运动的开始；有 295
人形容卡森是这场运动的助产士。她收集了科学期刊和其他杂志上的证据，表达了对地球环境破坏的愤慨，并在其畅销书中揭露了滴滴涕杀虫剂（DDT）的破坏力以及现代技术的负面影响。

不出所料，这本书遭到了猛烈抨击。一开始，一些农业科学家声称她的主张没有科学依据，说她是处于疯狂边缘的歇斯底里的女人。但她的说法其实有理有据，反对声音慢慢消失，美国也在几年内禁用了滴滴涕杀虫剂。

1960年代，该运动如火如荼，生态学成为家喻户晓的名词。生态学家马斯顿·贝茨（Marston Bates）在其著作《森林与海洋》（*The Forest and the Sea*，1960）中指出："人的命运与自然的命运息息相关……人是一种神奇的存在，但他仍是自然的一部分。"[10] 专业生态学家呼吁，要像尊重正义一样尊重生物圈，每个人都有权享受干净美丽的环境，保护环境、保护自然毋庸置疑，应进行相应立法。生态学为环境运动提供了理论基础、逻辑关系和道德紧迫感。

基于上述事实，后续发展接踵而至。自然保护协会（Nature Conservancy）最初是新美国新生态学会（Ecological Society of America）的一个委员会，负责保护濒危荒地。在卡森（1964 年去世）遗产的慷慨资助下，自然保护协会不断壮大，到 1967 年甚至有了带薪员工。同年，还从福特基金会获得了一笔巨额拨款，到 1970 年，已拥有了 450 万美元的循环资金。该协会通过购买和管理荒地达到保护动植物物种的长期目标，到 1990 年已经拯救了 300 多万英亩荒地。此外，公民也在行动，通过以前的保护组织（如国家奥杜邦协会、国家公园和保护协会、国家野生动物联合会和塞拉俱乐部）等，提醒公众注意各种环境威胁，并动员大家对荒野保护和 1967 年空气质量法的支持。公民纷纷加入"地球
296 之友"（Friends of the Earth）、"野生动物保护者"（Defenders of Wildlife）等以行动为导向的新团体，并为环境保护基金和自然资源保护委员会等环境法团体提供捐助。1970 年，大学活动人士设立了全国地球日，呼吁关注地球的环境退化问题。作为公民组织活动的一部分，主要的环境组织通过在华盛顿设立办事处，雇用全职员工游说国会，与相关政府机构合作，以促进环境保护。

1971 年，关于环境危机的另一本重要著作问世，即巴里·康芒纳（Barry Commoner）的《封闭的循环：人、自然和技术》（*The Closing Circle:Man,Nature,and Technology*）。该书从生态学视角探讨了保护全球生态系统的重要价值。首先，他描述了全球生态系统在数十亿年间是如何进化的，随着时间推移，其各个部分相互作用，如今仍在继续演变；其次，他详细讨论了现代技术是如何污染和破坏生态系统的；在此基础上，他接着谈到了解决环境危机所涉及的政治和社会问题；之后，他提出一个有趣的问题：像美国这

样的资本主义体系是否会在1940—1970年的技术进步的基础上继续增长，而不会对全球生态系统造成不可弥补的损害？如果不会，那么最终的结果是什么？他在最后一章给出了答案："我们正处于一场环境危机之中，因为我们利用生态圈创造财富的手段造成了生态圈的破坏。目前的生产系统是自我毁灭式的；人类文明的进程是自杀式的。"[11]

但并非所有的都是厄运和阴郁。1960年代，联邦政府开始采取行动保护环境。参议院于1963年批准了禁止在大气层、外层空间和水下进行核武器试验的条约。1963年通过的《清洁空气法》（Clean Air Act）增加了公共卫生服务机构控制空气污染的权力。该法案于1970和1977年进行了修订。1965年、1966年、1970年和1972年通过了一系列旨在改善可供人类饮用水质的法案；最后一项被称为《清洁水法》（Clean Water Act），被自然资源保护委员会（Natural Resources Defense Council）称为"有史以来最强有力的环境法之一"。1965年《固体垃圾处置法》承认垃圾处置已成为全国性问题。该法案要求进行研究并对各州进行协助。国会在1970年《资源回收法》中再次提出该问题，强调改进处理方法和 297
回收循环材料。这些法案和1969年以前未通过的大量环境法案，使国会和总统意识到他们已进入了一个问题领域，到1970年巴里·康芒纳称之为"环境危机"。

1969年国会通过的《国家环境政策法》无疑是迄今为止最重要的环境立法，或许到1992年仍如此。《国家环境政策法》至少做了三件重要事情：

第一，要求每个联邦机构在采取可能损害环境的重大行

> 动之前，准备一份环境影响报告书（EIS）。它并未禁止这些有害行为，但要求机构评估环境成本和效益。
>
> 第二，授权在政府部门设立环境质量委员会，并负责制定长期政策，向总统提供咨询意见和监督环境影响报告书的撰写。
>
> 第三，创建了环境保护局，赋予其保护和改善美国自然和人类环境的责任。要求环保局直接向总统报告，并接管所有现有联邦机构的环境责任——总共约63个。1970年，环境保护局开始运作，年度预算为12.8亿美元；1980年，预算增加到56亿美元，后一项预算很快就被证明不足以处理1980年代初期发现的数千个有毒废物倾泻场。

政治学家杰弗里·旺德斯福德-史密斯（Geoffrey Wandesford-Smith）为《国家环境政策法》找到了两个令人信服的理由。一是环境问题的管理变得十分复杂，1969年以前条块分割的联邦政府机构已无法有效地处理这些问题。二是联邦政府作为全体人民的代理人，在道德上负有管理环境的责任，扮演着为子孙后代服务或提供保护的角色。[12] 当然，这就是通过《国家环境政策法》背后的逻辑。但是，促使《国家环境政策法》获得通过的政治力量来自于公众日益增强的环境保护意识。1970年代《国家环境政策法》在保护环境方面的记录参差不齐，且很大程度上取决于总统的支持。《国家环境政策法》要求政府机构在实施与环境相关的行动前，提交一份环境影响报告。因为费时费钱，项目实施者痛恨这项规定。
298 该法还要求举行公开听证会，对影响报告书进行审查——这可能会曝光项目经理希望保密的信息。其结果好坏参半：环境影响报告中提供的信息有时起到了保护环境的作用，有时提交环境影响报告只是一种形式上的麻烦。但总的来说，这些声明成为公开环境信息、迫使政府机构为其项目行动承担责任的一种手段。

1970 年代，环保局经历了一段风雨飘荡的历史，到了 1980 年代，这段历史变得更加复杂。在大气污染的防治方面，环保局的规定或严或松，执行的力度也强弱不均。首先，规定新车必须有催化转换器分解排放的化合物。因此，该时期的一氧化碳、碳氢化合物和氮氧化物的排放量开始下降。但是，1976 年，由于汽车工业的投诉，环保局废除了排放标准和控制，汽车尾气污染又开始上升。环保局在控制工业企业——公用事业公司、金属生产商和炼油厂——的污染物排放方面也千差万别。

1970 年代，政府在其他领域也采取了行动，具体的重要操作如下所述。1970 年秋，国会成立了国家物资政策委员会，该委员会提出了许多有益的建议，其中三项为：

> 1. 在对材料的开采和利用进行成本效益分析时，应考虑到环境成本。
>
> 2. 决定进口和国内生产组合的应该是市场力量，而非政府补贴。
>
> 3. 应设立一个单一的自然资源部。材料、能源和环境的相互作用庞杂而微妙，不适合分散管理方式。

委员会表示：“如果意识不到系统各部分间的关联性，就无法了解更无法解决材料–能源–环境系统的问题。”这份委员会的最后声明，可能是从生态学教科书中摘抄的。

1974年的《安全饮用水法》规定了饮用水中有毒污染物的健
299 康标准。1972年的《联邦环境杀虫剂法案》要求所有的杀虫剂生产商在环保局进行产品注册，1978年的《联邦杀虫剂法案》对原来的《联邦杀虫剂、杀菌剂和灭鼠剂法案》的漏洞进行了完善和加强。1976年的《有毒物质控制法》是联邦政府第一次对化学工业进行全面管制。1977年的《地表采矿管制和开垦法》规定对露天采矿实行环境管制，并要求恢复地力。1977年的《联邦水污染控制法》规定大多数城市需建造污水处理厂，并为工厂建设提供联邦拨款。1978年颁布的《国家公园与休闲法》将国家公园系统的荒野面积增加了3倍。1976年国会经过6年的争论出台了《联邦土地政策与管理法》，这是一项折中法案，旨在为公共土地管理设定新标准。它在多大程度上促进了环境保护尚待观察。1973年的《濒危物种法》及其1978年和1979年的修正案重申了野生动物栖息地的重要性，但修正案更多地考虑了经济因素，而非生物因素，削弱了对某些濒危物种的保护。1980年颁布的《渔业和野生动物保护法》标志着公众观念的一个重要转变，即野生动物不仅仅是猎物，更重要的，它们是人类的朋友。这是第一部专门保护非濒危动物的联邦法律。1980年的《综合环境反应、赔偿和责任法》授权联邦政府应对危险废品引起的紧急情况，并设立了16亿美元的基金，用于清理化学废品倾倒场。在吉米·卡特（Jimmy Carter）政府的最后一批法案中，总统于1980年12月2日签署了《阿拉斯加土地法》，该法通过保护阿拉斯加的国家公园和遗迹、野生动物保护区、国家森林和河流的形式增加了约1.04亿英亩的国家专用土地。

1970年代，联邦政府在众多领域做了很多努力保护环境。知识库是采取校正行动的基础，大部分选民的意愿是支持环保的，但在污染化学品和制造业、采矿和木材公司以及汽车爱好者中也存在众多反对声音。联邦政府为保护环境而采取的一些行动大胆而 300
成功，但有些行动却很软弱，犹豫不决。

1980 年代及以后的环境保护主义

到 1970 年代末，尽管联邦政府采取了前文所述的许多矫正措施，但美国的环境退化和污染问题似乎愈发严重。全国各地开始出现一系列新问题，这些问题的根源在于没有仔细处理工业化学品和废弃物。这些第二代问题，对健康和环境的影响基本上属于未知，不免令大众恐慌。众所周知，第一个反应是通过了《1980 年超级基金法》。但是，问题的严重性很快就压倒了最初的努力。1980 年代后出现了第三代问题，其后果甚至比以前的问题更严重。这些生态问题主要是国际性的，包括温室效应、全球变暖、臭氧层变薄、酸雨、大规模热带森林砍伐、物种灭绝以及海洋污染等。再加上世界人口爆炸，在 1990 年代及以后的 10 年里，国家和国际环境议程将不胜枚举。

随着罗纳德 · 里根 1981 年当选总统，环保运动的前进势头戛然而止。在他的领导下，1970 年代制定的所有环境保护和资源政策及项目都被重新评估，其依据是这些政策和项目的执行对经济产生了不利影响。因此，在环境法允许的范围内，里根政府采取了放松管制的政策，还尽可能地削减了环境项目的预算。例如，1981 年里根政府将美国对联合国环境规划署的捐款从 1000 万美元削减到 200 万美元（国会后来将其恢复到 785 万美元）。里根总统终止了吉米 · 卡特的青年保护队（Young Adult Conservation Corps），并在 1984 年否决了一项创建美国保护队（American

Conservation Corps）的法案。

但是，也许不仅仅是他的反环境政策，其任命的政府要职也
301 激怒了环保成员。詹姆斯·瓦特（James Watt）被任命为内政部长，他持有类似于19世纪美国边疆人民的哲学思想，即最先到达的人有权剥削和掠夺国家自然资源。作为内政部长，他在1980年代帮助私营部门完成了上述行动。因此，他赞成沿风景秀丽的加利福尼亚海岸开采石油；他赞同所谓的"山艾树叛乱"（Sagebrush Rebellion），后者反对联邦政府对公共土地的控制和管理；他还与怀俄明和蒙大拿的私营煤矿公司达成了"甜心"(如果不是非法的话)租赁协议，美国财政部为此损失了1.32亿美元。这些政策立场和商业实践迫使瓦特在1983年年底辞职。

后来，里根任命安妮·戈萨奇（Anne Gorsuch）即后来的安妮·伯福德（Anne Burford）为环保局局长，她是一位来自科罗拉多的律师，也是詹姆斯·瓦特的朋友。作为大企业（而非环境）的朋友，她抨击环保局的执法部门，以此告诉环保局对污染环境的企业从宽处理。由于她的高压反环境行动，她被传唤到国会解释这些行为。此外，由于她没有交出160个有毒废品倾倒场的文件，最终以蔑视法庭罪被传唤，据称，在这件事情上她所在的机构没有执行《超级基金法案》。1983年春，她辞去了环保局局长的职务。

1980年代，预算的削减和环境法执行力度的减弱造成了损失；酸雨、危险废物倾倒场和污水处理等环境问题日益严重。然而，即便一位人气总统的坚持也没能阻止或减缓环保运动。相反，公众对反污染和环境保护法的支持更加坚定。例如，塞拉俱乐部的成员从1980年的18万增加到1989年的49.6万，荒野协会的成员从4.5万增加到同期的31.7万，环境保护基金的成员从4.5万增

加到10万。最大的环保组织，国家野生动物联合会，在1989年拥有近600万成员。到1989年，这些组织具有一定的政治影响力，财政部也相应扩大了其会员规模。

国会最初和里根总统一起削减环境项目的预算并放松管制，但考虑到这些基层的政治发展，国会很快就改变了立场，成为现有环境政策和计划的捍卫者。因此，1980年代，总统和国会经常在环 302
境政策上产生分歧。尽管存在冲突，1981—1988年仍然通过了一些令人瞩目的环境相关法律。《1982年核废料政策法》制订了一项永久处置高放射性核废料的国家计划。《1984年保护与恢复法》修订并加强了环境保护局对危险废物设施的管理程序。《1985年食品安全法》首次限制了农场主在高度易蚀土地或改造后的湿地上进行生产的收益（这项努力尽管无效，却是一个开始）。《1986年安全饮用水法案》重新批准了1974年的法案，并修订和加强了环保局的安全饮用水计划。1986年的《超级基金再授权法》（Superfund Reauthorization Act）在1991年之前提供了85亿美元，用于清理美国最危险的废弃化学废料倾倒场，并为清理这些场所制定了严格的标准和时间表。1987年的《清洁水法》修订了1972年的《联邦水污染控制法》，并加强了环保局的水控制项目。1987年的《全球气候保护法》授权政府制定应对全球气候变化的办法。虽然这只是一个尝试，但它是一个开端，让人意识到这是一个国际问题。《1988年海洋倾倒法》修正了《1972年海洋保护、研究和保护区法》，规定在1991年12月31日前完成对海洋的污水污泥和工业废物的处理。

乔治·布什（George Bush）在1988年竞选总统时宣称："我是一个环保主义者。"他试图使自己与罗纳德·里根的负面环境形象保持距离；在处理环境问题上的言辞带有一种“更友善、更温和”的基调。布什政府一开始就提出了修改《清洁空气法》的强烈建议；他与国会合作制定 1990 年《清洁空气法》的做法值得称赞。然而，在立法过程中，由于立法反对者力量强势，最终法案被行政支持的修正案严重削弱和损害。

布什的基本环境哲学与里根大同小异。在他看来，自由市场比政府监管更能解决环境问题，不需要通过改变美国人的生活方
303 式来拯救环境。他的“环境伦理”，就像“进步时代”的泰迪·罗斯福和平肖特的“保护伦理”一样，是基于高效管理和有效利用资源的理念，而非为了保护自然本身。因此，他对 1989 年埃克森瓦尔迪兹号在阿拉斯加州威廉王子湾搁浅导致美国史上最严重石油泄漏所造成的环境灾难反应迟缓。除了在北极国家野生动物保护区等国家专用土地上进行石油开采外，他在制定能源政策方面少有建树。尽管自 1960 年以来，大气中的二氧化碳迅速增加，但他迟迟没有意识到温室效应会导致全球变暖的可能性，也对臭氧层消失和世界人口爆炸的问题置若罔闻。我们现在要论证的是，如果地球和人类要在与过去几十年有些相似的生活条件下继续生活下去，布什的这一立场将不再适用。

进入 1990 年代和 21 世纪，美国和全世界人民都处在一个对人类来说全新的自然环境中。大自然几乎被人类开发和掠夺到了难以自愈的地步。比尔·麦吉本（Bill McKibben）认为自然已亡。[13] 他并非指树木不再生长，花儿不再开放，人类不能在沙滩上漫步了。而是说，我们已经改变了自然世界，它再也无法独立于人类而存在。如果想让自然为人类提供舒适的环境，人类必须管理大自然。

这一结果是如何造成的？它源于人类的发展行为，包括历经

数世纪的森林砍伐，以及在日渐贫瘠的土地上耕种农作物。它是这三个世纪的工业生产造成的，其间排放的二氧化碳不断加剧，在大气中的浓度增加了 20%—25%。过去 40 年中，氯氟化碳的排放导致南极的臭氧层减少了 50%，现在（1992 年 2 月）北部大气也出现类似情况，北美和欧洲部分地区的臭氧层减少了 40%。核电的发展增加了核电站事故的可能性，例如 1986 年切尔诺贝利核电 304
站事件使数千人暴露在高辐射下，将放射性沉降物扩散到整个北欧（更糟的是，可能导致类似核爆炸造成的灾难）。此外，各国政府普遍未能解决现代工业化社会产生的废物处理问题，特别是有毒废物。

这些行为将导致如下后果：（1）人类居住区水灾发生率增加；（2）地球气候变化迅速且不可预测；（3）包括人类在内的动植物群体越来越多地暴露于有害紫外线的辐射下；（4）数千人，也许数百万人因暴露于高水平辐射而死亡的可能性增加，受影响地区的动植物也遭到破坏；（5）人类以及陆地和海洋上的动植物生命被未公开或建造和管理不当的废物倾倒场污染中毒的可能性增加，并受到其他不利影响。

简言之，我们对自然的污染和掠夺已经到了危及我们自身和自然的地步。现在，我们必须学会管理自然，拯救我们自身和自然世界。我们能做到吗？[14] 谁知道呢？

可持续农业

农业部门保护自然世界的一种管理方法被称为可持续农业。广义的可持续农业概念直截了当，它是一种可以让自然系统无限持续下去，且不会对其产生负面影响的农业系统。但当研究者试图使其概念更具体可行时，便会遇到困难；因此，可持续农业的定义随着研究者的背景和目的的不同而不同。[15] 环保主义者的定义或许是：一个可以在某区域无限持续的系统，长远来看，该系统增强了该区域周围的生态系统以及农民和社会生活质量，且不从外
305 部引入任何资源（如能源）。然而，在美国，这并不是一个站得住脚的概念。几乎可以肯定的是，为实现这一目标而采取的政策会导致农业生产率和生活水平下降，甚至严重的粮食短缺。

更易令人接受的概念或许是：一个可以在某区域无限持续的系统，长远来看，该系统增强了该区域周围的生态系统以及农民和社会生活质量，并力求尽量少用进口资源。诚然，这个概念存在模糊性。但是，环境目标仍然没有妥协，概念的最后一部分有助于农场主、科学家和政治家制定和执行政策，他们对实现概念中规定的目标负有管理责任。

如果我们能够接受后一个概念，保护自然环境的农业生产方式方法，资源管理必须在三个层次上展开。首先，在生产方面，农场主必须采取措施，依据技术状况，保护和提高农田、土地、地表水、牧场和林地的质量。为此，他们可以采取诸如限耕、免耕，并尽可能采用作物轮作、以有机肥代替化肥的生产方法。

其次，在研究方面，科学家必须充分考虑每项新技术对环境的影响，并将这些信息提供给环境控制机构（如美国环保局）及公众。但同样重要的是，研究基金的管理人员必须将这些资源用于开发生产和加工实践，以增强生态系统。无论环境如何，食品和农业科学界必须朝着改善环境而非无视环境后果的增加产量的方向发展。

第三，美国和国际政治家必须采取有效措施减少酸雨，停止臭

氧层破坏，减少每年向大气中排放数十亿吨二氧化碳，这肯定会改变地球周围的气候模式。直到1992年，科学家还无法就如何改变、在哪里改变达成一致。一个普遍认同的观点是，如果目前二氧化碳的排放率保持不变，全球温度将在2030年之前增加3—5℃。然而，对于降雨将在哪里增加或减少，人们基本没有共识。这意味 306 着，如果出现上述气候变化，其对农业生产的影响将超过前两项为保护环境而采取的任何措施。

因此，未来保护和改善环境的可持续农业管理方法与其他保护和改善环境的方法一样，有赖于美国和其他发达国家的政治家们采取有效的行动大幅度减缓二氧化碳污染物向大气中排放。现在阻止气候变化的发生或许太晚了。但是，如果以目前每年向大气中排放200亿吨二氧化碳的速度继续下去，那么气候变化将是巨大的，甚至是毁灭性的。对这种变化做出调整，可能会使高度专业化的现代农业和当今农村和城市居民的生活方式发生翻天覆地的变化。

1971年巴里·康芒纳首次描述的环境危机，有可能在2030年成为一场生态噩梦。会发生这种情况吗？谁知道呢？全世界环境的未来以及动植物的健康和福祉，都掌握在国内和国际政治领导人的手中。

推荐阅读

1. Carson, Rachel, *Silent Spring*, New York: Fawcett World Library, 1962.
2. Commoner, Barry, *The Closing Circle: Nature, Man, and Technology*, New York: Knopf, 1971.
3. Gore, Al, *Earth in the Balance: Ecology and the Human Spirit*, New

York: Houghton Mifflin, 1992.

4. Grove, Richard H., "Origins of Western Environmentalism", *Scientific American 261*, no. 1, July 1992, pp. 42–47.
5. Hays, Samuel P., *Conservation and the Gospel of Efficiency: The Progressive Conservation Movement, 1890–1920*, Cambridge, Mass: Harvard University Press, 1959.
6. Meadows, Donella H., Dennis L. Meadows, & Jergen Randers, *Beyond the Limits: Confronting Global Collapse, Envisioning a Sustainable Future*, Post Mills, Vt. : Chelsea Green Publishing, 1992.
7. PetuEa, Joseph M., *American Environmental History: The Exploitation and Conservation of Natural Resources*, San Francisco: Boyd and Fraser, 1977.
8. Scheffer, Victor B., *The Shaping of Environmentalism in America*, Seattle: University of Washington Press, 1991.
9. Vig, Norman., Michael E. Kraft, eds., *Environmental Policy in the 1990s*, Washington, D. C. : Congressional Quarterly, Inc., 1990.

第十五章　政府的角色

政府牵扯到第三部分讨论的农业发展的方方面面——土地开 307
发政策、对技术研发的支持、基础设施建设、移民和贸易政策的制定和执行等。因此，有人也许会说，在社会和经济生活中，政府就像空气一样无所不在。尽管如此，19 世纪的西方世界，尤其是英语国家，政府的政治哲学是尽可能少干预公民的经济和社会生活。在这方面，美国奉行积极的自由放任政策。

本章有两个目的：首先，回顾政府在提供对社会有效运作和经济发展至关重要的服务方面的重要作用；第二，描述和评价政府对农业经济发展的干预措施。这些干预措施与个人自由最大化的政
府哲学相冲突。但这并不妨碍农场主向政府寻求援助，也不妨碍 308
政府采取干预行动提供援助。因此，在 20 世纪下半叶，政府对农业部门的干预已变得司空见惯。

农场主有时向州政府寻求经济援助，譬如 1870 年代格兰奇的要求铁路管理规范化和加州农场主要求的特色农产品销售规范化的案例。但是，农场主清楚地知道，多数情况下困扰他们的是市场问题，必须在市场范围内解决。至少自 1850 年以来，大多数农产品已开拓了国内市场，有些商品（如小麦、棉花）的市场已遍及全球。因此，农场主通常向联邦政府求助，要求其在国内或国际方面采取干预行动。本章主要聚焦联邦政府的行动，州政府和地方政府对食品和农业部门的监管暂不讨论。

安全和基本服务

根据1776年亚当·斯密的著作，主权政府对其公民有且仅有三种责任或义务：

> 第一，保护社会不受其他独立社会侵犯的责任；第二，尽可能保护社会的每个成员，使其免受其他社会成员的侵害或压迫，即设立司法公正的责任；第三，建造和维护某些公共工程和公共机构的义务，这些工程和机构的建造与维护绝不可能是为了任何个人或少数人的利益……[1]

鉴于主权政府成功地履行了这些职责，经济发展就要依靠公民的主动性和责任感。新国家的政府将斯密的政府职责主张作为基本的原则加以遵循。

除了西部边疆，内战期间南部邦联，以及1960年以来大城市的中心，各级政府——联邦政府、州政府和地方政府——在整个国
309 家历史上为普通公民日常生活提供了物质保障。普通公民可从事其日常工作——产品生产、改善收入、储蓄、投资和养育家庭——而不必过分担心自己及家庭成员受到身体伤害或财产损失。社会成员辛勤工作，增加储蓄，促使经济增长。除了战争和冲突（暴乱、叛乱、侵略）的少数情况外，美国社会和经济运行基本平稳。三级政府已将这些社会弊病控制在可接受的最低限度之内。

美国社会个体成员的权利和义务已经在宪法、颁布的法律和普通法中被明确规定，个体间的法律契约关系，也已经在颁布的法律和普通法中被说明，一个旨在保护个体权利和加强契约义务的

法律系统业已建立。美国公民依法行事；从来没有受到个人独裁政府（如专制的君主、暴虐的封建领主或现代军事独裁者）的恣意行为的影响。根据接受的教育和社会经验，普通公民通常能明确分辨某行为是否合法。因此，他们安心工作、储蓄、投资以及处理家庭事务，相信付出将得到社会的支持和回报，而不会被某些反复无常的政府否定。

联邦政府已向公民承诺了货币的稳定性，但其努力并非总是有效。在战时，商品价格通常表现为上涨，货币则会贬值。经济萧条时期，商品价格下跌，货币升值。1970 年代，美国遭受了长期的商品价格通胀和货币贬值的影响。其原因一部分在于政治上的软弱，另一部分在于人们对货币和财政体系运作的认识始终不清晰、不完善，过去如此，现在也是如此。随着经济学家之间就通胀和紧缩的原因争论不休，政府决策者几乎不可能采取精心设计的行动——旨在提供一种价值随时间稳定的货币的行动。尽管存在货 310
币和财政决策的缺陷，人们应当认识到联邦政府从未放任货币通胀，大多数时候，政府为其公民提供了一种货币，该货币促进了商品和服务的交换并随着时间的推移承担了合同义务的履行。货币管理虽然不够完善，但经济增长率大部分时间都比较令人满意。

美国各级政府——联邦政府、州政府和地方政府，为社会成员提供了各种基础服务。前文中我们对一些服务内容进行了某种程度的讨论，例如交通和教育。政府的重要服务还包括安全有效的邮政服务，以及通过公共事业机构提供电报和电话服务等。在大都市，政府还需提供安全用水、污水和废物处理、消防和警察保护等服务。

20 世纪，不同级别的政府参与了社会服务的提供，这些服务在成立之初备受争议，但现在已被广泛接受。这些社会服务包括：

退休计划、为穷人和老年人提供经济援助以及为穷人提供食物。随着时间的推移，越来越多的人接受这样的观点，即国家应该为所有公民提供医疗保健，就像提供教育一样，并且国家应该确保所有公民的最低生活水平，即在食品、住房、医疗、教育和服装等重要领域的最低消费水平。美国正在缓慢但坚定地走向一种政策立场，即保障每位社会成员的基本社会福利。

自 1789 年成立以来，联邦政府、州政府和地方政府始终以进步为导向。这些政府行动是否一直符合其公民目前和未来的最大利益，尚待讨论。当然，这些政府的行动并不总是与宪法约束、科学法律关系以及道德和伦理准则相一致。但是，总的来说，这些行动是为了国家安定、提高社会生产力、促进贸易和商业、保持公民
311 之间可容忍的公平，以及保护公民的基本权利。在这个意义上，美国各级政府都是以进步为导向的政府。

19 世纪的经济干预

虽然美国政体采用了亚当·斯密关于政府职能的主张，但在实践中，各部门一再呼吁政府为自己的利益干预经济的运行。多年来，农场主及其选举的代表，试图以各种方式利用政府权力保护和提升他们的经济地位，其他经济利益集团也是如此。有时，农场主取得了成功，即让政府代表他们进行干预，并达到干预的目的。但更多时候他们并不成功，或者支持了不明智的冒险行为。有时，非农利益集团（例如制造业和商业利益）采取的干预行动对农场主产生了不利影响。我们将看到的事实是农场主的努力与取得的效果并不匹配，并产生了奇怪的结果。

多年来，联邦政府对农业经营的干预行为分为四大类：（1）试

图通过供给管理提高农产品价格;(2)与货币、银行和信贷有关的行为;(3)旨在改变市场结构的行为(例如赋予农场主垄断权,或遏制他人的垄断权);(4)涉及调整关税和进口管制的贸易政策的变化。

提高农产品价格

19世纪,尤其1870—1897年,农场主及其领头人就提高农产品价格及其必要性进行了讨论。1890年夏天,"无袜"杰瑞·辛普森(Jerry Simpson)和他的同僚民粹主义政党活动家玛丽·艾伦·里斯(Mary Ellen Lease)告诉堪萨斯州的农场主"少种玉米,多闹事儿"。但是,在19世纪,无论州政府抑或联邦政府,都没有制定任何旨在通过调控国内供给来提高农产品价格的计划或采取任何行动。自由放任的主流经济哲学使这种行为变得令人难以想象。312

货币、银行和信贷

根据宪法,联邦政府拥有"铸造货币、调节本国和外国货币价值"的专有权。美国1791年设立了铸币厂,一年后,国会根据亚历山大·汉密尔顿的建议,建立了铸币制度。但在整个19世纪,联邦政府在建立中央银行以管理货币供给、特许和监管地方银行以及协助联邦政府管理财政运行方面,采取了前后不一致的政策——支持和填补政策。联邦政府于1791年成立了美国银行,协助政府的财政运作。该银行还通过提供信贷和影响货币供给的方式充当私营经济的中央银行。1811年,美国银行没有再获特许经营,但联邦政府遇到的问题表明,有必要成立一家中央银行。1816年,美国第二银行获得特许经营,为期20年。第二银行保守的信贷政策引起了西部人(主要是农场主)的不满,他们倾向于廉价和宽松的信贷,杰克逊总统在1832年否决了再次特许第二银行的法案。自此,直到1913年通过建立联邦储备系统的立法之前,美国的银行系统都不受中央银行的监管，货币供给也不受中央银行的管理。1864 年以前，纸币和信贷由州政府特许的地方银行发行；银行监管薄弱，当地银行经常过度放贷，当持有票据的人试图用硬通货（如黄金）赎回时，银行就会倒闭。1864 年国家银行体系的建立限制了向州立银行发行纸币的行为，与州立银行相比，这些银行受到了更为严格的监管和监督。货币供给量受到联邦政府财政运作（如内战期间美元的发行）、黄金的开采和生产以及政府有关金银铸币政策的影响。

在所有涉及货币政策、银行体系和监管以及政府财政政策的
313 操作中，农场主始终支持宽松的银行法、弱化的银行监管、增长的货币供给和宽松的信贷。农场主普遍认为低息贷款和宽松的信贷更有利。因为，他们有赖信贷发展农场，他们发现产品价格上涨比产品价格不变或下降更易偿还债务。1864 年随着美国第二银行的消亡，农场主普遍持有自由货币的观念，导致农产品价格的不规则上涨，其间还存在价格暴涨和货币恐慌现象。内战后，银行体系开始沿着正统的路线发展，在金本位的基础上采用保守的货币供给方式，政府对银行的监管也不断加强。这种正统的趋势在 1913 年达到顶峰，当时的联邦储蓄体系是为了监督银行体系和管理货币供给而建立的。19 世纪后半叶，农场主们发现，在这一趋势中，低息和宽松的信贷政策已转变为硬货币和昂贵的信贷政策。在此情况下，农场主们要求免费和无限地铸造银币作为扩大货币供给的一种手段，但无法实现。此外，更重要的是，在此期间，政府没有针对农场主的长期生产和发展需要制定专门的信贷计划。因此，在 19 世纪最后几十年和 20 世纪头几十年，用于农业发展和扩大生产的农业信贷供给不足，成本高昂。

改变市场结构

在改变市场结构方面，农场主在内战后采取了一些行动，取得了一些效果。格兰奇成功地在几个州通过了有关铁路客运及货运价格管理和防止歧视的立法。最初的法律在州法院被宣布为违宪，后来，法院支持了他们起草的法律。此外，格兰奇的努力最终导致1887年联邦《州际商业法》的通过，该法案为全国的客运和货运费的控制提供了基础。内战结束后，格兰奇和其他农民组织试图建立集体组织购买农场用品，这些组织将赋予农场主在市场上的 314
某些垄断权。但是这些冒险几乎都失败了。农场主们发现，市场垄断地位的获得，讨论起来很容易，但在实践中极难实现。尤其是在缺少政府立法支持的情况下。在该阶段，政府是大企业和大工业的拥护者，不愿帮助农场主或工人在市场上发展任何可以与其拥护对象相抗衡的力量。

贸易政策

除了断断续续地建立有效的银行体系的努力之外，19世纪政府经济干预的重点是贸易政策的制定。贸易领域的行动通常不是为农场主谋福利。但这些行动对农场主和农业发展影响巨大。接下来将详细探讨。

19世纪，联邦政府对关税结构持续进行修订。1789年的第一个关税法案，是为了给急需税收的新政府增加税收；根据该法案，保护只是名义上的，平均税率约为进口产品价值的5%。由于英国制造商的激烈竞争以及拿破仑战争和1812年战争造成的美国工业发展的混乱，1816年美国通过了第一个真正的保护性关税；根据该法案，税率高达20%。1828年，在北部和西部各州农场主的帮助下，新英格兰和大西洋中部各州的实业家成功地通过了一项关税法案，提高了关税；根据这项法案，对进口商品征收的平均关税为 50%—60%。

南方种植园主对扩大烟草、棉花和大米（尤其是棉花）的出口
315 以及从国外进口低价制成品很感兴趣，他们反对 1816 年和 1828 年的关税上涨，但并未成功。然而，在杰克逊总统的领导下，和对国外市场感兴趣的西部农场主的帮助下，国会通过了 1833 年的关税法案。该法规定在 9 年内减免关税。1846 年和 1857 年通过了进一步降低关税的立法。图 15.1 描述了 1820—1974 年关税保护的变化情况，以关税价值占所有应课税产品进口价值的百分比来衡量。（任何一项立法都规定了关税税率，某年的关税保护水平以征收的关税占进口应课税产品价值的百分比进行衡量，是伴随进口产品构成的变化而变化的。）

当 1861 年南方脱离联邦以及南方各州代表退出国会时，北方的实业家立即在国会成功地通过了一项高度保护主义的关税法
316 案。受保护（应课税）产品的平均关税回涨到应课税进口产品价值的近 50%。在西部农场主的帮助下，直到 20 世纪的头十年，东部的实业家能够一直保持该关税税率。

19 世纪，围绕贸易政策和贸易保护主义的斗争，基本上是新兴工业的北方和种植园不断扩张的南方之间的斗争。北方的实业家希望不受有技术优势的英格兰和欧洲大陆进口的影响。南方的种植园主希望寻求自由贸易政策，扩大棉花出口和种植园经济，然后从英格兰和欧洲大陆进口廉价的制成品。北方和西部农场主的诉求摇摆不定。

但是，以奴隶制为基础的南方种植园经济被内战摧毁，工业发达的北方成为世界主要工业区之一。因此，在长达 40 年或更长

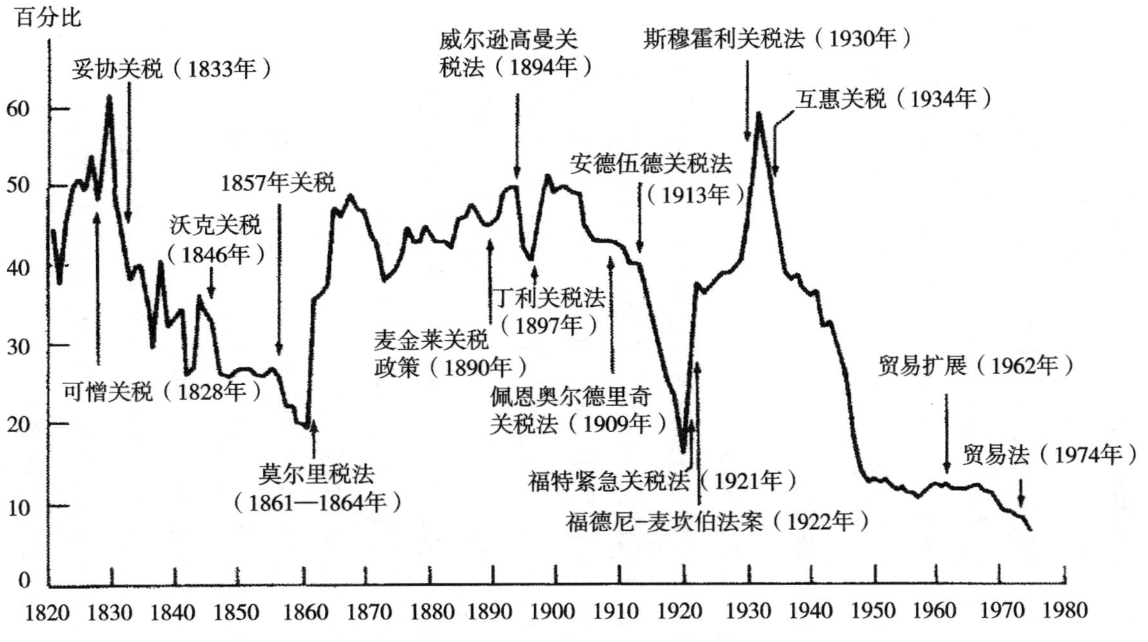

图 15.1　特定关税和贸易法案以及通过前后美国应课税进口品关税率

的时间里，贸易政策有利于北方。西部种植谷物的农场主从自身利益的最大化出发能否修改贸易保护主义政策，这一点值得商榷。但西部的农场主并未做出尝试。他们重温胜利的战斗，高唱着大共和国军的进行曲，每当他们聚集在一起开会时，就挥舞着代表内战激情的血色衬衫。1870—1900年当西部农场主成为重要的谷物出口商时，他们并未和前南部同盟的棉农一起寻求自由贸易政策，因为源于“叛乱战争”的骄傲和激情并不会允许他们这样做。

20世纪的经济干预

提高农产品价格

美国农场主一直试图通过控制生产或供给来提高农产品价格。1920年代以前，他们的努力很有限，没有得到政府的支持，也未能实现其目标。1920年代，农场主们力求实施一项名为“农业
317 平等”的国家计划，即通过对所有农产品供给进行管理，为国内市场提供特定数量的粮食，以提升农产品价格，从而实现农业平等。剩余农产品将以不同价格在国外市场出售。国外销售的损失将根据计划的不同版本进行补偿。这一计划被纳入麦克纳里-豪根法案，并五次提交了国会。国会分别于1927年和1928年通过了第四和第五个版本，但均被总统否决。[2]由于未形成法律，通过供给量管理提高农产品价格的首次努力失败了。但目标已经近在咫尺，农场主们会在几年内重新尝试。

随着《1933年农业调整法》的通过，农场主获得了第一个由国家支持的综合供给管理项目。该法具有以下特点：

1. 给农场主支付报酬；

2. 为增加收入征收加工税；

3. 旨在减少生产的商品计划；

4. 旨在管理乳制品和特用作物供给的市场订单；

5. 通过使用无追索权贷款向农场主提供价格支持；

6. 商品储存。[3]

其核心是通过某种方式限制产品流入市场，从而提高价格。最初在控制生产和管理供给方面的手段甚至很粗暴，包括铲除棉花、屠宰猪、焚烧土豆。这些手段相对简单：从一种作物生产中闲置出的土地可以自由种植其他作物，有时在没有有效生产控制措施的情况下向农场主提供价格支持。因此，《农业调整法》的生产控制计划，在减少市场供给方面是否有效，在 1930 年代备受争议。回想起来，似乎除了棉花和烟草，控制计划是相对无效的。1934 和 1936 年的严重干旱带来的减产远远超过了控制计划。[4]

二战和战后重建时期（1940—1952 年），农产品价格飙升，生产 318
控制和供给管理计划失效。但是，1952—1954 年农产品价格下降，并停留在价格支持的法定水平上。依据法律，这恢复了某些控制计划的运作，主要是小麦、玉米和棉花等重要商品的种植面积的控制计划。还包括通过生产控制和供给管理提高农产品价格并使其保持在均衡水平之上的社会期望问题。1955—1965 年，持上述主张的人与那些观点相左的人展开了持续论争。[5]最终以妥协的方案解决，该方案为 1965 年的《食品和农业法》。折中方案的主要特点为：

1. 对主要作物实行自愿控制计划，农场主不生产可获得补偿；

2. 以世界市场标准为参与控制计划的农产品提供价格支持；

3. 向参与控制计划的农场主支付报酬，作为保护农业收入的一种手段；

4. 内销和出口的剩余农产品处理措施。

该方案将对农产品的支持价格降低到世界市场水平，减轻了生产控制和供给管理作为支持农业收入的手段的压力，并将压力转移到联邦财政部。这一折中方案下的价格支持成为稳定农业经济的一种手段。支持的金额将由联邦的预算决定。在该方案中，生产控制和供给管理通过限制必须支付的农产品数量，成为降低农场储存和剩余产品处置计划成本以及收入补贴本身成本的机制。

1965 年的折中解决方案一直延续到 1972 年。由于 1972 年和 1974 年世界粮食歉收，农产品价格直线上升，这些措施开始失效。
319 1974—1977 年农产品价格波动或下降，投入价格大幅上涨。因此，在 1977 年，当 1973 年法案到期，新的食品和农业立法被提交至国会，其首要问题不是生产控制和供给管理是否应成为该法案的组成部分——这是预料之中的结果。需要回答的问题是，联邦政府通过向农民提供收入补贴以支持农场收入方面会有多慷慨？换言之，联邦政府愿意为农民收入补贴花多少钱？生产控制和供给管理已成为辅助方案，以确保收入支持项目的成本可控。1970 年代末，生产控制和供给管理方案的作用不再是限制产品流入市场，从而迫使市场价格推高。

货币、银行和信贷

20 世纪的头几十年，农场主对农业信贷的需求日益增长。多年来，长期抵押贷款的缺乏一直是他们的痛点。快速增长的西部农业区持续缺乏贷款，利率高达 10%—15%，且存在诸多弊端，如延长短期贷款的费用过高。罗斯福总统于 1908 年任命的乡村生活委员会列出了导致乡村生活不足的原因之一，就是“缺乏适当的易于农民以公平条例获得贷款的农业信贷制度”。1913 年，有两个委员会（一个民间的，一个由威尔逊总统任命）前往欧洲研究北欧的农业信贷与合作。基于委员会的报告和农场主们的呼吁，终于在1916年通过了一项法案，建立了联邦土地银行系统，根据情况向农场主提供长期抵押贷款。[6]1923年通过了《中间信贷法》，进一步完善了农业信贷结构。该法设立了12家中间信贷银行，目的是向农民合作社和农民协会提供贷款，再由农民合作社和农民协会向农民提供中间贷款或生产贷款。1920年代，这项业务起步比较缓慢，因为要建立中间信贷银行和农民之间的联系，且必须积累这类信贷经验。随着一些新型信贷机构在1930年代兴起，中间 320
信贷已成为农民获取资金的重要来源。

1933年，成千上万的农场主陷入了令人绝望的经济困境，迫使新上台的民主党政府立即采取行动，帮助他们解决问题。1933年，政府与国会合作，在信贷方面采取了三个重要措施。第一，总统于3月27日通过公告废除了联邦农业委员会，将其权力和职责重新分配给了一个新机构——农业信贷管理局（Farm Credit Administration），并将所有联邦农业信贷活动纳入该机构。第二，《紧急农场抵押法案》第二篇（这是1933年5月通过的《农业综合法案》的一部分）政府准备为除联邦土地银行以外的农业抵押贷款持有者进行再融资，降低所有土地银行贷款的利率，延长土地银行贷款的截止日期，创建一个2亿美元的基金，为农场主提供“救助”贷款，并采取各种其他信贷措施帮助农场主。第三，1933年6月通过的《农业信贷法》去除了早期信贷立法中一些过时和不合适的做法，建立了两种新型的信贷机构：（1）中央银行和12个向合作社提供贷款的地区银行；（2）由12个地区生产信贷公司组成的系统，该系统将组织监督和资助当地生产信贷协会，使农民合作团体能够从中间信贷银行借款。因此在农业信贷管理局内部的农业信贷制度，由四大要素组成：（1）发放抵押贷款的 12 家土地银行；（2）发放生产贷款的 12 家中间信贷银行；（3）发放合作社贷款的 13 家合作社银行；（4）12 家地方生产信贷公司，以便建立必要的地方机构，使中间信贷银行向农场主提供服务。

该农业信贷体系不断发展壮大，直到 1980 年始终为美国大型商业农场主提供优质的服务。截至 1976 年，该信贷系统通过向投资者出售证券获得贷款资金，资金完全归用户——农场主和他们的合作社所有，这些用户的净资产超过了 33 亿美元。1976 年，农业信贷系统各单位向农场主及其合作社发放的信贷总额达 345 亿
321 美元，约占当年农场主及其合作社所有信贷的 25%。但是，从其他信贷机构借款的农场主也从该系统中受益，因为它是所有向农民提供信贷的机构的标杆。

1980 年代的农业萧条，令众多农业信贷土地银行和农村私人银行陷入困境。1970 年代，土地价格暴涨；联邦土地银行和许多私人银行向农场主发放贷款，以使他们在地价膨胀的情况下扩大经营规模。1980 年代，农产品价格下跌，货币政策紧缩导致利率上升，许多高负债的农场主拖欠贷款，这引发了农村金融恐慌，许多私人银行面临破产；为避免破产，银行终止了贷款，而不是延长贷款期限，这就迫使更多农场丧失了抵押品赎回权，导致更多地拖欠贷款。在这种情况下，一些联邦土地银行面临破产。在这次信贷危机中，联邦政府出台了《1987 年农业信贷法》。该法案做了两件重要事情：（1）向土地银行系统提供资金（高达 40 亿美元），以履行其财政义务和保持偿付能力；（2）要求彻底重组农业信贷系统，并赋予整个农业信贷管理以新的监管权力和责任。

1987 年，国会不希望农业信贷体系破产，否则众多农场主的

经济状况将受到威胁。1987年的立法给农业信贷体系提供了新的发展机会，但能否重建该体系仍有待观察。

1935年以来，联邦政府一直试图通过一系列机构——移民管理局、农场安全管理局和农场家庭管理局，帮助低收入农场家庭成长为商业经营者。援助的主要手段是受监督的贷款——用于购买农场、增加土地扩大农场以及购买牲畜和机械等。在监管信贷的帮助下，一些农场家庭已实现了商业化生产经营。相对而言，只有少数人取得了成功。人们普遍认为，这些帮助小农户的信贷计划所取得的成绩远低于预期。为什么？至少有两个原因。首先，国会从未像支持商业农场主援助计划那样慷慨地支持农村贫困人口的 322
信贷计划；来自农村地区的国会代表在有关拨款的立法斗争中没有像支持商业农场主那样有效地支持穷人的需求。传统上，农村地区的弱势群体在国会的代表很少。其次，提高低教育水平且已被社会贴上失败者标签的成年农民的管理技能，是一项非常耗时、成本高昂的工作。为了让农民跻身成功商业农场主的行列，要求家庭管理局及其前身机构在财政和技术监督方面提供的费用，超出了这些机构的预算。因此，这些机构的农民客户通常没有得到他们所需要的监管，从低产农场主向高产农场主转变的过程已经放缓甚至中断。

然而，20世纪商业农场主在解决信贷问题方面比19世纪成功得多。至少有两个原因。首先，与19世纪相比，农场主及其领导人更好地理解了20世纪货币和信贷体系的变化。因此，他们能够为自己更明智地采取行动。其次，基于第一点，农场主及其领导人放弃了建立对他们经济有利的货币和银行体系，并将努力转向建立信贷机构和符合他们特殊需要的信贷工具（例如长期抵押贷款、中间生产信贷)。在这些努力中,联邦政府成为自愿合作伙伴,政府和农场主共同创造了一个农业信贷体系,这个体系运作良好,直到借款人和贷款人都被1970年代末的土地繁荣所吞噬。

改变市场结构

农民长期以来的一个梦想是,通过在购买供应品和销售产品方
323 面获得一定的(最好是很大的)垄断权,来改变他们买卖市场的原子结构。在非农业生产投入的采购中,农场主通过发展大型采购合作社获得了一定的垄断权。这些合作社不受《克莱顿反托拉斯法》和《1922年卡珀-沃尔斯特德合作营销法》的反托拉斯法的约束,并受益于所得税立法中的优惠待遇,已成为农场主的饲料、化肥和石油产品的主要供给商,并为他们的顾客——农场主节省了大量资金。但是,这些合作社和他们的农场主顾客也知道,这些农场企业不会获得巨大的垄断收益。管理良好的大型采购合作社为许多商业农场主的金融活动作出了重要贡献,但并未让农场主致富。

在市场的另一边,农场主的期望高涨,而现实却最令人沮丧。1922年的《卡珀-沃尔斯特德合作营销法》免除了反托拉斯法的约束,加上合作组织者亚伦·萨皮罗(Aaron Sapiro)的有力领导,1920年代的农场主,通过全国性营销合作协会与其成员签订了具有约束力的交付协议,控制了某些商品(如谷物)的供给,使合作社拥有了农产品价格的决定权。农场主通过供给的垄断控制,获得了市场的"公平"价格。但是,萨皮罗及其农场主朋友无法与足够多的农场主签订有约束力的运输合同,从而获得对大部分供给的垄断控制权。因为大多数农场主都不愿签署有约束力的交付合同。1920年代的农场主们梦想着在市场上获得垄断地位,但大多数人还没有准备好"关闭经营"所需要的措施。

众所周知，在1920年代末和1930年代，农场主直接向政府寻求经济援助。他们试图通过集体行动来改变市场结构，结果发现行动方针欠妥。1950年代和1960年代，农场主为获得市场垄断地位再次集体行动，他们称之为“农场主的议价能力”。保守的农民组织，美国农业局联合会认为农场主需要提高议价能力，并建议在某些特殊作物上成立议价协会，使参与其中的农场主获益。但农业局只是讨论了议价能力，并未实现上述措施。一个新的激进的农业组织——国家农业组织（NFO）的立场是，农场主只有获 324
得了供给的垄断控制，并扣留市场供给，才能迫使市场价格上涨，进而获益。NFO领导层认为，政府不会采取行动大幅提高农产品价格；因此，农场主必须采取集体行动来提高价格。基于该观点，NFO发起了招募成员的行动，并开展了几次预扣行动，以推高地区牲畜市场的价格。很明显，那些拒绝参加的农场主，即“搭便车的人”，获益最大。NFO的预扣行动对相关区域市场的牲畜交付有一定影响，但对价格影响不大。NFO无法控制和预留足够大的供给量，难以对价格产生重大影响。NFO未能通过获得市场垄断地位提高农产品价格。

1977—1978年冬天，名为美国农业运动协会（American Agricultural Movement）的新农业组织发起了一场农场罢工，没有注册成员资格。其领导人只是呼吁所有农场主停止销售农产品。其结果与之前的努力类似，罢工行动对市场没有明显影响，对农产品价格也影响甚微。除了少数争强好胜者，农场主对通过采取行动获得市场垄断地位的意愿不强烈；因此，他们无法设定、确定，甚至显著影响市场价格。农场主在市场上取得垄断地位的梦想仍然只是一个梦想。

贸易政策

总的来说，20 世纪的贸易政策，特别是针对农业的贸易政策是复杂而混乱的。关税保护水平在 20 世纪头二十年大幅下降。1921 年的农业大萧条和 1929 年的大萧条，导致农场主和实业家要求加强关税保护，所以，1922 年和 1930 年美国上调了关税。这些很快
325 在海外引发报复性行动，1930 年代初，美国农场主和实业家的产品出口急剧下降。高关税壁垒无法再保护美国工业，1920 年代和 1930 年代的高关税壁垒也无法保护出口导向型农业，正如 1870 年代和 1880 年代它们也没有做到一样。因此，在 1930 年代，美国贸易政策发生了向自由化的重大转变。（对关税的影响见图 15.1）

罗伯特 · 唐茨（Robert Tontz）精确地描述了贸易政策的这种转变：

> 为了执行新的贸易政策，罗斯福总统根据国务卿科德尔 · 赫尔（Cordell Hull）的建议，要求国会授权在谨慎保护的范围内与外国签订行政性商业协议，以利于美国农业和工业发展。
>
> 1934 年国会通过了赫尔授意的《1934 年互惠贸易协定法》，作为对《1930 年霍利–斯莫特关税法》（Hawley-Smoot Tariff Act）的修正案。该《贸易协定法》旨在减少 1930 年《贸易协定法》规定的过高关税，从而扩大美国产品的国外市场。这项立法以及由此产生的立法成功地促进了美国出口的大幅增加。
>
> 《贸易协定法》的前提，是为了获得和开发美国产品的国外市场，美国也必须向其他国家提供相应的市场机会。

根据《贸易协定法》，总统有权通过行政公告和参议院的批准与其他国家签订互惠贸易协定。该法案还规定，除歧视美国商业的国家外，无条件的最惠国待遇（即对所有国家的待遇平等）将继续有效。法律要求，每项贸易协定都要包含一项条款，允许生效后在不超过3年的时间内终止。1934年1月1日，总统的关税减让权被限制在现有关税的50%以内。

在以前的关税调整中，总统的权力一直取决于关税委员会的调查结果，而今后对新权力不再有这种限制。关税税率的调整权从关税委员会转移至国务院。

国会在1937年、1940年和1943年扩大了签订贸易协定的权限，但没有做出重大修改；1945年，国会扩大了这一权限，并赋予总统更多权力，使现行关税自1945年1月1日起降低了50%。任何在1934—1945年削减了50%的项目，为获得其他国家的让步可能再削减50%，或全部削减75%。1945年是该计划的立法高潮。从那以后，修正案往往限制而不是扩大总统权力。[7]

作为一项原则，美国在二战后继续推进贸易自由化。1948年起草了国际贸易组织宪章；规定了一些具体规则，包括降低关税、 326
取消配额和为扩大平等条件下的多边贸易创造条件。但是，对美国国会来说，这一宪章过于激进，因此该条约在委员会夭折。此外，大多数欧洲和亚洲国家更关心战后重建，而不是贸易政策的自由化。但是，在此基础上产生了一项中和协定，即关税及贸易总协定（关贸总协定）。关贸总协定已成为一项永久性协定，并围绕该协定建立了一个永久性的国际机构。属于关贸总协定的国家（其中美国是领导者）已制定了谈判关税减让、举行贸易磋商和解决贸易争端的工作规则和程序，并未启动一系列贸易报复行动。

然而，尽管关贸总协定是一个讨论贸易问题的国际机构，但总的来说，它在减少世界各地农产品贸易壁垒方面并不成功。因为贸易政策已成为各国国内农业政策的外部盾牌。1950年代和1960年代，美国受到低农产品价格和农业剩余的困扰，当小麦和棉花的支持价格高于世界水平时，采取了进口管制措施，阻止小麦和棉花流入美国。进口壁垒是美国国内乳制品和食糖的政策基石。其他国家也建立了类似的贸易壁垒。欧洲经济共同体（EEC）的农业进口国采用了一种可变的征税制度，以保护其产品价格和生产收入。日本的国家贸易公司负责进口大部分农产品。加拿大和澳大利亚利用商品管理所——政府设立的垄断集团，将主要农产品销往海外。每个主要农产品进出口国都制定了一套贸易政策方案，以实施本国的农业政策。

在这种情况下，美国和世界上其他贸易国无法再走到一起，根据最惠国条款进行谈判，比如将进口农产品的关税降低10%或20%。这样的关税降低将对一国农业政策造成严重影响。国际社会的经济发展到了这样一个阶段，即召开一次国际会议，就降低农
327 产品贸易壁垒进行谈判，所涉及的远不止关税或进口管制程度的谈判，实际上还是关涉一国国内农业政策的谈判，而贸易壁垒只是这些政策的外部反应。

美国和其他发达国家一样，政府与农场主代表合作，制定了保护农产品价格的计划，关涉各个农场及最遥远的国外市场。这些计划都是息息相关的，一旦计划改变，将对整个系统产生影响。因此，必须将国内生产政策、国内价格和收入政策以及与农业有关的

外贸政策视为一个整体。在这个意义上，本章上文中关于“通过供给管理提高农产品价格的政府行为”和“影响对外贸易的政府行为”之间的区别，已经不复存在。同样，政府为改变农产品贸易政策而采取的独立行动可能会适得其反。贸易政策已成为食品和农业政策的一部分。

这并不意味着农产品出口贸易会因错综复杂的贸易壁垒而下降。从第十三章的讨论可知，1960 年和 1970 年代美国农产品出口大幅增加。但这表明，1930年代末成功的贸易协定，以及1950年代和 1960 年代的贸易谈判尝试，在降低 1970 年代末和 1980 年代的农产品贸易限制方面不会有成效。需要找到尚未发现的方法——使各国能够在考虑到彼此国内的农业目标、政策和计划的基础上就贸易协定进行谈判的方法。

但上述结论并没有阻止美国试图就降低贸易壁垒而进行的谈判，并由此全面降低国内农业补贴。里根政府官员曾试图在 1981 年和 1985 年的农业法案中降低农产品价格和收入支持，但是被国会农业委员会及其农业游说盟友击败，他们正在寻求在常规立法渠道之外实现农业政策改革目标的途径。在乌拉圭回合贸易谈判中，328
里根政府的官员们发现可以通过国际谈判实现上述目标。因此，美国贸易谈判代表率先在谈判中坚持农业贸易政策改革，包括国内农业政策改革，应该成为谈判的关键内容。于是，1986 年 9 月在埃斯特角举行的部长级会议的一份书面声明显示，谈判中将优先考虑农业贸易问题，包括扭曲农业贸易的内部“结构性顺差”问题。

1987 年 7 月，美国就农业问题提出了第一个正式的谈判提案，该提案直接源自里根政府的自由市场意识形态；提案建议在 10 年内取消所有贸易国家（包括美国）的所有农业补贴，因为这些补贴扭曲了国内生产和贸易。在接下来的3年里，各国对这个“零选择方案”争论不休。高度保护主义的国家——欧共体国家和日本，不接受该做法。保护程度较低的国家——以澳大利亚为首的凯恩斯集团（Cairns group），支持“零选择方案”的修改提议。一些美国农业团体出于国内政治原因支持“零选择方案”，他们深知欧共体和日本将在谈判过程中阻止该提议。同时，他们以裁军作类比，增加了美国农产品的出口补贴计划，以用作谈判的筹码。此为事情的结果。1990年12月在布鲁塞尔举行的部长级会议上，由于无法在农业领域达成协议，乌拉圭回合贸易谈判破裂。但是，美国农业团体成功地在《1990年农业法案》的预算调解法案中增加了条款，即如果乌拉圭回合贸易谈判失败，将增加农产品的出口补贴。总之，让贸易政策改革者沮丧的是，美国农业利益集团在欧共体和日本农业利益集团的帮助下，首先成功地阻止了任何国际谈判的贸易改革，其次，利用这些谈判促进了国内农业出口补贴。

显然，里根在多边关贸总协定谈判中进行农业贸易改革的自
329 由市场想法是行不通的。有些人，包括笔者认为，开放农业贸易的改革必须在两对重要贸易伙伴之间进行谈判，其中（1）充分考虑每个国家的国内农业计划；（2）通过对每个国家都有利的谈判“发现”扩大贸易的机会。只有当交易双方都能从中获益时，两国之间的贸易才会发生和发展。

1977—1978年的冬天

1975—1977年，几乎所有的经济作物都受到了产品价格下降和投入价格上涨的严峻考验。1977年，部分农场主被逼到破产边缘。他们通常比较年轻，在1973—1975年的繁荣时期购买了高价

土地和大量昂贵的机械设备，然而，1977 年干旱肆虐。许多经济困难的农场主在美国农业运动协会中进行了联合。该组织比较松散，其成员的初始立场是，不要“政府施舍”，呼吁全国范围的农业罢工——所有农场主停止出售农产品。但这次罢工并未对农产品市场产生影响。

有趣的是，为何这群激进的年轻农场主一开始便呼吁罢工，而不是向政府寻求帮助呢？因为农场主认为，美国政府愿意为农业设定产品价格和收入下限，但不愿意赋予他们市场垄断权。因此，农场主试图通过农场集团或集体行动获得垄断权，但却彻底失败了。因此，1977—1978 年冬天，他们再次向政府求助。

美国农业运动协会（AAM）中的农场主要求国会立法的项目概述如下：

> 1. 所有农产品（牲畜、谷物、纤维、水果和蔬菜等）的价格都将受到 100%—115% 的平价保护。与目前的计划不同，AAM 的提案不会依赖政府贷款、购买或预留项目来实现预期 330
> 价格。相反，法律规定，任何农产品价格必须高于既定水平，否则违法。
>
> 2. 根据 AAM 的计划，国会将立法要求所有农产品必须从 1978 年 10 月 1 日起以 100% 的平价出售。此后，价格将根据修订版的价格补贴指数进行调整。饲料、种子和饲养牛（通常包括在该指数中的三个类目）将被省略……
>
> 3. 允许农场主自由生产任何农产品。但是，将通过营销配额和证书来控制销售。农场主负责储存剩余产品，且没有补贴。

4. 配额将根据全国农业生产者代表委员会预测的需求而定。

5. 农场主将根据他们的生产历史分配营销配额，配额与土地或农场挂钩。

6. 可由当前产品或存储产品完成配额销售。

7. 出口农产品要高于平价。

8. 与国内农产品竞争的进口农产品的售价不得低于平价的 110%。

9. 为保护消费者，价格不允许上涨到平价的 115% 以上。

10. 政府可通过在公开市场上购买农产品进行战略储备，但不允许以低于平价 115% 的价格出售这些储备。[8]

为支持上述计划，农场主们或聚集在华盛顿国会办公楼的大厅里，或占据农业部的行政大楼，或开车在华盛顿繁忙的街道上穿梭。对国会议员和官僚们来说，在办公场所会见农场主是一种全新的体验。农场主的举动取得了一定成功——至少给参议员带来了压力。

1978 年 3 月 21 日，参议院应农场主的请求，通过了一项法案，该法案包含三个重要部分。第一，要求农业部长在 1978 年预留 1500 万英亩土地的基础上，再预留至少 3100 万英亩，农场主平均每英亩获 75 美元的补助。第二，按如下标准上调小麦、玉米、棉花的目标价格和贷款水平：

1. 小麦目标价从每蒲式耳 3 美元—3.05 美元升至 3.55 美元；小麦贷款从每蒲式耳 2.25 美元—2.35 美元升至 2.85 美元。

331 2. 玉米目标价从每蒲式耳 2.10 美元升至 2.50 美元；玉米贷款

从每蒲式耳 2 美元升至 2.25 美元。

3. 棉花目标价从每磅 52 美分升至 70 美分；棉花贷款从每磅 44 美分升至 50 美分。

第三，制定了作物年度目标价格的浮动范围，并将其与土地预留计划挂钩。参与的农场主按照预留的土地数量确立自己的目标价格。例如，该法案确定了 7 个小麦目标价格，从每蒲式耳 3 美元（适用于预留 20% 农田的农民）到每蒲式耳 5.04 美元（适用于预留 50% 农田的农民）。5.04 美元为 100% 的平价。为玉米设立了类似的浮动区间，为棉花制定了新的备用计划。

对于这些参议院法案条款的代价和成本后果，从来没有确切的估计。但是，缅因州参议员埃德蒙·马斯基（Edmund Muskie）在发言中表示，这个“三头怪物”会增加数十亿美元的联邦预算。几周前，农业部发布了一份声明，称AAM 最初的提议是在 1978 年第四季度将食品价格提高 20%，相比之下，预计价格将上涨 4%—6%。该声明还宣称，如果AAM 提出的计划生效，牛肉、猪肉和家禽的零售价格将在 1977—1979 年分别上涨 50%、40% 和 30%。

根据这一情况，卡特总统宣布他将否决包含参议院三项规定的立法。这样，参议院的法案在众议院被否决的可能性大增。当会议委员会将一份包含参议院大部分条款的报告提交给众议院进行表决时，众议院以其强烈的城市导向，否决了参议院将食品价格至少提高 20% 的提案。

从农场主采取的行动和政府在 1977—1978 年冬季所采取的行动中，可以明显地看出某些主张。（1）美国政府愿意为农场主提供价格-收入支持底线——这是保持农业不会陷入严重经济萧 332
条的底线。（2）美国政府愿意为除大企业之外的所有农场经营者提供适度的收入补贴和各种技术与财政援助。(3)美国政府不会赋予农场主市场垄断权，即控制农产品和零售食品价格的权力。食品价格代表了总体价格通胀的最前沿，给予农场主大幅推高食品价格的权力，将加剧总体价格上涨，并激怒数百万城市消费者。

1980 年代及以后

1981 年、1985 年和 1990 年的农业法在广义上与上一节提出的一般性主张是一致的。总统和国会没有授予任何农产品集团市场定价的垄断权。但各项法案继续为商业农场主提供价格和收入支持，以及各种财政和技术援助(如作物灾害津贴、出口补贴)。事实证明，在上世纪 80 年代的农业大萧条期间，这些援助发挥了重要作用。

依据《1981 年农业法》，国会的农场利益集团策略性地战胜了里根总统及其顾问，成功地提高了农产品价格和收入支持水平(即贷款利率及目标价格)。1982 年，农业出口开始下降，直到 1986 年。这导致农产品价格疲软，农场主将更多的小麦和玉米交给政府用于贷款，政府的库存增加，根据无追索权贷款条款，政府支持计划的成本在 1983 年飙升至近 190 亿美元。《1985 年农业法》降低了贷款利率，但目标价格维持在《1981 年农业法》的高水平。谷物市场价格随着价格支持水平的下降而下降；如第八章所述，这有助于 1980 年下半年出口的增加。但随着产品价格的下降，农场
333 主的补贴增加；而且随着农场主参与商品计划的增多，总支付成本也随之上升。结果显而易见。政府的价格和收入支持成本在 1986 和 1987 年分别上升到近 260 亿美元和 220 亿美元的空前水平。1986 年后，随着农业出口的增加，农产品价格上涨，政府支持计划的压力减少，总成本也随之下降。但是，从 1980 年代的经验来看，

显然：由于政府计划提供了固定的价格水平和收入支持，计划成本必定与农业部门的繁荣程度成反比。当农产品价格和收入状况良好时，计划不发挥作用，计划成本下降，但当农产品价格和收入下降时，就需要启用计划，政府成本也会上升。当然，这就是政府计划的运作方式，却给联邦预算带来了不可预测的负担。

《1991 年农业法》体系应该可以减轻联邦预算的负担（见第八章）。但并非绝对。首先，如果 1991 和 1992 年的美国经济出现衰退（1992 年有迹象表明该可能性），那么农业出口可能再次下降，其结果是国内农产品价格下降，价格和收入支持成本再次上升。此外，如果乌拉圭回合谈判到 1992 年 6 月仍陷于停顿，《1990 年预算调整法》中的"关贸总协定触发"条款可能发挥作用。这一条款要求农业部长在出口补贴上额外支出 10 亿美元，对小麦和饲料谷物实施市场贷款补贴计划，并放弃所有的种植削减。如果谈判在 1993 年 6 月仍然失败，那么部长将被允许撤销全部或部分 135 亿美元的国内农业预算削减计划（5 年以上），这是 1990 年预算调整方案的组成部分。这些规定是否全部或部分付诸实施仍有待观察。但是，如果这些条款中的部分或全部在 1990 年代上半叶美国农业出口下降时开始运作，那么政府对农产品价格和收入支持计划的成本将再次飙升。这并非猜测，考虑到农产品价格和收入支持计划的结构，加上"关贸总协定触发"条款启用的可能性，那么，1990 年代农业计划成本可能会飙升。

当然，排除上述大部分或全部推理，进行重大的农业政策改革也 334
是有可能的。或者，在 1992 年，世界经济可能距离又一个增长繁荣的 10 年仅有一步之遥。但这两种可能性似乎都不现实。因此，鼓励读者探究 1990 年代的发展，以发现到底发生了什么和发生的原因。

推荐阅读

1. Benedict, Murray R., *Farm Policies of the United States, 1790–1950*, New York: Twentieth Century Fund, 1953.
2. Cochrane, Willard W., & Ryan, Mary E., *American Farm Policy, 1948–1973*, Minneapolis: University of Minnesota Press, 1976.
3. Hadwiger, Don P., & Talbot, Ross B., *Pressures and Protests: The Kennedy Farm Program and the Wheat Referendum of 1963*, San Francisco: Chandler Publishing, 1965.
4. Paarlberg, Robert L., "How Agriculture Blocked the Uruguay Round", *SAIS Review*, 12, no. 1 (Winter/Spring, 1992), pp. 27–42.
5. Smith, Adam, *An Inquiry into the Nature and Causes of the Wealth of Nations*, edited by Edwin Cannan, New York: Modern Library edition by Random House, 1937.
6. Tontz, Robert L., *Foreign Agricultural Trade Policy of the United States, 1776–1976*, U. S. Department of Agriculture. Economic Research Service, ERS-662, January 10, 1977.
7. U. S. Department of Agriculture, Economics, Statistics, and Cooperatives Service, "An Analysis of American Agricultural Movement Proposal", *Issue Briefing Paper*, March 3, 1978.

第十六章　发展的动力之回顾

前文探讨了影响美国农业发展的七种重要动力:(1)丰富的土地;(2)农业机械化与技术进步;(3)物质性基础设施;(4)社会性基础设施;(5)国际投入;(6)环境政策;(7)政府。在这些宽泛的领域中,有许多具体的影响力量。例如,“物质性基础设施”中的高速公路、运河水路、铁路以及水管理系统、电力系统、产品营销系统;“国际投入”中的法律制度、经济制度、移民、外资和对外贸易。总之,有许多动力(或要素)参与了美国农业的发展。

对美国农业发展作出贡献的重要动力或许已经明确。那么,是否已经涵盖了所有动力机制呢? 当然不是。至少还有三个其他的动力:(1)繁荣与萧条;(2)信仰与价值体系;(3)能源利用率。其他研究美国农业发展进程的学者也许认为有更多的动力,并对其进行了分类,他们的分类与本章不同。本章将集中讨论上述三种 336
动力。

繁荣与萧条

“繁荣与萧条”是农业发展的原因还是其结果,仍然有待商榷。但无论哪种观点,可以肯定的是,随着国家从萧条到繁荣再到萧条,农业发展进程都发生了变化。19 世纪,西部土地的销售增加,移民潮加速,在国家繁荣时期,西部定居和先驱农场向商业农场转变的整个过程加快了。那时,农场主更易获得信贷,新的市场为其产品敞开大门,更多家庭愿意承担创业风险。但是,在经济萧条或货币恐慌时期，西部定居和内地开发的整个过程就会停下来。因此，19 世纪的西部定居和农业发展过程往往是波浪式的——繁荣时不断向前，萧条时不断后退。

20 世纪农业发展过程发生了戏剧性的变化。开拓西进的时代已经结束。20 世纪的农场主注重通过采用新技术、生产资料（例如混合饲料、肥料）和资金投入来提高有限土地的生产力。此时，经济繁荣和萧条的影响并未减弱，甚至影响更大。当农产品价格下降，信贷紧张，农场主的财务状况不佳时（如在商业衰退或萧条期间），他们会减少生产资料的购买。当折旧超过新收购的资产时，他们的资本投资可能会降至负值。国际贸易繁荣时，农产品出口扩大，农产品价格上涨，农场主的财务状况普遍向好，他们会立即扩大生产资料的采购量，并有可能大幅度增加资本投资。像美国这样的资本密集型、以出口导向型为主的农业受到了国际经济
337 形势的巨大影响。国际贸易繁荣导致农产品市场的扩大和美国农场企业资本化的加深[1]；反之亦然。

信仰与价值体系[2]

根据约翰·布鲁斯特（John Brewster）的观点，**信仰是人们为了证明其价值而遵循的生活方式和工作方式的概念。价值观是人们赋予各种信仰的相对权重**。信仰和价值观就像硬币的两面，相互依存，没有对方，任何一方都无法存在。虽然它们相互依存，但并不完全相同。通常人们有相同的信仰，但有不同的价值观，因为他们对这些信仰赋予了不同的权重。

在 19 世纪美国人的信仰体系中，最闪亮的是一种命运感，常常被形容为美国梦。这个梦有三个组成部分：（1）对建立在普通民

众呼声基础上的政府的愿景;(2)对建立在其人民勤奋工作基础的和平富裕的经济领域的憧憬;(3)对世界法律与正义领域的展望。伴随着这种命运感是一种强烈的信仰,在所有可能的国家经济组织中,最好的组织是一种政府专有组织形式,在这种组织形式中,民主政府:(1)为其公民提供公共服务,这些服务是公民无法提供给自己的,他们需要这些服务来成为成功的所有者;(2)避免对高收入者征收比低收入者更重的税,因为高收入是勤奋的证明;(3)避免通过限制业主权利使其无法按照自己的意愿经营企业的法律。这种对专有政治经济形式的首要的承诺建立在以下三方面的信仰体系之上:(1)民主信仰体系;(2)工作信仰体系;(3)企业信仰体系。

民主信仰体系的核心组成部分是:(1)所有人的人格尊严和价值平等;(2)任何人都不能支配他人;(3)每个人有权在制定规则时发声。

工作信仰体系的核心组成部分是:(1)在工作中努力追求卓越
是赢得尊重的正确方式;(2)作为一个人证明自身价值的手段,任 338
何工作都不比其他工作"更高"或"更低"。鞋匠或农民的工作与牧师或医生的工作一样"崇高",都是证明自身价值的一种方式。

企业信仰体系的核心是,通过日益成功的独资企业进行资本积累,是对一个人的社会价值的正确而恰当的检验。任何组织形式取得的卓越成就,最好的衡量标准是相关人员所积累的资本数量。在这种信仰体系中,最理想的经济组织形式是个体独资企业;商人最高的社会责任是利润最大化;如果他想赢得最高荣誉,他必须将这些利润进行再投资,从而促使利润增长。

上述谈到的信仰体系中,企业信仰体系是三者中最受重视的,

19 世纪美国农业发展的格局呈现出一种合乎逻辑的情景。政府将公共区域划分为家庭大小的区域。每个家庭获得一块土地，成为独立所有者——自由地产持有人。农场所有者整理土地，改善家园，并将整好的土地变成商业用地。农场家庭经过辛勤劳作和自我剥削逐渐积累了资本。随着时间的推移，从大西洋到太平洋的大陆上建立起了高产的农场。成功的农场主赢得了同行的尊重，在社会中赢得了最高荣誉，并因此成为农业发展进程中的参与者。这就是美国 19 世纪推动农业发展的信仰与价值体系。

在20世纪，社会和农民给予企业信仰体系的价值或权重有所下降，而给予民主信仰体系的价值或权重相对增加。因此，应该让农场主参与到政治进程中，为指导个体农场的资源利用制定规则。人
339 们见证了麦克纳里–豪根法案的通过、AAA 计划的运作、1950 年代和 1960 年代农业项目的传承、1977—1978 年冬天美国农业运动协会经过农场主的努力使农产品价格达到 100% 的平价。民主、工作和企业这三种信仰体系的权重在 20 世纪慢慢发生了变化，农业政策也随之改变。1920—1990 年关于农业政策的长期而激烈的争论证明了变化的来之不易。然而，民主、工作和企业信仰体系三体合一仍然指导和激励着农民生产和积累，从而在独资经营中积累了收益。这些个体农场的平均规模逐年增加，数量逐年减少，但是美国农场主仍在追求约翰 · 布鲁斯特（John Brewster）雄辩地构思和描绘的 19 世纪梦想。

能源利用率

19 世纪，农场主不断地寻找一种方便有效的能源。20 世纪早期，农场主依靠自身的奋斗获得动力，从食物供给中获得工作所需

的能量。20世纪后期，农场主利用由马和骡子驱动的机器获取动力，其能量来自农场饲料。20世纪末，农场主利用蒸汽拖拉机发电，煤炭提供了所需的能源。但是这些能源都不太便捷，效率低。因此，人们仍在继续寻找一种高效便捷的农业生产能源。

20世纪早期出现了汽油发动机的拖拉机。到1920年代这种汽油能源已经发展到非常便捷的地步：容易启动；便于操作；移动速度令人满意；有能力执行人们所需的实地任务。以1920—1970年当时的汽油价格计算，它也是一种非常高效的能源。那时，美国的石油储量丰富，汽油价格低廉——用19世纪的术语来说就是“异常便宜”。因为石油供给充足，所以氮肥的生产成本也不高。1920—1970年，基于石油能源的战略技术获得发展，汽油发动机的拖拉机及其装载的机器替代了人力和马力，廉价的商业化肥为 340
植物提供了所需养分，天然气也得到广泛应用，农业总产出增加。总之，石油能源的开发，提高了积极创新的农场主的收入，对食物价格也产生了巨大影响。

到1970年代初，人们坚信美国的石油供给是取之不尽、用之不竭的。美国每年进口的石油从1960年的3.72亿桶增加到1973年的11.84亿桶，1990年又增加到20.58亿桶。之后，美国42%的石油依靠进口。1977年进口达到了47%的最大量，1985年下降到27%；原油价格从1960年的每桶3美元涨到1974年的7美元，到1981年接近36美元，又在1990年降到21美元。考虑到1990年已知的原油储备量和石油生产速度，石油将在45—50年内被消耗殆尽。[3] 当然，我们可以说，随着时间的推移，“已知的原油储备量”将随着勘探而增加，并抵消原油的消耗，全世界的原油产量在1960—1900年翻了3倍。但是，一种更合理的设想是：1990—

2010年原油价格大幅上涨，或许上涨50%；2010年以后，如果没有突破性的技术发展（如商业融合发展），原油市场将极度紧缩，价格将暴涨。

341 这对未来几年的美国和世界农业发展意味着什么？它意味着建立在廉价能源驱动型技术进步基础之上的农业发展战略，已不再行之有效。1970—1990年以及1990—2010年可能会继续发生的石油价格变化，意味着农场主必须做好准备解决能源成本飙升和剧烈波动问题。这意味着农场主必须制定减少购买能源产品（例如燃油、氮肥）的生产战略和能够应对能源成本骤升的财政战略。虽然调整并不容易，但在技术上是可行的。

从长远来看，如果世界石油开始枯竭，而气候变化又加剧了事态的复杂性，农民被迫进行的生产和财务调整可能不是个体农民所能承受的，那么，现代文明社会所需的农产品似乎只能依靠新技术发明，以取代石油提供能源。此外，生产的区位变化，以及大规模的水资源管理项目，有赖于政府在支持此类调整方面发挥更大的作用。由于自然资源枯竭，以及环境污染可能导致的重大气候变化，美国和世界农产品生产前景笼罩着巨大的不确定性。我们能否有效应对，完全取决于先进技术的发明。

19世纪发展动力的排序

在一本著作中，对农业发展的各种动力按其重要性进行排序是难能可贵的。但笔者不知该如何排序。有些影响是普遍存在的，有些涉及明确的时间和地点，有些是高度无形的，还有一些是间接
342 的。本书中第三部分讨论到的所有动力，都对美国农业的发展有着重要影响。

然而，在 19 世纪有一种动力压倒了其他所有动力，这就是“丰富的土地”。在从阿巴拉契亚山脉到太平洋海岸的广阔腹地上定居，是美国人民的壮举。那时，廉价甚至免费的土地，吸引了数以百万计的移民蜂拥而至，横跨美洲大陆。丰富的土地决定了定居的特性和农业进程的广泛性。政府利用土地支持了三次行动：为交通系统提供资金，支持小学教育系统，创建高等教育系统（包括农业研究和教育）。唾手可得的土地形塑并推动了 19 世纪美国农业的发展。

17—19 世纪的“征服自然”的环境哲学并非农业发展的唯一重要动力，它应被视为“丰富的土地”的互补力量。“大自然的存在就是为了被驯服”的哲学，为拓荒者或垦殖者提供了一种道德的必然性——从印第安人手里或大自然中攫取土地。因此，“征服自然”作为一种推动力具有重要意义。19 世纪，“征服自然”为将荒野变成商业农场提供了理由。

很难说哪一种动力在农业发展过程中产生了第二大影响。1820—1960 年运输系统的发展（运河和铁路）对西部农民拓展市场产生了至关重要的影响。但是，如果没有移民，西部的定居点就不可能建成。如果没有机械，先驱农场就不可能成为商业农场。先驱者的信仰和价值体系激励着他们工作和储蓄。联邦和州政府提供的物质安全和司法制度，促进了财富积累和商贸发展。最后，教育将农民从过去的束缚中解放出来，使他们像理性的商人那样行 343
事——采用并有效运用新技术，成为见多识广的公民，为自己的最大利益行事。

除了“丰富的土地”，上述哪种动力是最重要的呢？都重要。19 世纪出现了一系列与“丰富的土地”相关的动力，它们像是精心安排的，促进了 19 世纪农业的快速发展。

20 世纪发展动力的排序

19 世纪的发展动力延续到了 20 世纪，但是这些动力的重要性程度发生了改变。农场主继续利用土地生产农产品，但是，“丰富的土地”成为传统的生产要素之一，不再起决定性作用。20 世纪，移民在美国经济发展中也不再发挥能动作用。初等教育变得制度化，为农业发展提供独特贡献力量的作用不再受到重视。

某些动力的内容发生了变化，“物质性基础设施建设”在 19 世纪主要指运河和铁路的建设，在 20 世纪则涉及公路、灌溉系统、电网、投入供给和产品销售系统的建设。20 世纪的“政府”动力所包含的内容发生了根本性的变化——从提供安全和基本服务转变为代表农场主对经济运行进行干预。

19 世纪的“征服自然”这一消极的环境动力在 20 世纪彻底发生了转变。环境政策首先涉及自然资源（例如，森林）的保护；之后，对自然资源进行保护的动力得到加强（例如，建立国家公园和自然保护区）；最后，生态学为保护环境提供了科学依据。20 世纪
344 上半叶，积极的环境政策对农业发展的影响（例如，1935 年成立的土壤保护处）甚微，但是在 20 世纪下半叶，却在有毒化学制品的监管和农业生态系统保护方面发挥了重要作用。

有些动力在 20 世纪发挥着越来越能动的作用，例如，商业环境的变化、萧条和繁荣、农产品出口波动等。其中最直接、最显著的影响力量是“农业机械化和技术进步”，它将农业生产力提升到一个前所未有的水平，使美国农业在 20 世纪发生了根本改变。它使农场大量使用机器和机械动力，对劳动力的需求急剧下降；使亩产、人均产量和单位投入产出都大幅提高；使 1935—1975 年的农

业产量持续增长成为可能；它是农业现代化的载体。

然而，这种动力并不是孤立存在的。在农场一级，研究、技术开发和推广活动的有效性取决于其背后的支持。只有公共和私营部门开发新技术，并向农场主提供和推广这种技术，才能在农场层面进行应用。只有在揭示了自然现象的基本性质和关系的前提下，新技术才能出现。但众所周知，确实进行了必要的研究。公共和私营部门开发了新技术和改良技术，并被推广应用到农民之中，农场层面的技术的确进步了。

因此，可以认为有两种密切相关的动力：（1）农业技术进步，（2）研究、开发和推广，成为20世纪农业发展的主导力量。前面所述的其他众多动力围绕着两种动力对农业发展做出了贡献。但是，在20世纪，正如在19世纪一样，不太可能将其他众多动力按 345
重要性进行排序，这些动力以各种形式相互作用，共同促进了农业发展。

最重要的动力脱颖而出，其他动力在某些时期或某些地区发挥着特殊作用。但是，在发展过程中，众多力量的相互作用变得同社会本身一样复杂；因此，它们对农业发展所做出的贡献是无法以具体数字衡量的。

21世纪的发展动力

随着美国的农业发展进入1990年代，发展方向愈发清晰。第一，农业生产率的增加必须通过农业技术的进步来实现，而这只能通过加大研究和技术开发投资来实现。第二，食品生产和加工越来越专业化，涉及地理位置和技术的复杂性。这种复杂的生产流程的成功运作需要高质量的管理。第三，在同一地点进行连续的专门且复杂的生产，需要对每个地点的土壤和水资源保护给予足够重视。如果由于温室效应，气候开始变化或变得更加不稳定，这些食品生产单位的管理将愈发严格。1992 年，在气候发生重大变化的情况下，可能需要对这些单位做出的调整，是大多数农业专家无法理解的。

这意味着，如果农业部门在 21 世纪继续扩大生产以满足增长需要，四个至关重要的动力——农业技术进步、研发、能源的利用率和环境政策，必将以尚未可知的方式交织在一起。农场层面必须不断采纳先进技术才能在基本相同的空间内增加产量。科学家和工程师必须继续开发新技术，并在生产层面加以应用。能源必须足够为专业、复杂的食品生产单位提供动力，这些能源可以来自
346 尚未通过科学研究和先进工程开发出来的能源形式。最后，农业生产者、科学家、工程师、政治家必须朝着共同的目标努力，即建立一个有效管理的环境，在这个环境中，变化足够温和，使生产单位和人类都能够适应环境变化。

农业发展的多维进程

正如第一章所述，农业发展是一个多维进程。这些维度包括：农民实际收入的提高，为社会所有成员的充足食物供给，农民贫困的消除，生产活动组织和地点的变化以及技术变革带来的增产，社会制度变迁带来的食物和纤维品生产和分配的改善，以及农业活动中基于人的因素——身体、心理和态度——的转变从而提高的工人生产率。在第三部分，我们发现许多动力因素都参与了农业发展，并提供了多方面支持。在某些时期，某些动力主导着农业发展。这里要讨论的重点是：在特定的时间和地点，每种动力都扮演着重要

角色，甚至是至关重要的角色。如果 19 世纪没有进入美国的移民，这片大陆就不可能在一个世纪内得以拓展并适宜定居。如果没有政府提供的安全和基本服务，发展进程将会大大放缓甚至停滞。如果没有信仰和价值体系，先驱家庭将不会选择面对边境开荒的艰难困苦。如果没有 19 世纪节省劳动力的机器发明，先驱农场转变成商业农场的进程就会大大减慢。如果没有 1820—1960 年交通运输系统的发展，俄亥俄和密西西比河流域地区就不可能成为农产品生 347
产和出口重镇。在未开发的土地消耗殆尽的 1900 年前后，如果没有研究、开发和推广工作，想要增加 20 世纪的农业总产出，唯有采用劳动密集型的生产方式。在 1929—1939 年大萧条期间，如果没有政府的干预，整个国民经济可能已经崩溃。

19 世纪农业发展的进程或许是由“丰富的土地”主导的，20 世纪则由农业技术进步与研究、开发及推广的双重动力主导。但是，单靠这两种动力难以实现。事实上，由于要素间相互依赖的特性，这两种动力不可能单独存在或运作。美国农业发展的多维进程是由一系列相互依赖的动力推动并维持的，缺少其中任何一种动力，发展都会减缓，甚至长期停滞。

因此，将美国农业发展的进程看作是单一动力的产物的观点是错误的，是对美国农业发展历史的误解，而且将导致错误的政策。随着时间的推移，一系列相互依存的动力随着物理规律和社会条件的变化而相互作用，促进和维持了美国农业的发展。但这并不意味着本章提出的动力是完全正确的。总之，这些动力促进和维持了两个世纪的农业快速发展，并且这些动力在历史发展的各阶段相互作用，其中任何一种动力的缺失都会减缓或削减农业发展进程。

动力的整合

在过去25年中，人们已经充分认识到国家经济发展的复杂
348 性，以及采取了多种办法促进其发展的需要。遗憾的是，在农业发展领域，情况并非总是如此，发展的一元论在欠发达国家仍然备受关注。但是，不管如何理解发展进程，无论整体发展还是农业发展，许多欠发达国家已经将国家经济计划作为一种协调旨在促进和支持经济发展的政策、计划和项目的机制。[4]有些国家已转向“全面规划”，政府借此控制所有资源的使用；另一些国家则转向“整体规划”，即政府在制定和执行政策、计划和项目时考虑到整个经济的运行情况，但不会干涉资源的利用；还有一些国家则转向了一种专门的规划概念，即政府在政策、计划和项目的制定和执行中发挥主导作用，但并未将其整合到一个内部一致的国家经济计划中。

欠发达国家对国家发展计划的强调有其理由。由个人利益驱动的经济，如果不由国家控制，便不会遵循社会大多数成员的目标和需求来发展。为了避免政策错误，人们普遍认为必须由一个全面的权威机构协调政策、计划和项目，进而促进和支持经济发展。有些人认为，发展进程在现代已变得非常复杂，有必要通过国家计划进行协调，以防发展过程崩溃。但无论如何，以农业发展规划为组成部分的国家发展规划，已成为欠发达国家普遍接受的协调发展动力的制度形式。

但这并不是美国农业发展的方式。1775—1990年促进和支持美国农业发展的各种动力已经形成，并开始运作，以回应公民的
349 需求（尽管近年来越来越重视制定一项整体的国家发展规划，以协调政策、计划和项目，促进经济发展）。在某些情况下，由于个人

的决定，一个行动成为促进和支持农业发展的重要动力。当移民来到美国时，许多家庭加入了向西迁移的行列，成为先驱农民、铁匠和发明机器的机械师。在某些情况下，农民加入了松散或正式的协会，从事促进和支持农业发展的活动，如19世纪农民建立的乡村小学和20世纪成立的购销合作社就是明证。在某些情况下，企业家在政府的帮助下从事支持农业发展的活动，如19世纪铁路系统的建设。西部的土地投机商也是如此。在其他情况下，联邦或州政府采取行动促进农业发展，包括在1820年代和1830年代修建运河，在1920年代建立国家公路系统、农业研究、成人教育以及价格和收入支持计划等。一种感觉到的需求都会促使美国社会的某些单位或单位组合开展行动，这些通常（但不总是）是为了促进和支持美国农业部门的发展。

可以认为，允许美国社会的个体单位采取行动来回应感觉到的需求，并不总是对农业发展起作用，例如联邦政府的保护性关税行动。19世纪的大部分时间，保护性关税得到了西部农场主的支持。在建国前70年里，联邦政府在制定适合农业生产者的信贷体 350
系方面行动缓慢。此外，在20世纪，州和联邦政府在发展国家高速公路系统方面也行动不力。总之，对"感觉需求"做出回应的内在发展政策并非总能在最佳时期出现。

内在和自发的发展政策确实对美国非常有利。这种社会某些单位根据感觉到的需要而采取的行动，在大多数情况下，确实是以农业发展过程所要求的形式和时间出现的。结果，美国的农业部门在两百多年的时间里以令人满意的速度持续发展。考虑到人类和社会在农业发展中所做的调整，更快速的增长速度是否能被参与农业发展的个人所接受，值得怀疑。此外，拓荒期之后，生活在农村地区的美国白人的平均生活质量要比城市美国白人高。

如果 1790 年执行了全面的农业发展计划，那么美国的农业发展进程将会如何？这样的想法不禁让人不寒而栗。这个新国家的社会和经济目标过于模糊，制定计划所依赖的知识基础十分有限，1790—1860 年事态发展的步伐如此迅猛，以至于任何发展规划都无法指导和协调农业发展进程达到理想的标准，既要符合新兴社会的目标和愿望，又要与不断变化的地理和物理参数保持一致。美国北方、南方和西部的社会经济目标相互冲突，很难制定一个统一合理的国家经济发展规划。在高度变化万千的背景下，允许社会的某些单位或单位组合对感觉到的需求做出反应的一般和隐含的发展政策，是一项非常成功的政策，也许是这种动态背景下唯一能被证明成功的政策。

从 1990 年开始，这基本上仍是美国整体经济和农业部门的发
351 展政策。但是，随着联邦政府对经济运行的干预增多，以及联邦政府的政策、计划和项目之间发生冲突的可能性增加，一个疑问反复出现——难道这些干预活动无法在国家发展规划中统一协调吗？参加 1992 年政治运动的一些人认为，国家需要一项“产业政策”引导某些行业发展，并淘汰其他行业。另一些人则认为，到 1992 年为止，政府对经济的干预过多，需要将某些公共活动私有化，例如教育。

这些问题的答案是另一本书的主题，这里不再讨论。但历史研究让我们重新认识到，物质条件和制度状况是在不断变化的，因此，在未来的某个时刻，我们可能需要改变过去 200 年来所成功追求的内在和自发的总体发展政策。

推荐阅读

1. Brewster, John M., *A Philosopher among Economists: Selected Works of John M. Brewster*, Philadelphia: Murphy, 1970.
2. U. S. Department of Agriculture, Economic Research Service, *Agriculture and Economic Growth*, Agricultural Economic Report No. 28, March 1963.
3. U. S. Department of Agriculture, Economic Research Service, *How the United States Improved Its Agriculture*, Foreign-76, May 1964.
4. U. S. Department of Energy, Energy Information Administration, *Annual Energy Outlook 1992, with Projections to 2010*, DOE/EIA-0382(92), 1992.
5. Worster, Donald, "Transformations of the Earth: Toward an Agroecological Perspective in History", *Journal of American History*, 76 (March 1990); pp. 1087–1106.

第十七章　结构、组织和生产率的变迁

352 由第二部分的讨论可知，19世纪的农业发展是粗放型的，主要表现在两个方面。其一，因为西迁和定居，美洲大陆农场数量增加；其二，农场种植面积规模的增大，其原因是采用了以马力为动力的省力机械。在粗放式发展过程中，每英亩产量和单位平均产量均未增加，但是每个工人的产出急剧提升。

随着边境开垦的结束，农业发展的粗放阶段也落下帷幕。在20世纪，农场主继续使用节省劳力的机器，机器做得更多。他们在机械、生物和化学三个方面进行了技术革命。技术革命最直接的结果是：每个农场的资本投入大幅增加；农场规模变大；农场总数减少。间接结果是：每英亩产量、单位投入产量和每个工人的产出都显著增长。20世纪的农业发展是集约型的。

353 本章将更详细地探讨农场组织的变迁，更精确地描述农业的发展情况，并利用数据分析20世纪农业生产率的革新。最后，比较美国与日本的农业发展过程。日本的农业发展较快，但是发展方式与美国大不相同。

农场组织结构的基本变化：1775—1990年

在1775—1990年的漫长时期内，以家庭管理和家庭经营为农业生产单位的基本社会目标没有改变。追求财富最大化的基本家庭目标也没有改变。但是，为了家庭财富最大化的农场组织在这一时期发生了重大变化。

1775—1825 年农场家庭为了提高财富地位，纷纷向西部迁移，尽可能获取更多土地。他们要么非法占用未经批准定居的土地；要么直接或间接地以每英亩 1—2 美元的低价从政府手里购地。在定居之后的几年里，他们一直在开垦土地。南方主要由黑奴完成；北方则由家庭成员完成。在后来的西部移民潮中，改良的“农场”通常出售给定居者，后者或将其转售，或者继续留在这里，并将其发展成商业农场。

随着英国和欧洲大陆原棉市场的开放和发展，南方腹地的农场投机开发也许在 1825 年之前就结束了。后来（约 1825—1850 年），随着东海岸、南方腹地、国外粮食和动物产品市场的开放，西北地区的投机性农场开发也接近尾声。北方农场出售了大量粮食和动物产品，这些剩余产品的生产，首先是通过扩大现有农场的耕种面积，其次是增加新农场来实现的。由于人力成本高，北方农场采用马力和机械增加耕地面积，机器代替了稀缺的人力。由于北 354
方农作物生产专业化程度的提高，在整个 19 世纪，农场可供出售的剩余粮食数量都在缓慢增长。

在南方腹地，由于黑奴人口的增长，棉花种植面积随之增加，可供出售的剩余棉花也随之增加。这种在黑奴制度下的棉花生产的扩张过程，一直持续到美国内战。内战结束后，棉花种植面积的大幅度增加，导致棉花生产继续扩大。但是在内战后，由于在已建地区逐步采用了改良机器，以及在密西西比河以西，特别是得克萨斯州的家庭管理和家庭经营的棉花生产面积的迅速扩大，棉花生产才得以继续发展。

大约在 1825—1900 年，排除内战前棉花生产的特殊情况，美国都是通过增加种植面积生产剩余农产品的。这是在劳动力稀缺的时期由于通过农场不断地采用新的和改良机械代替人类劳动而成为可能的。在这种情况下，农场数量和耕种面积均增加，农场生产越来越专业化。

自 1900 年边境开垦结束，新的土地只有通过填海或排水工程才能够投入生产（蒙大拿和怀俄明除外）。如果需要增加 20 世纪农产品的生产总量，必须通过扩大现有农场的耕地或增加现有耕地的产量来实现。在 20 世纪的头二十年里，耕地面积略有增加，但在 1960 年代和 1970 年代早期，美国的耕地面积比 1910 年要少。因此，20 世纪出现的生产扩大并不是通过开垦土地实现的，它是通过每英亩作物产量的大幅增加实现的，这也是农场雇用的劳动力数量急剧下降的时期。

1900—1980 年的美国农场发展情况如下：新的和改良机械继
355 续替代昂贵的人力，便利的汽油拖拉机取代了马和骡子。在机械和拖拉机取代人力和畜力的同时，新的和改良的生物资本（如杂交玉米种子）和化学资本（如商业氮肥）代替了土地，结果亩产量大幅提高，同时，每英亩的劳动投入减少，资本投入增加。从每英亩产量、人工和单位投入产出来看，农业生产在 20 世纪变得越来越富有生产力。

就农业损益表而言，用相对便宜的拖拉机和机械替代相对昂贵的人力，用相对便宜的农用化学品替代日益昂贵的土地，确实可行。在 1900—1980 年的大部分时间里，机械资本和化学资本都很廉价，因为它们是由石油生产的。总的来说，在这一时期的农业经营中，石油取代了人力和土地。一项基于廉价石油能源的技术战略在美国农业上取得了巨大回报。

该技术战略对美国农业结构产生了深远影响。机械资本、生物资本和化学资本都扩大了农场规模。因此，如果全国总耕地面积保持不变，农场数量必然减少。农场数量从 1910—1914 年的 640 万个增长到 1930 年代中期的 680 万个，然后又下降到 1980 年的 240 万个。在农场数量减少的同时，大部分商业生产往往集中在数量相对较少的大型农场手中。1980 年约有 27.1 万个农场生产和销售了约 68% 的农产品，每个农场的收入都在 10 万美元以上（见表 8.4）。20 世纪的技术进步和资本集中使美国农场的组织结构发生了巨大变化，这些变化反过来又促进了美国农业结构的变迁。

从内战结束到 1970 年，美国农业发展概况如表 17.1 所示。劳动力投入在 1870—1920 年稳步增长，然后在 1920—1970 年持续 356
下降。土地投入在 1870—1910 年急剧增加，在 1910—1960 年几乎不变。1870 年的资本投入较少，但在 1870—1970 年间增长了近 13 倍。在这一时期，美国农业从土地粗放型农业转变为资本密集型农业。

表 17.1　1870—1970 年美国主要农业投入类别（1967 年=100）

年份	劳动力	地产	各种形式的资本	总投入
1870	190	43	8	43
1880	238	59	12	55
1890	276	70	15	66
1900	302	83	20	77
1910	321	98	25	86
1915	331	102	29	92
1920	341	102	34	98

续表

年份	劳动力	地产	各种形式的资本	总投入
1925	338	99	36	99
1930	326	101	40	101
1935	299	99	34	91
1940	293	103	44	100
1945	271	98	55	103
1950	217	105	70	104
1955	185	105	81	105
1960	145	100	87	101
1965	110	99	94	98
1970	96	98	103	99

资料来源：美国农业部经济统计合作局为本书编写（1978 年 7 月 10 日）。

上述农业投入贯穿整个 1970 年代：人力投入连续下降，农场房地产投入保持不变，而机械和农用化学品的投入连续上升（见表 17.2）。但是美国农业组织在 1980 年后开始改变。1979—1989 年农业机械的投入在 100 多年来的 10 年内首次下降（见表 17.2）；农业化学品的投入自二战以来首次停止了强劲上升趋势——先是下降，然后趋于平稳，最后在 1989 年急剧上升；房地产投入也在 1979—1989 年下降；1980 年代只有一类杂项投入大
359 量增加。美国农场的总投入在 1979—1989 年下降了 16%。（该组织发展的含义在下章讨论。）

表 17.2 1970—1989 年美国农业总投入和主要投入子群指数（1977 年=100）

年份	总投入			农业劳动力[c]	农场房地产[d]	机械动力与机械[e]	农药[f]	饲料、种子和牲畜采购[g]	税收和利息[h]	其他[i]
	全部	未购买[a]	购买[b]							
1970	96	106	87	112	105	85	75	96	102	89
1971	97	103	90	108	103	87	81	102	101	89
1972	97	103	91	110	102	86	86	104	102	92
1973	98	103	93	109	100	90	90	107	102	90
1974	98	103	93	109	99	92	92	99	103	87
1975	97	103	90	106	97	96	83	93	100	82
1976	98	100	96	100	98	98	96	101	102	90
1977	100	100	100	100	100	100	100	100	100	100
1978	102	100	105	100	100	104	107	108	99	103
1979	105	100	111	99	103	104	123	115	103	113
1980	103	100	106	96	103	101	123	114	100	96
1981	102	98	106	96	104	98	129	108	99	108
1982	99	96	102	93	102	92	118	107	95	116
1983	96	93	101	97	101	89	102	103	99	101
1984	96	91	101	92	99	86	120	106	93	110

续表

年份	总投入			农业劳动力	农场房地产	机械动力与机械	农药	饲料、种子和牲畜采购	税收和利息	其他
	全部	未购买	购买							
1985	92	87	97	85	97	80	115	102	96	116
1986	89	84	94	80	96	77	109	110	97	110
1987	89	82	95	78	95	73	111	117	100	122
1988	87	80	94	75	94	72	111	110	97	119
1989[j]	88	79	98	76	93	73	122	119	94	123

资料来源：U. S. Department of Agriculture, *Production and Efficiency Statistics, 1989*, ECIFS9-4, April 1991。

注：a. 包括经营者和无薪家庭劳动力，以及经营者拥有的不动产和其他资本投入；

b. 包括除非采购投入以外的所有投入；

c. 包括雇工、经营者和无偿家庭劳动；

d. 包括农场的所有土地、服务性建筑、放牧费和服务性建筑修缮；

e. 包括机械动力和机械修理的利息和折旧；

f. 包括肥料、石灰和杀虫剂；

g. 包括饲料、种子和牲畜采购的非农业价值；

h. 包括不动产税和个人财产税，以及牲畜和农作物存货的利息；

i. 包括保险费、电话费、兽医费、货柜和捆装材料；

j. 初步数据。

现代美国农场

当然，现代美国农场并非单一类型。就规模、产品和财务状况而言，有许多不同的农场类型。截至 1990 年，本文将 210 万个美国农场分为四种基本类型：年收入超过 25 万美元的超大型农场，年收入在 100,000 美元—249,999 美元之间的大型农场，年收入在 40,000 美元—99,999 美元之间的中等规模农场，年收入不到 39,999 美元的兼业农场（见表 17.3）。10.7 万个超大型农场生产和销售了全国 56% 的农产品，这些农场的资产为 120 万美元—500 万美元不等，其股权从近 100 万美元—400 万美元不等。这些超大型农场都是政府收入和价格支持的主要受益者。应当注意，年收入超过 100 万美元的超大农场只生产了少量符合价格支持条件的商品（见表 17.3）。这些农场每年的平均净现金收入为正，为 158,267 美元—1,244,550 美元不等。以现代工业标准来看，这些农场仍然很小，但以历史标准来看，它们已经是大规模农场了。

表 17.3　1990 年农场数量、净现金收入、非农现金收入和农场资产负债表（按销售类别划分）

项目	1,000,000 美元及以上	500,000 美元—999,999 美元	250,000 美元—499,999 美元	100,000 美元—249,999 美元	40,000 美元—99,999 美元	20,000 美元—39,999 美元	少于 20,000 美元
				千			
农场数量	16	27	64	214	306	259	1254
				美元			
各农场的运作：							
现金总收入	3,708,945	777,624	401,468	183,937	78,565	34,749	7216
销售收入	3,627,349	727,763	360,125	162,726	68,623	29,958	5713
政府的商品直接补贴	178,029	115,158	82,351	42,585	17,151	6928	804
专有价格支持商品	363,458	139,212	89,344	53,523	23,619	7840	1059
非支持商品	3,085,862	473,393	188,430	66,618	27,853	15,191	3850
政府补贴	28,096	36,056	33,174	15,055	5749	2024	192
与农业有关的收入	53,501	13,804	8168	6156	4193	2767	1311

续表

项目	1,000,000美元及以上	500,000美元—999,999美元	250,000美元—499,999美元	100,000美元—249,999美元	40,000美元—99,999美元	20,000美元—39,999美元	少于20,000美元
现金支出	2,464,395	504,645	243,201	113,559	52,664	25,557	7586
净现金收入	1,244,550	272,978	158,267	70,378	25,901	9192	-370
家庭人均非农收入	28,472	25,916	27,629	18,096	25,335	31,916	35,206
			千美元				
各农场的资产负债表							
农场资产	4915	2092		1264	815	494	330
房地产	3201	1412		853	584	364	254
畜禽	867	200		110	63	38	24
机械和机动车辆	423	187		140	95	58	34
储存的农作物	136	85		59	34	12	5
采购投入	29	15		8	3	1	1

续表

项目	1,000,000美元及以上	500,000美元—999,999美元	250,000美元—499,999美元	100,000美元—249,999美元	40,000美元—99,999美元	20,000美元—39,999美元	少于20,000美元
对合作社的投资	221	176		81	28	14	6
其他财务	40	18		13	8	7	6
债务	1051	447		275	147	78	42
房地产	337	205		129	77	43	27
不动产	714	242		146	70	35	15
资产净值	3864	1646		989	668	416	288

资料来源：U. S. Department of Agriculture, *National Financial Summary, 1990*, ECIFS10-1, November 1991。

全国21.4万个大型农场生产和销售了全国21%的农产品，这些农场的平均资产为81.5万美元，股权为66.8万美元。在商品计划下，政府直接支付给每个农场的费用平均为42,585美元。我们注意到，这些农场从符合价格支持条件的商品中获得的收益，几乎与从未受支持的商品中获得的收益相等。这个群体每年从农业中获得的净现金收入为70,378美元。就农场数量而言，这是一个很大的群体，农场的平均净收入状况相当不错。但大型农场对全国农业总产值的贡献还不到超大型农场的一半。

30.6万个中等规模农场生产和销售了全国13%的农产品。这些农场的平均资产只有49.4万美元，但它们的平均股权状况很好，为41.6万美元。政府为这类农场提供的收入和价格支持很少，但非农收入是影响这一群体的主要因素。平均每个农场每年的非 360
农收入为25,335美元，而农场的净现金收入只有25,901美元。当人们提到小家庭农场时，就是指这个群体。重要的是要认识到，到1990年为止，我们定义的中等规模农场收入的一半来自非农活动。

151.3万个兼业农场生产和销售了全国10%的农产品。这类农场的资产很少，政府在收入和价格支持方面的贡献微不足道。这类农场的净收入在370美元—9192美元之间。农场家庭的主要收入为非农收入，规模最小的农场非农收入为35,206美元，规模较大的农场非农收入为31,916美元。这类农场不是传统意义上的农场，其主要和持续的收入来自非农业活动，而农业只是副业。

因此，按照历史标准，生产大量农产品的现代美国农场是一个大型企业。现代大型机械设备支撑着农场大型化的趋势，有了大型的现代机械，一个农场主和他的儿子，也许再加上一两个雇工，就可以经营一个农场了。那些缺乏进取心、平庸的管理者的商业失败使农场大型化的趋势成为现实。只要有农场倒闭，它们的生产性资产，特别是土地，就立即被那些更优秀的农场管理者吞并。截至 1990 年这种同类相食过程的结束还遥遥无期，尽管这个过程正在放缓，仅仅是因为农场的规模正在缩小。技术进步、竞争、政府的价格和收入支持相互作用，使弱者淘汰，强者更强。

1870—1990 年农业生产率的变化

美国农业发展的记录（1879—1990 年）如表 17.4 所示。[1] 农产品总产量在 1870—1900 年显著增长，主要源于土地和劳动力
362 投入的增加。按百分比计算的产出增长大于投入增幅的增长；该时期的生产率有所提高；单位投入产出由 1870 年的指数值 40 增加到 1900 年的 53。此期间的每英亩产量并未增加，生产率提高的主因是新的和改良机械取代了人类劳动。

表 17.4　1870—1990 年美国农业产出、投入和生产率指数（1967 年=100）

年份	投入	产出	生产率	年份	投入	产出	生产率
1870	17	43	40	1949	74	105	71
1880	26	56	47	1950	74	104	71
1890	31	66	43	1951	76	107	71
1900	40	77	53	1952	79	107	74
1910	43	86	50	1953	79	106	75
1911	42	88	48	1954	80	105	76
1912	47	90	53	1955	82	105	78
1913	43	90	47	1956	82	103	80
1914	47	92	51	1957	81	101	80
1915	49	92	53	1958	87	100	87

续表

年份	投入	产出	生产率	年份	投入	产出	生产率
1916	44	92	48	1959	88	102	87
1917	47	93	51	1960	91	101	90
1918	47	95	49	1961	91	100	91
1919	47	95	50	1962	92	100	92
1920	50	98	52	1963	96	100	96
1921	45	95	47	1964	95	100	95
1922	49	96	51	1965	98	98	100
1923	50	97	51	1966	95	98	97
1924	49	99	50	1967	100	100	100
1925	41	99	51	1968	102	100	102
1926	52	101	52	1969	102	99	103
1927	52	99	52	1970	101	100	102
1928	54	101	53	1971	110	100	110
1929	53	102	52	1972	110	100	110
1930	52	101	51	1973	112	101	111
1931	57	101	56	1974	106	100	106
1932	55	97	57	1975	114	99	116
1933	51	96	53	1976	117	100	117
1934	43	90	48	1977	120	102	118
1935	52	91	57	1978	125	104	120
1936	47	93	50	1979	134	107	125
1937	57	98	59	1980	125	105	119
1938	57	96	60	1981	142	104	137
1939	58	98	59	1982	140	100	140
1940	60	100	60	1983	116	98	118

续表

年份	投入	产出	生产率	年份	投入	产出	生产率
1941	62	100	62	1984	135	97	139
1942	70	103	68	1985	142	93	153
1943	69	104	66	1986	134	90	148
1944	71	105	67	1987	132	90	147
1945	70	103	68	1988	123	89	138
1946	71	101	71	1989	137	89	155
1947	69	101	68	1990	143	90	160
1948	76	103	74				

资料来源：美国农业部经济研究局。

1900—1930年农产品总产量增长缓慢。随着边疆开垦结束，只有通过在填海和排水方面大量投资，新的土地才可能投入生产。该时期的产量增加，要么依靠人力投入，要么有赖农业技术进步。但是，此期间的人力投入几乎不变。而且由表17.4可知，农业生产率和单位投入产出并未增加。由于全国耕作体系中增加了土地和资本投入，农产品总产量增长缓慢，而农业生产率几乎保持不变。

1930—1937年新技术的采用支持着农场的技术进步和农业生产率的持续提高。然而，由于深度萧条和严重干旱，上述发展并未实现。大萧条使农场主无法投资于可用的技术，1934和1936年的严重干旱，使农场主采用新技术增加产量的努力徒劳无效。

技术带来的回报始于1937年，并持续了近30年。1937—1965年农场主因为采用了新技术，单位投入产出持续增长。这就是1937—1965年农产品总产出长期增长的方式。该期间的生产资源投入几乎不变。事实上，资本投入的增加平衡了人力投入的损失。农场主通过不断采用以资本为载体的新技术，增加了总产出。

表 17.4 中 1965—1975 年的生产率指数非常奇怪，呈现了不连续的跳跃。1965—1970 年的总产出和总投入指数几乎不变，生产率指数也很平稳；1970—1971 年由于总产出指数的大幅增长， 363
生产率指数也显著上升；1971—1974 年生产率指数和投入指数都几乎不变；1974—1975 年，由于产出指数的增加和投入指数的适度下降，生产率指数第二次出现不连续的上升。

正如表 17.4 中的生产率指数所示，1965—1975 年的美国技术革命时断时续。但是，笔者和多数专家都对这种阶梯式的发展进程表示怀疑。更可能的是，这种产量和生产率数据增加的阶梯模式仅代表统计偏差。此外，天气和作物生长条件的变化常常导致产量的重大变化。

1975—1990 年农产品总产量呈大幅增加的趋势（见表 17.4）。但是，由于天气原因，每年的产量波动较大，如 1983 年因天气恶劣产量大幅下降。但其他事件正在发生。如前所述，农业投入总额在 1979—1989 年下降了 16%。不过，众所周知，农业投入的下降并没有导致总产出下降，在此期间，总产出呈增长趋势。因此，生产率指数在 1975—1990 年增长了 38%。这就是 1975—1990 年农业技术进步的方式。该方式告诉我们，就农业技术进步而言，它是美国农业历史上最具活力的时期之一。

与日本对比

在 1800—1990 年这段漫长的发展历程中，美国农业的发展对农民参与者而言极其艰难，它需要农民根据不断变化的自然和经济环境进行持续和痛苦的调整，这对农民而言极其艰难。但是，根据生产增长、财富积累、粮食供给充足这三个标准进行判断，美国的农业发展是成功的。日本自 1867 年明治维新后的农业发展同样很成功，但两者的发展进程大相径庭。速水佑次郎（Hayami Yujiro）和弗农 · 拉坦教授对 1880—1960 年两国农业发展进行了
365 比较研究，揭示了两国在发展道路上的差异和取得的成就。[2]

1880—1960 年美国的农产品总产量每年增长 1.5%；同期，日本的农产品总产出每年增长 1.6%（见表 17.5）。美国的农业生产率（单位投入产出）每年增长 0.7%；同期，日本的农业生产率提高了 1.0%。日本在这 80 年间的生产效率提高方面，处于领先地位。

表 17.5　1880—1960 年美国和日本农产品的产出、投入与生产率变化

	年复合变化率				
	1880—1900 年	1900—1920 年	1920—1940 年	1940—1960 年	1880—1960 年
美国					
产量（种子和饲料净值）	2.2	0.8	1.3	1.9	1.5
总投入	1.6	1.1	0.3	0.2	0.8
总生产率（产出 / 投入）	0.6	−0.3	1.0	1.7	0.7
男职工人数	1.1	0,2	−0.9	−3.9	−0.9
每名男性工人的产量	1.1	0,6	2.2	5.8	2.4
耕地面积	2.7	1.9	−0.1	−0.2	1.1
每公顷产量	−0.5	−1.1	1.4	2.1	0.4

续表

	年复合变化率				
	1880—1900年	1900—1920年	1920—1940年	1940—1960年	1880—1960年
日本					
产量（种子和饲料净值）	2.1	2.2	0.7	1.5	1.6
总投入	0.2	0.6	0.3	1.0	0,6
总生产率（产出/投入）	1.9	1.6	0.4	0.5	1.0
男职工人数	−0.1	0	−0.9	−0.1	−0.3
每名男性工人的产量	2.2	2.2	1.6	1.6	1.9
耕地面积	0.5	0.7	0.1	0	0.3
每公顷产量	1.6	1.5	0.6	1.5	1.3

资料来源：改编自 Yujiro Hayami, Vernon W. Ruttan, *Agricultural Development: An International Perspective*, Baltimore: Johns Hopkins Press, 1971，第六章表 6.2。

但美日两国在不同时期的发展模式存在明显差异（见表 17.5 和图 17.1）。1880—1930 年美国利用更传统的资源增加总产出。结果，生产率在 1880—1900 年略有上升，在 1900—1930 年保持不变。日本的生产性资源的总投入在 1880—1940 年仅略有增加，农产品总产出增加主要依靠资源生产率的提高，农业技术进步是日本产量增长的主要原因。1935 年以后，美国的产量增加几乎完全源于资源生产率的提升。二战对日本农业发展造成了严重破坏，但是战后日本的农业产出又开始增加，部分由于资源投入的增加，367
部分又由于生产率的提高。二战后，农业技术进步并没有在日本发挥像在二战后美国那样的主导作用。

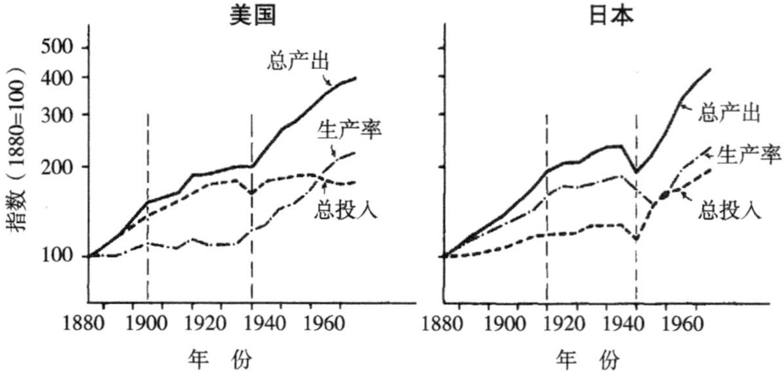

图 17.1　1880—1969 年美国和日本的农产品总产出、总投入和生产率的变化对比

注：本图采用修订后的数据，改编自 *Agricultural Development: An Internation al Perspective*, by Yujiro Hayami and Vernon W.Ruttan, Baltimore: Johns Hopkins Press, 1971, p. 116。第六章图 6.1。

为什么两国的农业发展模式如此不同？速水佑次郎和弗农·拉坦认为，由于两国资源禀赋不同，所以生产要素的相对价格也不同（正如之前我们讨论的美国农业发展模式一样）。美国拥有良好的耕地和适宜的气候：1880 年人均耕地为 10 公顷，1960 年人均耕地为 46 公顷。日本的可耕地资源匮乏：1880 年人均耕地仅 0.61 公顷，1960 年人均耕地为 0.97 公顷（见表 17.6）。此外，日本劳动力充足，工资低，而美国刚好相反。因此，土地价格与工资比率在美国相对较低，而在日本相对较高（比较表 17.6 中的第 6 和 12 行）。1880 年，日本的农场工人为了买 1 公顷土地，必须工作的时间大约是美国农场工人的 9 倍（1559 ÷ 181=8.61）。

表 17.6 1880—1960 年美国和日本土地、劳动力禀赋及生产要素相对价格

	1880 年	1900 年	1920 年	1940 年	1960 年
美国					
(1)耕地面积(百万公顷)	76	129	189	187	181
(2)男性农场工人数(千)	7959	9880	1,0221	8487	3973
(3)(1)/(2)(公顷/工人)	10	13	18	22	46
(4)耕地价值(美元/公顷)	163	129	352	180	711
(5)农场工资率(美元/天)	0.90	1.00	3.30	1.60	6.60
(6)(4)/(5)	181	129	107	113	108
日本					
(7)耕地面积(百万公顷)	4748	5200	5997	6121	6071
(8)男性农场工人数(千)	7842	7680	7593	6365	6230
(9)(7)/(8)(公顷/工人)	0.61	0.68	0.79	0.96	0.97
(10)耕地价值(日元/公顷)	343	917	3882	4709	1,415,000
(11)农场工资率(日元/天)	0.22	0.31	1.39	1.90	440
(12)(10)/(11)	1559	2958	2793	2478	3216

资料来源：改编自 *Agricultural Development: An International Perspective*, by Yujiro Hayami and Vernon W. Ruttan, Baltimore: Johns Hopkins Press, 1971。第六章表 6.1。

考虑到这些资源禀赋和相关要素价格，19 世纪的美国在生产流程中大量使用土地。在 1880—1960 年研发的重点是可以代替人力劳动的技术，从而使人均耕地从1880年的10公顷增加到1960年的46公顷。20世纪美国土地变得稀缺，价格昂贵，研发重点转向了生物和化学技术。重心转移的结果是，1935年以来美国每公顷土地的产量显著增加，总产量和资源生产率也有所提高。

日本的农业发展从一开始就走上了一条不同的道路。由于土地稀缺且价格昂贵，劳动力充足且价格低廉，日本确立的发展战略是利用丰富的人力资源，以及开发替代土地的新技术。该战略
368 强调发展新的和改进的生物和化学技术。这种技术在农场上的应用涉及（1）以新的和改良的植物品种及商业肥料替代土地；（2）在准备苗床、除草及灌溉用水的使用和管理方面大量使用人力。1880—1940年这种方法大大提高了产量以及单位投入产出和总产出。在此期间，日本采取的农业发展战略与美国完全相反。因为该战略契合了日本的资源禀赋和要素价格特征，所以非常成功。

正如速水佑次郎和弗农·拉坦所言，日本较高的土地价格，促使人们通过研发新技术替代土地要素。在经济理性和工作导向的日本社会，这一追求取得了成功。1880—1940年新的和改进的生物学和化学技术与丰富的人力资源相结合，促进了日本农业的快速发展。美国较高的劳动力价格，促使人们寻求替代劳动力要素和土地要素的新技术，起初主要是可以代替人力的机械技术，后来为可以代替稀缺的土地的生物技术，这些技术为国内消费者和海外市场提供了丰富的食品供给。在这个相当理性且以绩效为导向的20世纪美国社会中，这些探索也取得了成功。

小　结

农业发展没有捷径可走。对一个国家来说可取的方法，对另一

个国家可能就是错误的。在一个国家历史上某个时期正确的方法，在另一个时期可能就是不可取的。因此，探究美国和日本的农业经济在1990—2010年如何适应不断上涨的能源价格，将是很有意义的事情。1974—1978年，美国因能源价格上涨而进行的农业 369
生产资源调整是很缓慢的。

也许有人认为，国家应该始终将最大限度地提高农业生产率作为发展的原则。但是，该原则只能说明一个国家应该始终寻求尽可能有效地生产和分配其农产品，对国家研发预算的指导意义不大。这一原则对于资源配置机制的选择——依靠市场还是转向发展规划，没有多大意义。此外，或许更重要的是，效率并非农业决策的唯一标准。社会更关心农业的收入分配、食品安全、人力资源调整等等。

可见，农业发展是多方面的，也是多目标的，有的主要，有的次要。为了实现这些不同的目标（这些目标往往是相互冲突的），社会很可能会采取一些无益于最大限度提高农业生产率的政策冲突，某些政策可能不会提高农业生产率。

然而，我们或许可以得出一般结论。如果一个国家的目标是增加食品生产者和消费者的实际收入，那么它就不能以公平或安全的名义，选择低效的方式进行生产和分配。相反，必须不断寻求提高生产资源的效率。1880—1960年美国和日本在一定程度上做到了这一点。两者都以各种方式利用其传统资源和研发资源，使1880年之后的农业总生产率增加或保持不变。因此，不管这些国家在战争、消除不公和社会保障方面都做了什么，它们所奉行的粮食和农业政策确实增加了食品生产者和消费者的实际收入。

推荐阅读

1. Hayami, Yujiro, & Ruttan, Vernon W., *Agricultural Development: An International Perspective*, Baltimore: Johns Hopkins Press, 1971.
2. Ruttan, Vernon W., *Induced Innovation and Agricultural Development,* Staff Paper 77-1, New York: Agricultural Development Council, 1977.
3. Sundquist, W. B., "Agriculture and Economic Development: The Minnesota Case", Staff Paper 77-9, Department of Agricultural and Applied Economics, University of Minnesota, April 1977.
4. U. S. Department of Agriculture, Economic Research Service, "Changes in Farm Production and Efficiency, Special Issue Featuring Historical Series", *Statistical Bulletin*, No. 561, September 1976.
5. U. S. Department of Agriculture. Economic Research Service, *Production and Efficiency Statistics, 1989*, ECIFS9-4, April 1991.
6. Wilcox, Walter W., Cochrane, Willard W., & Herdt, Robert W. , *Economics of American Agriculture*, 3rd ed., Englewood Cliffs, N. J. : Prentice Hall, 1974, Chaps. 1-4.

第十八章　发展的分水岭

美国农业发展主要经历了两次浪潮，用我们的术语说，农业在 371
其发展过程中跨越了两大分水岭。[1]一是1763—1785年土地定居政策的变化，导致农业发展方向的改变；二是1900—1920年农业生产方式从粗放型到集约型的转变。首先，将对比可能发生的和实际发生的情况。而后，将以实际发生的情况作为范例，说明当资源基础发生变化时，农业生产结构是如何必然改变的。

本章我们还将深入探讨在不可预测的世界市场环境下，1980年代美国农业在资源和发展方面的各项变化情况。很难从美国农业正在发生的许多不同发展中获得价值，有些是国内的，有些是国外的。但是，在食品生产和分配方面似乎正在发生一些深刻的变化，美国农业正在跨越另一个重要的分水岭。所以，本章将仔细探 372
究1980年代的农业发展情况，看看能否确定该分水岭的轮廓，并识别出它所引领的新方向。如果说，我们因与1980年代的发展近在咫尺且参与其中而无法准确描述其状态，那么，我们应该能够明确在未来农业发展进程中的关键动力及其相互关系。

1763—1985年

1763年，英国皇家宣布禁止对阿巴拉契亚山脉分界线以西的所有土地进行测量和处置，并保留了分界线以西和密西西比河以东的所有土地，专供印第安人使用。为了回应英国和殖民地土地投机商的需求，1768年英国政府将定居地点向西迁移。由此看来，英国政府在1763年采取的新定居政策可能要失败了。但是，1774年英国国王采取了两项行动，即重申和永久保留1763年保守的土地定居政策，细化了将宣言线以东的土地划给私人的条件；不再免费提供补助金；所有的土地都将以拍卖的形式出售，且最小的拍卖土地面积为100英亩。更重要的是，《1774年魁北克法案》将魁北克省的边界向南移到了俄亥俄河，从而否定了弗吉尼亚和马萨诸塞对宣言线以西和俄亥俄河以北的土地的主张。俄亥俄河以南的大部分土地留给印第安人专用，印第安人的毛皮贸易由魁北克总督管理。由于英国政府在1763—1774年采取了保守的土地政策和定居政策，所以，东海岸殖民地区的扩张被限制了。[2]

对于从事狩猎的拓荒者、寻找廉价小土地的贫穷拓荒家庭以及寻找大片土地取代贫瘠的烟草土地的南方种植园主来说，这种保守的土地政策和定居政策令人生厌。如第二章所述，保守的土地政策导致开拓西部的先驱农民和南方种植者反对母国，形成了支持美国革命的动力。但并非殖民地的每个人都受到了新土地政策的不良影响。
373 例如，山区东部拥有大片原始土地的所有者和富有的土地投机商，都将从禁止定居的阿巴拉契亚山脉以西土地而导致的土地升值中获益。如果新的土地政策和定居政策持续时间长，在殖民地已建立农业区的农场主肯定会从两方面获益：(1)俄亥俄和密西西比河地区的土地竞争不会太激烈；(2)剩余农业劳动力很难有自己的农场，劳动力充足且廉价。

上述结论建立在一个重要而深刻的观点之上。如果新的土地政策和定居政策持续很长一段时间，比如说50年至100年，那么土地的价值将飞涨，劳动力将过剩，农业会变成劳动密集型产业。

在原 13 个殖民地地区的农场主将被迫采取某种类型的保护模式以提高和保持土壤肥力，也许这种保护模式是英格兰采用的诺福克轮作。相对而言，由于土地短缺而劳动力过剩，原 13 个殖民地地区的农业发展方向将与过去截然不同。

但是，英国政府的新土地政策和定居政策并未持续太久。美国人取得了独立战争的胜利，1785—1787 年的土地政策规定，阿巴拉契亚山脉以西一直到密西西比河的公用土地为殖民地开放。在 19 世纪，公共土地继续向西延伸到了太平洋。美国人对土地的需求贪得无厌，加上他们在人口规模和军事装备方面的优势，使得美国白人轻松地征服了印第安人，并将其赶到保留区。因此，美国在革命战争中的胜利使农业发展进程在一个世纪内从最初 13 个殖 374
民地的内向型集约发展转向一个世纪内遍布整个大陆的扩张型广泛发展。

本书的第三章到第五章描述了美国农业的发展，这里不再赘述。要强调的一点是，如果英国赢得了战争，美国所在地区的农业发展方式可能大不相同。通过与印第安人的毛皮贸易，印第安部落的领土权利将在更长的一段时间内得到保障，印第安人也将成为定居政策的一个重要决定因素，而沿海地区的农业发展将变得更以劳动密集型和土地密集型为主。由于独立战争的结果至少在 7 年内是不确定的，因此上面所描绘的农业发展的替代路线并不代表一种幻想。如果英国胜利了，将会继续实行始于 1763 年的土地政策和定居政策，因为这些土地政策也是战争的导火索之一。从这个意义上说，1763—1785 年是美国农业发展的分水岭。1763—1774 年英国政府的法令改变了农业发展的方向；从 1785 年开始，新美国政府使农业朝着相反的方向发展。

1900—1920 年

有统计数据表明，1900—1920 年美国农业跨越了一个分水岭，这是毫无疑问的。（见表 18.1）1870—1910 年每 10 年的农场就业人数均在增加，但增长速度在下降。1910—1920 年就业人数略有下降；1920—1970 年就业人数不断下降。1910—1920 年之前，农场生产作为农业综合产业的一部分，是就业机会不断扩大的行业；1910—1920 年之后，是就业机会萎缩的行业。

农场产出与农场就业遵循相同的模式。在 1870—1880 年的大宅基地时代，农场产出增加了 53%；此后，农场产出持续增
376 长到 1910 年；但在整个 1870—1910 年，其增长速度呈下降趋势。在 1910—1920 年的 10 年中，农场产出虽有所增长，但几乎与 1900—1910 年的实际增长率相同。1920—1960 年农场产出增长率呈上升趋势。农场产出增长率的方向在 1910—1920 年或 1900—1920 年发生了明显变化。

生产率指数（单位投入产出）在 1870—1900 年呈现出规律性变化，但从趋势上看，变化是正的，而 1900—1920 年的变化是负的。1920—1960 年农业生产率急剧增长。人均产量遵循类似但不同的模式。人工生产率在 1870—1910 年呈现不规律的下降，然后在 1910—1970 年奇迹般地增长。

这些发展的分水岭的统计指标是否有逻辑依据呢?1870—1880 年农场产出大幅度增加，因为农场土地增加了 31%，全国耕作体系中增加的大部分土地都是良田。1870 年代农场就业增加了 26%，但农场产出增长得更多，这是因为这一时期畜力和机械相结合迅速地替代了人力。结果，总生产率（单位投入的产出）和劳动生产率在 1870—1880 年迅速增长，原因在于畜力和机械的大量使用，使农产品产量在 10 年内增加了 53%。

表 18.1　1870—1970 年农场就业、农场产出、人均产出、单位投入产出及总人口的变化情况
（1870 年的所有指数都等于 100）

单位：%

年份	农场就业		农场产出		人均产出		单位投入产出		总人口	
	数字[a]（百万）	百分比变化	指数[b]	百分比变化	指数	百分比变化	指数[b]	百分比变化	数量[c]（百万）	百分比变化
1870	8.0		100		100		100		39.9	
1880	10.1	26	153	53	121	21	118	18	50.3	26
1890	11.1	16	182	19	125	3	108	−8	63.1	25
1900	12.8	10	235	29	147	18	133	23	76.1	21
1910	13.6	6	253	8	149	1	125	−6	92.4	21
1920	13.4	−1	276	9	164	10	123	−2	106.5	15
1930	12.5	−7	318	15	204	24	133	8	123.1	16
1940	11.0	−12	353	11	256	25	153	15	132.1	7
1950	9.9	−10	441	25	353	38	181	16	151.7	15

续表

年份	农场就业		农场产出		人均产出		单位投入产出		总人口	
	数字（百万）	百分比变化	指数	百分比变化	指数	百分比变化	指数	百分比变化	数量（百万）	百分比变化
1960	7.1	−28	529	20	594	68	225	24	180.7	19
1970	4.5	−37	614	16	1104	86	265	18	205.4	14

注：a. 1870—1900 年的数据基于美国人口普查局人口系列P-9，第 11 号，1910—1960 年的数据来自美国农业部农业营销服务局的平均年农场就业率，1980 年的数据是根据趋势预测的；

b. 以某年为中心的 3 年平均数，来自美国农业部农业生产经济司研究处对 1870—1900 年的估计，1910—1970 年的产量数据来自美国农业部经济研究局的“农业生产和效率变化”年度系列资料；

c. 人口普查局 7 月 1 日人口报告。

在整个 19 世纪的剩余时间里，农业发展的这种基本形式一直持续着：将新的和额外的土地投入生产，在新增土地上增加更多工人，并以机械代替人力。但是，到了 1880 年，最好的农业用地被消耗殆尽；1880 年后增添至国家农场的土地往往生产潜力较低；大部分土地位于干旱的西部或中西部、南部的丘陵地区。1880 年代和 1890 年代的农场技术发展大致相同，即效率更高的机械取代了农场工人，导致产量增加，但是增速递减。到 1900 年，当具有相同 377
生产潜力的廉价土地消失时，这种农业发展方式就失去了以有效方式或与人口增长率相等的速度增加总产出的能力。实际上，始于 1785 年的美国农业大发展时期到 1900 年就结束了。

1900—1920 年，由于低质量土地和涉及灌溉与排水的高成本土地被纳入到国家耕作体系之中，农场主尝试着利用新的动力源，所以总产量增长缓慢。从 1910 年开始，劳动生产率趋于稳定，农业从业人数开始下降。最重要的是，农业生产率指数下降，百分比变为负值，表明该时期农业中的生产率比早期使用相同资源的生产率低。从技术上讲，美国农业在 1900—1920 年处于萧条状态。尽管当时的参与者或许并不清楚，但是该时期对美国农业来说是一个标志性阶段——从一个发展阶段的结束到另一个发展阶段的开始。

到 1920 年，农场主开始广泛利用高效方便的拖拉机代替马匹和骡子；1930 年代，农场主采用了新的和改进的生物技术，农作物产量开始增加；1930 年代后期，将商业肥料与新的植物品种结合使用，成为提高产量的一个重要来源。机械、生物和化学技术的发展相互作用，使 1920—1960 年的农产品总产量的增长率不断上升。1920 年代，整体农业生产率再次变为正数，并在 1920—1970

年持续增长。随着总产出的增加和农场劳动力的下降，人工生产率在 1920—1970 年奇迹般地增加，此时的美国农业技术革命与
378 1900 年末完全不同。1920—1970 年的农业发展过程是以科学为基础的，它涉及农场资本的强化利用。由于所使用资源的生产率提高，农产品总产出增加，而资源的总投入几乎保持不变，1920—1970 年的农业发展过程是科学技术的产物。

1970—1990 年

正如第七章所述，1950—1970 年的农产品价格相对稳定（图 7.1）。结合图 18.1，可以观察到此期间的农产品价格受到大宗商品价格支持计划的影响，农业收入在经济繁荣和萧条之间徘徊。同时，美国农业也经历了一场巨大变革。农场迅速采用了新技术，农
379 作物产量急剧增加，不思进取的农场主纷纷破产，其生产资源被重新组合到规模更大、生产率更高的农场中。

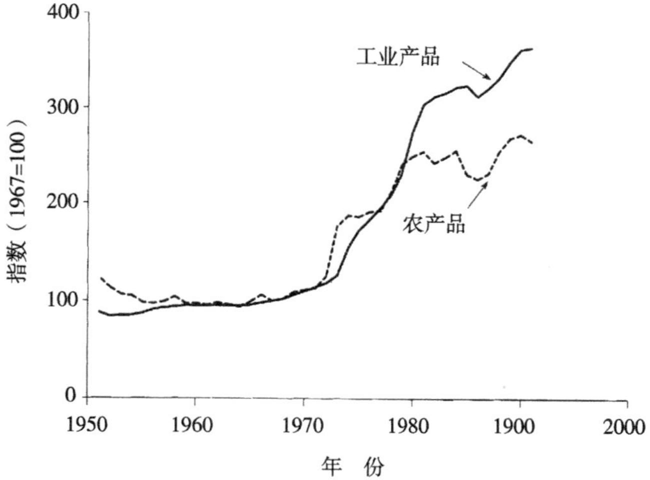

图 18.1　1950—1991 年美国农产品和工业产品价格

1970—1980年农产品价格上涨了近150%（见图18.1）。1970年代上半叶，工业产品价格的上涨落后于农产品，普通农场主的收入大增。1970年代下半叶，在能源成本上涨的带动下，工业产品价格超过了农产品，农场收入开始下降，农场主再次呼吁政府通过提高价格水平和收入支持帮助他们。在此期间，美国继续进行农业结构调整。农业技术进步继续推动农业生产，粮食产量持续增长，安于现状的农场主继续破产，其生产资源继续被整合到规模更大、生产率更高的农场中。

对于农场主来说，1980年代是与众不同的10年。出口扩张带动的农产品价格上涨在1981年前后结束，同时出口繁荣也落下帷幕。农产品价格趋于平稳，之后下降，在1980年代末又反弹（见图18.1）。随着1980年代工业产品价格的持续上涨，贸易条件对农业不利。同时，对农场主来说，攀升的利率令人难以承受，各种信贷杠杆使农场主大量破产。尽管1980年代遭遇了经济困境，农业技术仍在继续进步，作物产量也继续增加（但增长速度慢于前二十年），缺乏创新力的农场继续破产，被更大规模、更具效率的农场所吞并。

美国农业部经济研究局的劳埃德·泰根（Lloyd Teigen）的研究结果支持了该论点。他写道："这种'同类相残'促进了农业生产率的提高，因为在很大程度上，大农场主比小农场主更优质。在最近的三次人口普查中，伊利诺伊州最小农场的玉米产量比最大农场每英亩低30蒲式耳。在佐治亚，两者的玉米年产量差接近每英亩40蒲式耳……奶牛场的模式与玉米类似。"[3]

表18.2中显示了1948—1989年各商业周期的产量、投入、要素生产率的增长情况。表18.2的估计数是根据经济研究局的新生

381 产率指数编制的，以取代表 17.4 的旧数据。虽然各年份的估计数不同，但两组指数的基本趋势相似。表 18.2 第一栏的数据大体与表 17.4 一致。在表 18.2 中，1948—1989 年农场产出的年增速为 2%，而总投入年增速仅约 0.2%。因此，全要素生产率的年增长率几乎达到了 2%。但是，经济研究局的新生产率指数表明，在这段时期内，产量的增长就像投入一样不规律。因此，总生产率的增长从 1948—1953 年的不足 1% 达到了 1957—1960 年的超过 3%。

或许 1948—1989 年美国农产品的增长，如表 18.2 中的数据显示那样起伏不定，或表 18.2 中的不连贯间断是统计偏差，实际增长过程则略微平稳一些。但总体趋势很明显：总产量以每年 2% 的速度增长；整个时期的劳动力投入都在下降，1953—1957 年下降率达到最低的 4.6%；大多数时期，耐用资本投入和中间投入都在增加，最终结果就是全要素生产率每年增长近 2%。值得注意的是，耐用资本的投入在 1948—1953 年（即二战后）每年增长 7%，但在 1979—1989 年每年下降 3%。

表 18.2 中的关键数据是最后一列 1979—1989 年的数字。该时期所有要素的投入均下降。这是表中唯一出现这种情况的时期，且可能是自 1933 年农业技术革命开始以来唯一有这种现象的时期。但是请注意：产量是每年都在增长的。换句话说，因此，总生产率指数以每年近 3% 的速度增长。最重要的是，由于 1980 年代生产要素的生产率提高，农场主能够在这些要素总投入下降的情况下提高产量。

表 18.2 中 1979—1989 年的数据为下述观点提供了实证支持。1980 年代美国农场的高生产率并非因为采用了一两个重要的新技
382 术（例如杂交玉米种子和化肥的大量使用）。恰恰相反，是因为有控

表 18.2　1948—1989 年各商业周期的产出、投入和要素生产率的增长

	年平均增长率								
	1948—1989 年	1948—1953 年	1953—1957 年	1957—1960 年	1960—1966 年	1966—1969 年	1969—1973 年	1973—1979 年	1979—1989 年
投入	0.0203	0.0143	0.0140	0.0378	0.0142	0.0308	0.0311	0.0254	0.0136
产出	0.0020	0.0134	0.0007	0.0051	−0.0054	0.0163	−0.0032	0.0233	−0.0149
劳动力	−0.0271	−0.0266	−0.0462	−0.0381	−0.0399	−0.0150	−0.0117	−0.0147	−0.0261
土地和建筑物	0.0023	0.0063	0.0023	0.0037	0.0013	0.0034	0.0031	0.0056	−0.0020
耐用资本[a]	0.0104	0.0704	0.0077	0.0083	0.0082	0.0252	0.0140	0.0274	−0.0327
中间投入[b]	0.0194	0.0249	0.0379	0.0384	0.0125	0.0397	-0.0074	0.0501	−0.0062
全要素生产率	0.0184	0.0094	0.0134	0.0327	0.0196	0.0145	0.0344	0.0021	0.0285

资料来源：由美国农业部经济研究局资源计量处负责人 V. 埃尔登・巴莱（V. Eldon Ball）提供，1992 年。

注：a. 包括截至 1 月 1 日的机械、农作物和牲畜库存；

b. 非耐用采购投入（如燃油）。

制地改进了生产资源的使用从而提高了多种商品的生产流程的效率。表 18.2 中 1948—1989 年的数据说明了该现象已经持续了很久。本书的观点是，发展已经到了这样一个阶段，即商业农场的生产流程与 1950 年代截然不同。因此，本书认为农业已经进入了一个成熟的工业化时代。用我们的术语来说，美国农业在 1980 年代跨越了另一个分水岭。农业生产类似于工业化过程，各个步骤都实现了整合，并受到了严格控制。

这个成熟的农业工业时代的本质是控制——对既定流程或新的改进技术流程的资源投入进行控制。控制的目的是确保资源的投入、采用新技术或改进技术决定其回报的多少。基于该标准，经理便可以改进或调整既定的生产流程，从流程中获取最后一盎司的效率。这就是 1980 年代发生的事情，表 18.2 中现实的投入下降和产出增加正指示了这一点。

为什么是 1980 年代？上文已经提到过，该现象并非出现在 1981 年 1 月 1 日。自 1920 年以来，美国农业集约化发展的每一步都直指该方向。但直到最近，才出现为管理层提供所需控制的技术工具，以便在受生命周期问题和不可预测变量（如天气）困扰的生产流程中实现高效率。这里我要讨论两项最重要的技术：（1）利用电子计算机收集和处理信息的技术；（2）有效地准备苗床和在不同条件下种植作物的新技术和改进技术。

383 关于第二点，已经制定了帮助农场主管理作物残茬覆盖物和小型耕种作业的各种项目。现在已经开发了许多机器，以确保在起伏不平的土地上把种子播种到合适的深度，以及确保每种土壤都能得到适当的化肥。伊利诺伊州正在开发因地制宜的农业。[4] 利用计算机、土壤样本、卫星和技术软件，可以确定每英亩需要多少肥料、除草剂和种子。卫星接收器安装在拖拉机驾驶室的顶部，向拖拉机内部的计算机发送精确位置信息；然后，计算机就会告诉拖拉机的连接装置，在特定的地点需要施用多少化肥和除草剂。这种技术可以使农场根据土壤类型的产量潜力来调整作物的投入。这也是在农业生产流程中控制和改善资源使用的一个贴切的案例。

计算机在改进的生产技术中发挥了作用，在管理大型现代商业农场的信息收集和处理方面，则作用更加广泛。它使农场经理了解生产流程的每个阶段是如何运作的。如果他是一个大型农场的奶农，他就能够密切关注每头奶牛的产量；如果他是一个大型农场的养猪户，他就可以跟踪每一头母猪的生产流程；如果他是一个大种植户，他就可以知道每一块土地在不同投入下的生产历史。农场主利用信息技术制定营销策略和详尽的成本计划，获取每个农场企业的信息量以及投入使用的边际回报。在过去的 20 年里，大型农场的管理人员可以利用有用的信息，以 50 年前难以想象的方式控制和指导生产流程的各个环节。近年来，正是这种控制使大规模的商业农业转向了工厂式经营。正如表 18.2 所示，即使每一类投入都在下降，但这种控制仍然增加了 1980 年代农场的总产出。

此外，还有农场企业的财务控制。这种控制并不总是掌握在农场手中。过去，当银行持有农场的抵押贷款或生产信贷时，银行通常会对农场实施财务控制，但是银行并不会向工业化农场提供创
新型领导。然而，其他商业企业也有这种倾向。多年来，饲料公司 384
和加工企业一直在财务和运营方面控制着家禽生产单位。这种现象在一定程度上发生在蔬菜加工生产者中。养猪业也开始出现这种情况。还有一些例子表明牛饲料被整合到了肉类加工企业中。

需要从两个方面思考饲料供给公司或肉类加工公司对农业生

产单位的财务控制。首先，如果由于某种原因，农业生产单位产生了利润，该盈余（或利润）将由对该单位进行财务控制的商业公司获取。这对于牵涉其中的人至关重要。独立农场主不愿意成为外部公司的雇员，失去了从经营中获利的机会。但事与愿违，这种情况继续在家禽和牲畜行业上演。

其次，对农业生产单位实施财务控制的企业，在大多数情况下也会对生产操作实施控制，这是问题的关键。控制了家禽生产单位的家禽生产公司、控制了畜牧业生产单位的肉类包装公司，一般情况下将使该单位现代化，之后对该单位进行现代化改造，引进最新的生产技术，并将其纳入操作计划和加工单位的产品要求。实际上，通过这种整合，两条顺序相关的生产线连接在一起，产出肉类。加工厂所采用的提高效率的管理控制措施都将用于畜牧生产单位。其结果是简化了流程，资源和改进的技术通过管理在可控的情况下结合起来，以达到效率最大化。在家禽和畜牧行业中，随着独立农场经营的旧观念逐渐消失，工业化生产组织的概念愈发根深蒂固。

这里没有提及新生物技术。新生物技术可能会对动植物生产带来巨大影响。如果是这样，可以肯定，这些新技术将纳入现代农作物和畜牧业的工业化生产流程。只要管理部门有效地控制新生
385 物技术的引进和使用，生产率将进一步提高。但是，在1980年代和1990年代，新生物技术并没有在美国农业分水岭中发挥主导作用。

这一分水岭包括对各种投入的使用进行改进和调整，以及采用新技术来创造更先进和更高效的生产流程。这一切之所以成为可能，是因为管理层在电子信息系统的基础上，对农场生产流程的每个阶段都有新的控制。现代大型农作物农场对生产资源使用的

控制还没有达到汽车工厂装配线上的水平，但现代大型家禽生产单位的控制已经接近该水平。不过，这两类农场实现的控制水平更接近汽车装配线的控制水平，而不是20世纪20年代典型农业的控制水平。1990年代的大型商业化农场是一个新时代——成熟的工业时代的一部分。

农业的悖论

1870年代是农业非凡发展的10年。（见表18.1）在那10年里，农场产出增加了53%，人均产出增加了21%，单位投入产出增加了18%。但这也是农业大萧条和严重经济危机时期，或许只有1930年代早期的农业经济困境才能与之匹敌。从表18.1中可以推断出美国农业陷入低谷的原因：1870年代的10年中，作为需求衡量标准的人口仅增长了26%，但总产出却增长了53%。人均收入的增加和农产品出口的增长作为需求增长的因素，如果要保持农产品价格水平不变，就必须吸收二分之一的产出增长，而这两个因素却无法做到这一点。

20世纪的头二十年，美国的农业发展进程几乎停滞不前。1900—1910年和1910—1920年的农场产出增长率分别仅为8%和9%，1900—1920年的人均产出增长了10%。实际上单位投入产出和生产率在1900—1920年的20年间有所下降。就技术发展 386
而言，这一时期是失败的。但从经济角度来看，这又是一个辉煌的时期。由于贸易条件对农业有利，1910—1914年被称为“美国农业的黄金时代”。但是黄金时代持续的时间超过了4年，农业部长詹姆斯·威尔逊（James Wilson）在1910年写给总统的年度报告中说：“我有幸记录下‘这又是农业繁荣的一年’。”[5]

从表 18.1 可以推断出 1900—1914 年美国农业在和平时期多年繁荣的原因。作为衡量农产品总需求的指标，人口在 1900—1910 年增长了 21%，但农场产出仅增长了 8%。因此，除了非农产品进口在 1900—1910 年十年间大幅增加，否则农产品价格一定上涨，需求对供应形成压力。因为增加了农业进口，所以农产品价格没有大幅上涨。事实上，在 20 世纪的头二十年里，农业进口确实有了显著增长但供给的增长跟不上需求的增长。因此，在 15 年和平时期，5 年战争时期以及战后紧张时期，农产品价格都出现了上涨。

从技术上讲，农业发展在 1950 年代取得了巨大成功。尽管政府努力控制生产，但产量在这 10 年间还是增长了 20%。农场产出的增加完全归因于农业生产率的提高，后者源于成功的研发工作。1950 年代，在农业技术进步的推动下，农业发展进程如火如荼。

然而，1950 年代对许多农户来说都是一段艰难心碎的时期。农产品价格下跌，投入品价格上涨。在现实的挤压之下，技术弱势、商业化程度较低的农场大量退出农业。特别是很多年长的农场主破产，将农场廉价卖给强势的大商业农场。但是，不管金融崩溃的具体形式是什么，1950 年代的成本-价格挤压，迫使 150 万农户在那 10 年里放弃了农业。而另一方面，那些能够使新技术、新商业惯例和政府项目发挥其优势的强者则生存了下来，提高了生产率，扩大了经营范围，拥有变得更富有的潜力。

387 1980 年代与 1950 年代类似。这是一段快速农业技术进步的时期——生产率的年增长率几乎达到了 3%，而所有类别的投入都在下降（见表 18.2）。但对美国农场主来说，这也是经济困难的 10 年。农产品价格下跌，包括利率在内的投入价格飙升，许多农场主破产，包括一些大型商业运营商。农业发展在 1980 年代取得了巨大成功，但对大多数农场主的财务状况而言，这是一场经济噩梦。

上述阐述表明，农业快速发展的时期，即技术快速进步的时期，必然是经济困难和农场主困难的时期。这是因为，技术的快速改进总会带来丰富的农产品供给；而充足的供给必然会导致农产品价格降低。在这种情况下，城市消费者、农业生产科学家和新技术的开发人员更像天然的盟友，城市消费者关心的是税收的降低和社会福利的提高，他们定期向州和联邦立法机构施压，却几乎从不关心农业拨款研发的水平和内容。由于城市消费者对这些关系只有模糊的认识和迫切的现实需求，他们很少关注农业研发拨款的多寡及用途，这些问题就留给了与之直接相关的农场主。

上述讨论表明，一般化，或者说处于平均水平的农民似乎应该反对农业研发拨款。他们的经济利益最好由供给不足后的价格飞涨来实现，不需要或没有科学研究和技术进步，就像 1900—1915 年一样。但事实并非如此，因为并没有所谓的“一般化农民”。有的是多元化的，有着各种不同技能和兴趣的农场主。有些农业经营者，关心技术进步和最新进展，并从采用最新技术中获益。但保守的农场主或追随者的情况则完全相反。有些人是传统主义者，不喜欢改
变；有些人在金融交易中不计后果；有些人则很谨慎；有些人是随波 388
逐流；还有人在技术或商业方面能力不足，或者两者都不行。

在农场经营者中，一些人研究技术报告和技术信息，访问州农业学院的科学家，并定期参加与技术相关的会议。这些农场主能够迅速采用新技术，并从新技术中获得经济收益。[6] 这些农场主非常支持农业研发，并参与立法程序，以促进研发活动的批准。因此，更优秀的农场主知道如何利用新技术，并从早期采用中获益，他们领导农业团体为农业研发提供支持。在农业社会中，传统主

义者、追随者和无能者很少关心技术研发。他们要么不理解，要么不在意技术进步对农业经营带来的影响。

事实证明，1920—1990 年美国农业技术进步对两个群体有利：（1）城市消费者（2）少数技术先驱农场主。对其他农业生产者来说，基于农业技术进步的农业发展则是一场噩梦。农业发展对整个社会产生了巨大的影响，并受到发展经济学家的普遍推崇，这一过程对农业人口进行筛选和再筛选。截至 1990 年，约有 32.1 万农场主生产了超过 77%的产品。如果本章的分析是正确的，那么对于农场主来说，未来并不轻松，因为农业将在 1980 年代和 1990 年代跨越另一个重要的分水岭。

推荐阅读

389 1. Brewster, John M., "Farm Technological Advance and Total Population Growth", *Journal of Farm Economics, 27*, No.3 (August 1945), pp. 509-525.

2. Schertz, Lyle P. et al., *Another Revolution in U.S. Farming?*, U. S. Department of Agriculture, Economics Statistics and Cooperative Services, Agricultural Economics Report No. 441, December 1979.

3. *Technology, Public Policy and the Changing Structure of American Agriculture*, Congress of the United States, Office of Technology Assessment, Washington, D. C., March 1986.

4. Teigen, Lloyd D., *Agricultural Policy, Technology Adoption, and Farm Structure*, U. S. Department of Agriculture, Economic Research Service, October 1988.

5. Wilcox, Walter W., Cochrane, Willard W., & Herdt, Robert W., *Economics of American Agriculture*, 3rd ed., Englewood Cliffs, N. J. : Prentice Hall, 1974, Chap. 16.

第四部分　农业发展的概念模型：1950—1990年

第十九章　供求模式的构成

本书列举了大量事实和各种趋势对美国农业发展进行描述。393
但除了第十八章提出的“分水岭”假设外，这些事实和趋势并没有成为对美国农业发展的一般解释。现在需要的是一种普遍性的理论来“解释”这些事实是如何产生的、它们之间有什么关系，以及为什么会形成这样的趋势，本书的第四部分运用政治经济理论模型对二战后的农业发展做了普遍性解释。

因此，本章和下一章的目的是建立一个理论模型，以解释二战后美国农业或其食品生产部门的独特发展。该模型基于历史事实和经验测量，但它不是计量经济学模型，而是一个考虑到社会和政治机构以及市场动力的概念模型。只解释行为，不预测行为。

实际上，本章和下一章建立的概念模型并非完全基于1950—
1970年的事实、趋势和发展。之后在第二十一章中运用该模型分 394
析和理解1970—1990年农业发展状况。无论是经济学家还是诗人，没有人能够预知未来，因此，我们不尝试用该模型预测未来，而是为了更好地理解美国农业在 1970—1990 年发生了什么。

在本书的最后一章，我们运用书中的所有知识（包括概念模型），探讨未来可能的发展。在本章，我们不进行预测，而是根据过去探索未来。

食品消费模式

就食品的主要种类及一类食品而言，20 世纪美国消费者的食品消费模式发生了根本变化。1910—1970 年人均红肉消费量增加了约 20%，但是从 1970 年代开始下降，在 1980 年代下降了近 10%。另一方面，1910—1990 年家禽人均消费量增加了 5 倍以上。总的来说，1910—1990 年水果和蔬菜的人均消费量总体上升，但这期间有很多事情发生。1910—1970 年新鲜水果和蔬菜的消费量都大幅下降，但是在 1970 年代和 1980 年代却增长惊人。1910—1990 年加工的水果和蔬菜（包括冷冻食品）的消费量显著增加。1910—1950 年人均鸡蛋消费量稳步上升，但 1950 年之后却稳步下降。从 1910 年到 1950 年代末，土豆的人均消费量急剧下降，此后一直稳步增长（薯条和薯片增加了马铃薯的消费量）。1910—1970 年人均油脂消费量在总体上保持稳定，之后由于某种原因，在 1970 年代末和 1980 年代急剧上升。在这个总量中，包括黄油在内的动物脂肪的消费量在 1910—1977 年下降了约 70%，在 1977—1990 年保持稳定，而在 1910—1990 年，植物脂肪和油脂的消费量却增加了 5 倍多。奶制品（不包括黄油）的人均消费量在 1910—1946 年稳步上升，在 1946—1970 年缓慢下降，自 1970 年以来再次上升。奶制品消费的增加，主要是低脂
395 牛奶和奶酪的消费增加，同时全脂牛奶的消费持续下降。1910—

1960年面粉和谷物产品的人均消费量持续下降，1960年代和1970年代保持不变，在1980年代急剧上升。1910—1942年大豆和豌豆的人均消费量略有增加，之后几乎始终在一个稳定的区间波动。1960年代中期到1990年，坚果和花生的消费量增加了约30%。1910—1970年糖和甜味剂的人均消费量几乎翻了一番，但此后基本保持不变。

这些不断变化的食物消费模式受到了营养教育的影响，尤其是1970年代和1980年代。值得注意的是，美国普通消费者在1990年与1910年消费的食品种类完全不同，但是消费总量几乎不变。就总热量而言，普通消费者的摄入量从1910年的每天3550卡路里减少到1951年的每天3160卡路里，1988年增加到每天3600卡路里。就食品消耗的磅数而言，美国人在1910年平均消费了约1600磅食品，1989年约1750磅。

衡量普通美国人食品消费中包含的资源量的最佳方法是人均食品消费指数。该指数按价格加权：意味着1磅肉的权重可能为1美元，1磅面粉的权重为10美分。在这个例子中，如果一个消费者的肉类消费量增加1磅，面粉消费量减少1磅，则该指数的价值将因为成本增加9倍而增加。因此，价格权重反映了生产一磅肉和一磅面粉的成本差异，原则上肉中所包含的资源更多。

运用人均食品消费指数衡量普通消费者的食品消费总量，会看到1910—1935年的人均食品消费总量几乎不变，而后在1935—1946年显著增加（见图19.1），这是经济复苏（1935—1940年）和战时繁荣（1940—1946年）时期。而在后一段时期，人们几乎没有购买耐用消费品——汽车和住房。1946—1965年消费指数再次保持稳定。1965—1990年消费指数略有上升（见图 396

19.1）。在这 25 年间，该指数以每年不到 0.5% 的速度增长。总之，美国人每年平均食品消费总量大致相同，但食品种类却不尽相同。有时，当消费者的实际收入增加时，他会用高价值产品（如牛肉）取代低价值产品（如面包），从而增加了食品消费总量。通过这一操作，美国普通消费者 1935—1946 年的食品消费总量显著增加，1965—1990 年略有增加。

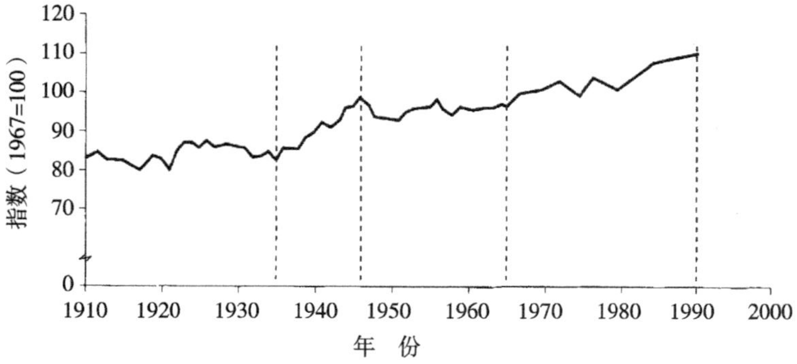

图 19.1　1910—1990 年美国人均食品消费

人均食品消费数据说明了美国食品需求的三个重要信息。[1] 第一，消费者收入的变化对人均食品消费影响很小（即收入影响很小）。第二，由于第一点的影响，除了 1935—1946 年和 1965—1990 年以外，国内对食品的总需求与人口直接相关。1950 年代，为与人口增长率相适应，国内食品需求以每年 1.9% 的速度增加（非复合因素）。1970 年代，随着人口增长率下降，国内食品需求增长率放缓至每年约 1%（非复合因素）。第三，消费者的食品总需求对价格高度不敏感。食品价格不断上涨的时期，消费者有时会适度减少消费总量，如 1973—1975 年；但在 1965—1972 年和 1935—1946 年这两个食品价格不断上涨的时期，消费总量并未减

少。从短期来看，消费者每天吃等量、同类食品；从长远来看，无论 397
以卡路里、磅数还是生产食品消耗的资源指数来衡量，消费者的食品种类虽然改变了，但食品消费总量基本恒定。

消费者食品需求的特征

上一节介绍的食品消费情况表明，国内对食品的总需求高度缺乏弹性，许多研究也证实了这一点。在零售层面，国内食品总需求的价格弹性约为-0.25；在农场层面，价格弹性至少为-0.15，或低至-0.1。[2] 这些价格弹性具有以下含义：如果零售的食品供给量下降 2.5%，预计食品价格将上涨 10%；如果农场产品的供给量减少 2.5%，那么价格将上涨 17%—25%。消费者对食品总量的需求性质使得供给的任何微小变化都会在自由市场上引起较大的价格反应。食品的基本供求-价格关系将对农业和食品领域的所有经济方面产生影响，也左右着食品和农业政策的制定。

食品总需求缺乏弹性的解释不难找到，也易于理解。解释分为两个方面。第一，从生物学角度看，人类胃的大小决定了消费者每天摄入的食品总量，也意味着人类每天都必须摄入该数量的食品。第二，食品几乎没有替代品。消费者有时可以用矿物药片代替食品，但是人类的生物系统决定了食品无法用戏票、珠宝或衣服等物品代替。消费者在生物需求的驱使下，每天摄入的食品总量大致相同。因此，消费者对食品的总需求必然高度缺乏弹性。

然而，上述说法对单个食品却未必正确。一个人可以通过食用
一定数量的红肉来补充蛋白质，还有人会选择鱼、奶制品，或者选 398
择豆类。但随着时间的推移，同一个人可以从鱼产品转向红肉来满足蛋白质需求，反之亦然。消费者的选择要么为了应对产品价

格或个人收入的变化，要么是对产品营养信息的响应。因此，我们预计单个食品的需求弹性会高于整体食品的需求弹性。因为单个食品有更多替代品，替代品数量越多，其需求弹性就越大。

一种食品在给定价格下的需求随消费者收入变化而变化。某些食品（如红肉）的需求量，随个人收入增加而增加；有些食品（如面包）的需求量，则随个人收入增加而减少。某些产品（如干谷物）的需求量，可能因广告效果而急剧变化，而某些产品（如动物脂肪）的需求量，可能因新的营养信息而变化显著。总之，消费者对个别食品的需求是不断变化的，原因复杂多样。

这些需求关系如图 19.2 所示。图中单个消费者或所有国内消费者的食品总需求曲线DD 走势陡峭，表明缺乏价格弹性。在食品的总需求中，价格与数量的关系为：数量上的任何微小波动都会引起相对较大的价格变化。

例如，1910 年对橙子的最初需求很小，橙子的需求曲线 d_1d_1 斜率平缓，表明橙子有相对较高的价格弹性。随着时间的推移，对橙子的需求量增加，需求曲线变为了 d_2d_2，需求曲线 d_2d_2 变得更加倾斜，这表明橙子的价格弹性下降。这里的假设是，在 1910—1980 年，由于广告和营养教育的作用，增加了橙子的需求，特别是果汁的需求，在给定的 P_1 价格下，需求价格弹性降低。

例如，1910 年对面粉的需求最初很大，面粉的需求曲线 d_1d_1 斜率陡峭，表明面粉的价格弹性相对较低。随着时间的推移，在给定的 P_1 价格下，对面粉的需求收缩，但是面粉的价格弹性变化不显著。这里的假设是，在 1910—1980 年，实际收入的增长导致消
399 费者减少了面包和其他谷物产品的消费，但这一变化对面粉的需求价格弹性没有显著影响。

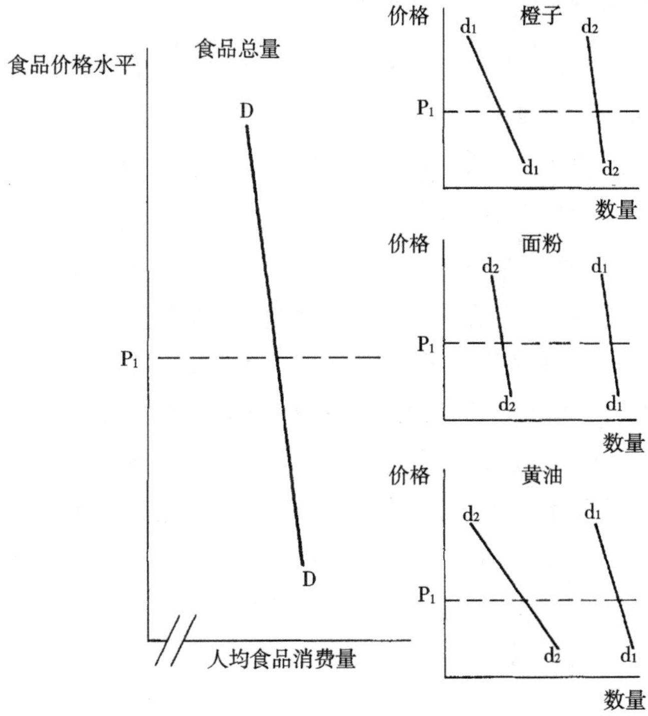

图 19.2 食品消费需求关系

再如，1910 年对黄油的最初需求很大，黄油的需求曲线 d_1d_1 斜率适中，表明黄油的价格弹性适中。随着时间的推移，在给定的价格 P_1 下，对黄油的需求收缩，需求曲线斜率变得更加平缓，表明黄油的价格弹性增加。这里的假设是，在 1910—1980 年，营养教 400
育与可食用的廉价植物油替代品的增加，导致对黄油的需求减少，使黄油的需求变得更富弹性。

总之，单个食品的需求行为无法一概而论。只有在分析每种产品需求状况的基础上，才能总结出其需求和价格弹性变化的特征。

农业食品总需求

国内对农业食品的总需求可以概念化为图 19.2 中的消费者总需求曲线 DD，在每个总量上减去销售和加工成本。图 19.3 中国内对农业食品的总需求曲线表示为 D_dD_d。假设图 19.3 中的曲线 D_dD_d 与图 19.2 中的曲线 DD 斜率相同。但是，每个总量减去销售和加工
401 成本的机制，导致农场层面的需求价格弹性低于零售层面的。在农场层面的国内食品总需求的价格弹性估计平均降至−0.1 到−0.2 之间。因此，只要销售利润不随农产品价格或需求量变化，且农场与零售所占份额大致相当，那么，农场的需求价格弹性将始终低于零售的。例如，如果零售层面所有食品的需求价格弹性为−0.25，而农场在零售食品中的份额为 40 美分，则农场层面所有食品的需求价格弹性为−0.1，即−0.25 × 0.40=−0.1。

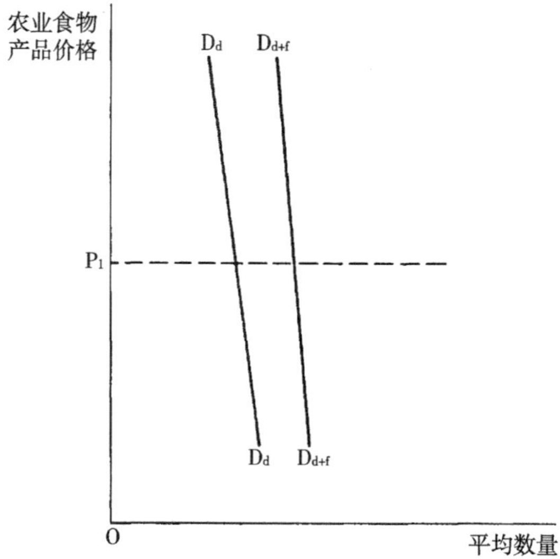

图 19.3　农产品总需求

在农业食品的国内总需求之外，还必须加上国外需求。众所周知，国外对美国农业食品的需求在1970年代迅速增加，有两个主要原因：（1）世界人口增长；（2）发达国家和发展中国家的实际收入增加，特别是发达国家。有人认为，国外对美国农业食品的总需求富有价格弹性，因此导致对美国农业食品的总需求更有弹性。但是，时过境迁，美国农业食品的最大进口国日本、欧洲共同体和苏联的需求，已经远离世界市场，对进口产品的价格变动不敏感。换言之，这些重要进口国的贸易策略导致其对许多食品（并非全部）的需求在广泛的价格范围内完全无弹性，进而导致美国农业食品的总需求比国内总需求更缺乏弹性。因此，图19.3中农业食品总需求（$D_{d+f}D_{d+f}$）的曲线斜率略大于国内总需求D_dD_d。[3]

然而，国外的农业食品总需求高度不稳定，至少有三个原因，前两个原因密切相关。第一，国外总需求与世界各地的作物生长状况成反比。当天气和其他条件有利时，国外对美国农业食品的总需求会减少；当天气和其他条件不利时，国外对美国农业食品的 402
总需求会增加。由于天气的不可预测性，因此，国外对美国农业食品的需求情况也很难预测。国外需求的变化明显且普遍。

第二，在天气恶劣、作物歉收的年份，如1972—1974年，当粮食和其他作物库存降至最低，而未来又不确定的情况下，各国会想方设法增加主要口粮的库存，以备不时之需。他们的努力或许并不成功，但对稀缺供给的竞价进一步拉动了总需求，并推高了世界市场价格。在粮食丰收年，结果则正好相反。当国家库存增加，世界市场面临着库存倾销的不确定性时，一些国家和公司便会减少库存，国外农业食品需求减少，进而导致农业食品价格在短期内下跌。因此，各国不适宜的库存政策可能会加剧美国农业食品总需求中外国需求的短期波动。

第三，由于国内经济及社会政策的变化，各国不时地改变其对外贸易政策。例如，1972—1974 年，苏联面临国内谷物歉收，决定进口大量饲料谷物，以维持牲畜生存，而非一如既往地将牲畜消灭。为应对国内经济和社会政策的变化，中国在 1970 年代末和 1980 年代也改变了其外贸政策。大国和重要国家对外贸易政策的改变对美国农业食品的出口需求产生了重要影响，且外国贸易政策的变化在很大程度上是不可预测的。例如，关贸总协定乌拉圭回合谈判时断时续的情况。此外，各国的贸易政策立场往往因这些国家的经济状况而改变。

1970 年代和 1980 年代，由于美国人口增长，国内对农业食品的总需求以每年约 1% 的速度递增；这种增长很稳定，从中、短期
403 来看也很明确。由于发展中国家人口的增长和发达国家实际收入的增加导致国外需求增加，从而扩大了总需求的攀升；这种增长也是相当稳定且明确的。但是，由于世界各地作物生长条件变化不定，以及对外贸易政策瞬息万变，国外总需求非常不稳定。由于天气和贸易政策的不确定性，导致美国的农产品总需求以一种“不稳定”的方式增长。在需求严重缺乏价格弹性的情况下，总需求的不均衡增长，确实会引起自由市场下广泛、剧烈且难测的农业食品价格波动。

单个农场企业的供给曲线

单个企业的成本结构如图 19.4 所示。[4] 该企业处于短期均衡
404 状态，平均可变单位成本曲线 AVUC 的最低点与价格曲线 P_1 相切。在 P_1 价格下，该企业随时准备在市场上提供 Q_1 数量的产品。因为

产品数量为Q_1时，该企业产品的可变成本或现金成本被价格P_1覆盖。当价格高于P_1时，边际成本曲线MC表明了该企业将在市场上提供的产品数量。当价格低于P_1时，该企业将不会在市场上提供任何产品，因为这时企业无法收回可变成本。图19.4中的粗虚线P_1RS描述了这家企业的供给曲线。这条线描述了该企业准备在市场上以不同价格提供的产品数量，这就是我们对供给的定义。

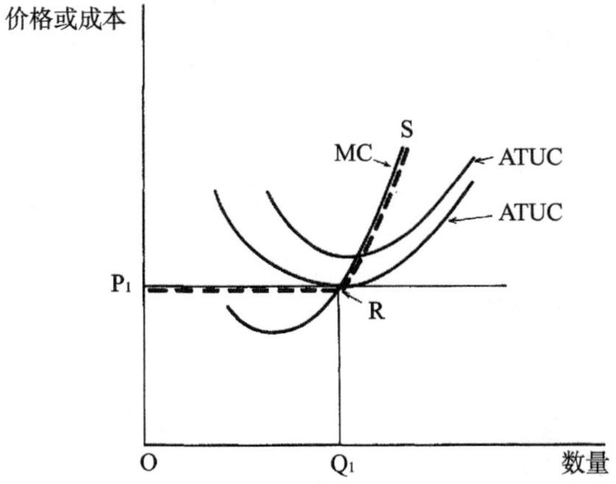

图19.4　单个农场企业的供给曲线

企业的成本结构及供给曲线，会因以下理由而改变。第一，在任何给定的技术之下，企业都可以沿着其长期平均可变成本曲线（或长期规划曲线）移动，导致成本下降或上升。第二，企业采用了降低成本的新技术。第三，企业的投入价格可能上升或下降，从而推高或压低企业的成本结构。下面将详细讨论。

当一家企业通过扩大规模而沿着其长期规划曲线移动时，由于经历了规模回报的递增，其单位生产成本通常在扩张的早期下降[5]，正如图19.5A中平均可变单位成本曲线从$AVUC_1$向$AVUC_2$

的位置移动。在这一扩张阶段，由于企业能够更有效地整合其复杂的资源（例如谷物联合收割机），提升单位投入的产出，从而使得单位成本下降。但是，随着企业规模的不断扩大，产品的单位成本随着规模的不断扩大而停止下降；这就是图 19.5A 中平均可变单位成本曲线从 $AVUC_2$ 移动到曲线 $AVUC_3$ 所说明的情况。如果企业继续扩大规模，最终会达到这样一个阶段，即单位生产成本随着规模收益的减少而上升。因此，企业的成本结构和供给曲线，会受到企业体量或经营规模的影响，而长期规划曲线对这种影响的不同结果做了一般性表述。

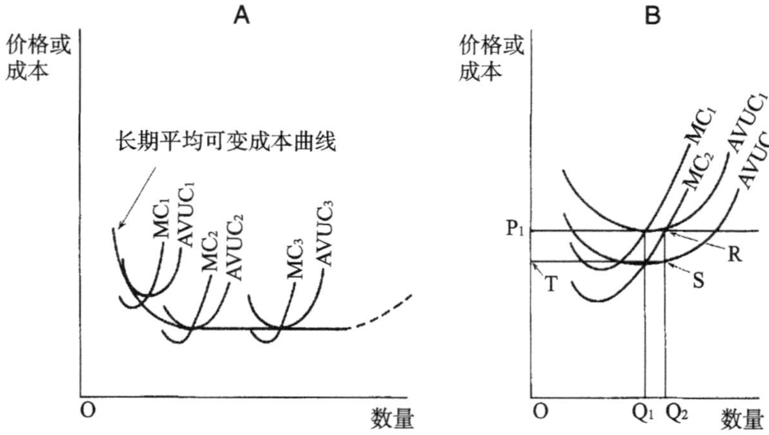

图 19.5　农场企业供给曲线的移动

农业新技术的采用代表着一个企业的技术进步，提高了企业单位投入的产出，从而降低了企业的成本结构。图 19.5 中的 B 说
405 明了该现象。从曲线 $AVUC_1$ 到 $AVUC_2$，说明新技术的采用提高了生产率，降低了成本结构。该过程将企业的边际成本曲线从 MC_1 向右移动到了 MC_2，该曲线高于平均可变单位成本曲线的最低点

的部分就是企业的供给曲线。这一过程扩展了企业的供给曲线。技术进步后，在价格P_1下，企业提供的产品数量从为Q_1增加到Q_2。在图 19.5B 中，只要产品的价格保持在P_1，矩形P_1RST的面积即是企业利润增加或减少的总量。[6]

图 19.5B 也说明了投入价格变化对企业成本结构及供给曲线的影响。如果所有投入价格都按比例下降，那么农场经营者就不会有用一种资源替代另一种资源的倾向，企业的成本结构就会像图 19.5B 所示那样减少。企业的成本结构将从曲线$AVUC_1$降到$AVUC_2$，企业供给曲线的位置将从MC_1向右移到MC_2。因此，投入价格的下降会增加企业供给，反之亦然。（因此，事实证明，投入 406
价格的下降对企业成本结构的影响与农业技术进步对企业供给曲线的影响是一样的。然而，应认识到，农业技术进步使生产函数向上移动，而投入价格的下降对生产函数没有直接影响。）

众所周知，1950—1970 年的农业投入价格没有下降，总体呈上升趋势。因此，投入价格无法解释 1950—1970 年供给曲线向右移动的现象，可以从该时期农业技术进步的角度找到答案。由于不断地采用更先进的新技术，一个又一个农场企业年复一年地降低了成本结构，供给随之扩大，如图 19.5B 所示。同时，农场企业的规模也随之增加。许多企业都经历了类似变化。依据该观点，由于农业技术的广泛进步，加之企业规模回报的增加，抵消了投入价格上涨的影响，使得大多数（但不是所有）农场的供给曲线向右移动。其结果是，尽管该时期投入价格上升，产品价格不变，但农产品的供给却在持续增加。

这里需要指出一些重要的技术性观点。在图 19.5A 中，平均可变单位成本沿着长期规划曲线从$AVUC_2$移动到$AVUC_3$，尽管它表明企业的供给增加，但并不一定代表社会净收益增加。在该过程中，单位投入的产出没有增加。如果该企业收购了具有类似长期平均可变成本结构的企业，该行业的总供给也不会增加。但是，如果该企业收购了以曲线 $AVUC_1$ 为代表的小型高成本企业，那么该行业的生产要素的平均生产率将会提高，总产量也会上升。在某种程度上，这就是 1950—1970 年发生的事。

407 但是，在现实世界中，两个过程同时发生了。一个积极创新的经营者通过采用一系列未经验证的新技术降低了单位生产成本，并收购了附近小规模、高成本农场的生产资源，进而沿着其新的长期规划曲线进行规模扩张。另一个积极创新的经营者通过收购破产的小规模、高成本农场的生产资源，沿着图 19.5A 中所示的长期平均可变成本曲线从 $AVUC_2$ 移动到 $AVUC_3$，然后通过采用一系列新的改良技术降低其长期和短期成本结构。这两家运营商分别以两种不同的方式和次序，提高了该行业的平均要素生产率和总产量。一般来说，1950—1970 年农产品供给增加的原因，一是特定农场的技术进步，二是通过行业重组减少农场总数，包括小型高成本农场与不断扩张的大型低成本农场的资源重组。

农业食品行业的总供给曲线

农业食品行业的总供给曲线可定义为：农业食品价格按比例共同上涨或下跌的所有农场企业的边际成本曲线的总和。事实上，食品价格并非按比例共同上涨或下跌，但通过无处不在的资源替代过程，就会达到该效果，其中加入了人为因素。如果所有食品的价格按比例一起上涨或下跌，那么这些产品必互为替代品；每家农场生产的就是这样的产品。

该假设对解释农场企业的总供给具有重要意义。如果不作此假设，分析就会出错。如果在两种产品价格不同的情况下，农场企业之间进行了资源替代，每个企业的边际成本曲线（即供给曲线）必定是相对有弹性的，这样，各企业边际成本曲线的总和也是一条 408 富有弹性的行业总供给曲线，该结果与事实不符。在短期内，代表性农场企业的大部分生产性资源的投入是固定的。因为农场作为一个整体，土地、劳动力、重型机械和设备的投入基本固定。非农生产能源、化肥和农药等的投入是变化的。在这种情况下，农业食品的边际成本曲线必是相对缺乏弹性的。[7]这一概念如图 19.6A（农场企业）所示。在低价格水平，企业的边际成本曲线有一定弹性；但是，在较高价格水平，边际成本曲线则严重缺乏弹性。因为，不改变技术的情况下，在固定的土地和劳动力成本的基础上增加的非农能源、化肥和农药投入，几乎不会带来增产。该企业正接近总收益递减阶段。

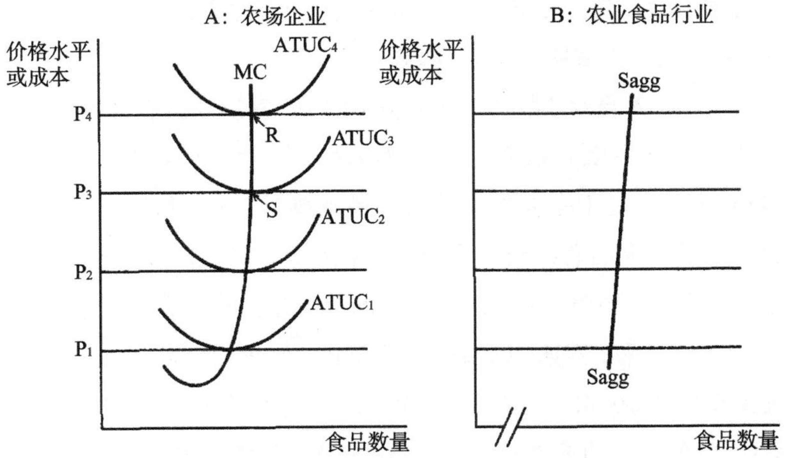

图 19.6　农场企业与农业食品行业的总供给曲线

409 食品行业的总供给曲线是所有食品企业边际成本曲线的水平总和。这一概念如图 19.6B（农业食品行业）所示；行业的总供给曲线陡峭，说明它严重缺乏弹性。研究发现，与众多统计研究一致。农业产业的短期总供给曲线的弹性范围在 0—0.3 之间。农业产业的总供给曲线高度缺乏弹性，经济学家们一直在讨论它到底有多缺乏弹性。

值得注意的是，图 19.6A 中有一个相关概念。当价格水平从 P1 上升到 P4 的时，平均总单位成本曲线 $ATUC_1$（包括企业的固定成本），会沿着边际成本曲线上升，并与之后的每一个更高的价格水平相切。相切说明：经过一段时间的调整，代表性企业的成本结构上升到新的产品价格水平，企业再一次处于无利润、无亏损的状态。其原因在于：通过竞争，企业将产品价格提高所产生的利润资本将会转化为农场的固定资产（主要是土地），这些固定资产的价值会上升，直到农场的单位成本再次与产品价格水平持平。企业对固定资产的竞争推动了成本结构的上升，直至利润消失。图 19.6A 中的 R 点表明了上述情况。

图 19.6A 显示，当农产品价格下降时，农场经营者处于困境。他们唯一选择就是沿着边际成本曲线（即食品供给曲线）向后移动。但是，由于企业的供给曲线缺乏弹性，这一行动只略微减少了市场的食品总供给。因此，总供给的大幅减少并不能迅速遏制价格下降。同时，代表性农场主的单位生产成本仍保持在曲线 $ATUC_4$ 的水平。例如，如果价格降至 P3，代表性农场主的损失将维持在 P4RSP3 水平。总之，当农产品价格下降时，代表性农场主只能承受损失，直到农产品价格再次上升，否则他将经历令人绝望的资产（主要指土地）价值缩水的过程。[8]

总需求和总供给的交互作用

农业食品行业的总需求关系和总供给关系都是高度缺乏弹性的。这些关系如图 19.7 所示，曲线在价格 100 的水平上相交。鉴于需求和供给极度缺乏价格弹性，假设食品总需求增加了 5%，则价格将提升 25%（图 19.7）。显而易见，需求减少 5% 将导致价格水平的相应下降。 410

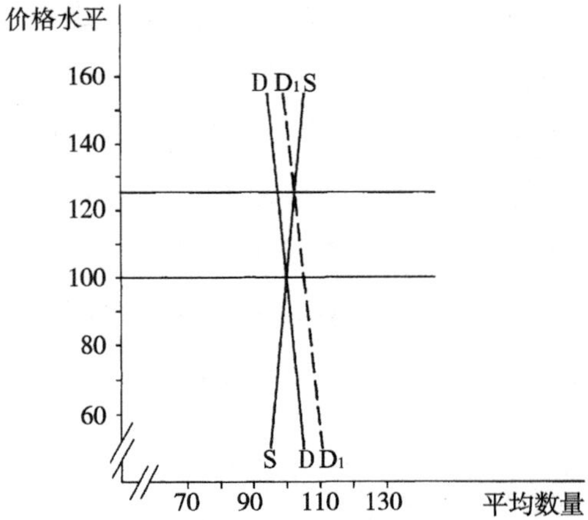

图 19.7　农业食品行业的价格解决方案

由图 19.7 中的价格解决方案可以得出一个必然的结论：作为农业产业主体的食品生产行业，充满了变动。在自由市场条件下，需求相对于供给或供给相对于需求的任何微小变化，都会引起农产品价格的大起大落，从而导致食品生产者总收益的大幅波动。在历史上，20 世纪这些总量关系的增长率并不相等。农产品的总需求主要由美国缓慢的人口增长率推动，其次是由出口需求的剧烈波动推动，如在 1900—1920 年和 1972—1980 年的某些时期增 411

长迅速，而在 1920—1935 年和 1955—1965 年的某些时期增长缓慢。以农业技术进步为主要动力的总供给也呈现出不均衡增长。1900—1920 年总供给增长缓慢，而 1950—1965 年增长迅速。从第七章的图 7.1 可以看出，缺乏弹性的总需求和总供给之间不平衡的增长率，造成了价格和总收益的波动。

图 19.8 显示了 1950—1970 年可能的和实际的价格水平解决方案。假设在这 20 年里，农产品的总需求以 1950 年代美国人口增长的速度增加；则该假设隐含的意思是，在此期间，国内人均粮食消费和出口需求均保持不变。假设在这 20 年里，农产品的总供给以 1950 年代农业生产率增长的速度增加。在这些假设下，对总需求和总供给进行预测，则将在某种意义上导致美国农业粮食生产部门最糟糕的结果：人口长期的适度增长，生产率的大幅度提升，出口无增长。图 19.8 中的 ABC 曲线显示了上述这组假设的价格水平解决方案。20 年来，农产品价格下降了近 70%。

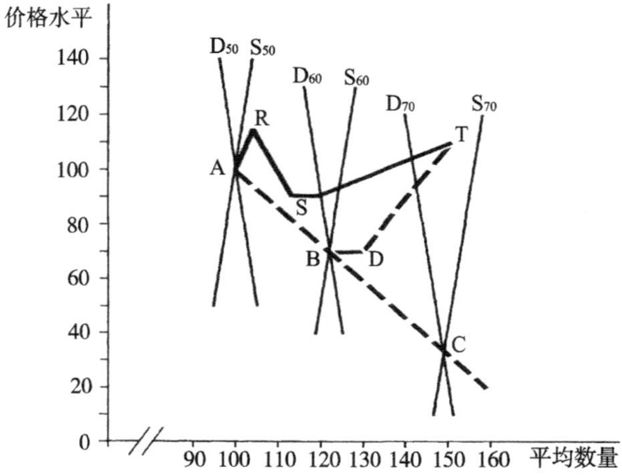

图 19.8　1950—1970 年可能的和实际的价格解决方案

ABDT曲线显示的价格解决方案不那么极端。这条线的方案基于以下假设：农产品价格下降约30%，并在一段时间内保持在该水平（曲线的BD部分）。为了降低该价格水平上的经济损失，农场经营者减少了对新技术资本项目的投资以及新营运资本的购买；生产率的增速减少，导致总产出的增长也变缓，农产品价格开 412
始上升，如图19.8中的线段DT所示。[9]

实际上，在1950—1970年的20年里，农产品价格并未沿着上述两条线中的任何一条移动。如图19.8所示，农产品价格是沿 413
着ARST移动的。在1950年代初朝鲜战争期间，农产品价格急剧上升（R点）；1950年代初至中期，农产品价格急剧下降（S点）；这取决于政府的农产品价格支持机制；此后，依靠农产品价格支持机制，价格随着支持力度的增强和出口需求的增加缓慢上升（1970年达到T点）。农产品价格没有下降到曲线ABC或ABDT描绘的水平，一个重要的原因是：美国联邦政府通过干预，支持了农场主获得的价格。是政府对农场主寻求帮助的回应。

当然，除了图19.8所描绘的1950—1970年的价格解决方案之外，还有一种耐人寻味的可能方案。如果1970年代的农产品出口繁荣期发生在1960年代，那么图19.8中的总需求曲线向右移动的速度将比所示的要快，且农产品价格将远高于实线ARST。但据我们所知，这并未发生。

因此，自由市场的总需求和总供给模型无法解释二战后美国农业生产部门的行为。必须在一般概念模型中纳入政府干预，下一章将详细介绍。

价格不稳定的两个层次

目前为止，本章一直在讨论价格水平和农产品行业的不稳定性，即美国农产品价格和收入的巨大波动。但是，在食品生产行业，还存在着大量的个别商品。事实上，并非所有农业食品价格都以完美的节奏上下波动。由于供给方和需求方都普遍存在替代品，价格倾向于稳定。但实际上都并非如此。蛛网理论能很好地解释商品的可变性。[10]

图 19.9 描述了农产品价格行为的蛛网理论。该理论基于农业产业特有的两个条件。第一，作物生产延续一个季节。直到下个季
414 节才会重复。第二，收获季节，大量产品快速流入市场，形成了一条近乎完全的无弹性的短期供给曲线。在图 19.9A 中，第一季的农产品价格为 P_1。价格 P_1 引导农场主在第二季供给 S_2 数量的农产品，并在季末以 P_2 价格出售。价格 P_2 引导农场主在第三季供给 S_3 数量的农产品，季末时 S_3 快速地进入市场，并以很高的价格 P_3 出售。

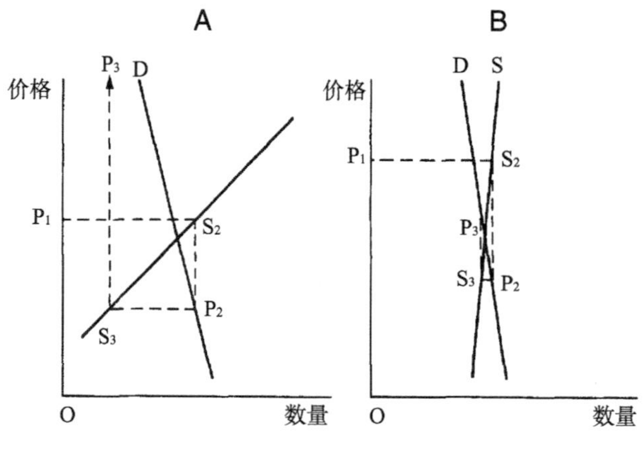

图 19.9 价格-数量交互作用的蛛网模型

图 A 中的价格-数量交互作用的结果是发散型的。当需求曲线斜率的绝对值高于供给曲线斜率的绝对值时，就会发生这种情况。

以这种供求关系为特征的商品，其价格极不稳定，例如土豆。

图B中的价格-数量的观察值随时间的推移而减弱或收敛于均衡点上。在图B中，需求曲线的斜率略小于供给曲线的斜率。虽然牛奶不是作物，也不能完全满足蛛网理论的所有条件，但牛奶的生产是季节性的，一旦生产出来，就会快速进入市场。因此，图B中的蛛网可以用来代表牛奶的价格走势，其价格随着时间的推移相对稳定。

由于蛛网模型的作用，个别农业食品的价格随着时间而波动， 415
土豆和洋葱等商品价格的波动最大，谷物的波动较小，红肉的波动更小，牛奶的波动最小。但是，这些食品的价格并不是完全随机的，它围绕着不断变化的农业食品价格水平上下波动，如图19.10所示，这是替代过程作用的结果。例如，当土豆的价格超过农产品均衡价格时，有条件的农场主就会种植更多的土豆，而消费者会减少土豆的购买，增加面包或大米的购买量；因此，在下一个生长季节结束时，土豆价格就会下降。对每一种商品来说，都存在该替代过程，替代力就像引力一样，其作用是将任何远离均衡价格的商品拉回该价格。但它永远不会完全成功，正如蛛网模型解释的那样。因此，单个农业食品价格随着农业食品价格水平的变化而不同程度地波动。

在自由市场的情况下，农业食品生产行业有两种形式的价格 416
波动，由此产生了两类价格问题：(1)价格水平波动；(2)商品价格波动。前者能使许多农场主致富，如1940—1951年它所做的那样；或迫使大量农场主破产，如1920—1933年发生的那样。后者导致资源配置问题和产品效率低下。前者促使政府对农业经济运行和管理进行干预，如1933年发生的那样。经济学家们几乎将所有注意力都集中在后者上，忽视了前者导致的后果。

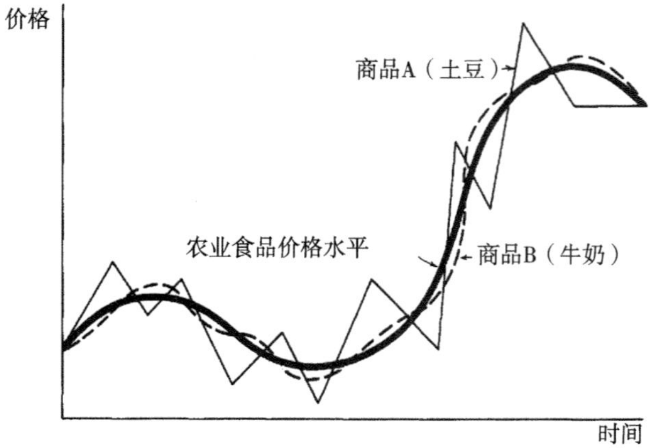

图 19.10 农业食品价格的波动

推荐阅读

1. Cochrane, Willard W., *Farm Prices: Myth and Reality*, Minneapolis: University of Minnesota Press, 1958, Chaps. 1, 2, 3, and 4.
2. Johnson, Glenn L., Quance, C. Leroy, eds., *The Overproduction Trap in U. S. Agriculture*, Baltimore, Md. : Johns Hopkins University Press, 1972.
3. Schultz, Theodore W., *Agriculture in an Unstable Economy*, New York: McGraw-Hill, 1945, Pt. Ⅱ.
4. Teigen, Lloyd D., *Agricultural Policy, Technology Adoption, and Farm Structure*, U. S. Department of Agriculture, Economic Research Service, Staff Report No. AGES880810, October 1988.
5. Tomek, William G., Robinson, Kenneth L., *Agricultural Product Prices*, Ithaca, N. Y. : Cornell University Press, 1972, Chaps. 3, 4, 5 and 10.
6. Wilcox, Walter W., Cochrane, Willard W., & Herdt, Robert W., *Economics of American Agriculture*, 3rd ed., Englewood Cliffs, N. J. : Prentice-Hall, 1974, Chaps. 4, 5, 13, and 14.

第二十章　政府干预、同类相残和跑步机理论

政府对农业经济的干预

作为商人，农场主不希望价格波动。如 1929—1932 年的农产品价格大幅下跌，导致成千上万的农场主破产。价格波动在农场主心中造成了价格和收入的不确定性，从而抑制了他们的价格预期，限制了他们对农场企业的商品投资。 417

正如本书第六、第七和第十五章所述，农场主从 1920 年代开始呼吁政府设置农产品价格–收入支持下限，以稳定农业生产。1933 年，整套稳定价格和收入的措施被制定为法律，并在农业经济中实施。此后，这些措施在概念、适用方法和重点方面均有所发展；不同年份采用的具体措施有所不同。可将政府采取的基本干预措施分为四类。

第一，政府承诺来年对某些商品（通常为重要作物和牲畜产品）进行价格支持。对于可储存商品，运用无追索权贷款实现价格支持承诺。[1] 因此，对特定商品的价格支持通常被称为贷款利率。因此，在农场主心中，对所涉商品的价格的确定性取代了价格的不确定性，并通过产品替代过程提高了总体价格的稳定性。 418

第二，政府为农场主提供某些商品的生产控制方案。方案的目的是减少商品供给或减缓其扩张速度。有时，这些项目对所有相关商品生产者都是强制性的[2]，但是，农场主减少农产品生产的损失通常由政府支付。通过减少每个参与的农场的特定种植面积来

实现或尝试减少该作物的产量，是一种不可靠、低效、减少产量的方式。因为农场主用资本投入（例如化肥）代替土地相对容易，这是政府在大多数情况下采用的生产控制技术。

第三，政府通过从市场上收购的形式消除过剩商品，从而扩大对相关商品的市场需求。这些消化剩余的操作有时采取政府以支持价格在市场上购买产品（例如，收购奶制品），并通过国内学校午餐和国外粮食援助等实现。多年来，政府对剩余产品的最大收购量，是通过农场主运用无追索权贷款方式将商品移交给政府实现的，对谷物和棉花来说尤其如此。

第四，1965 年以来，政府越来越多地采用收入补贴的方式代替价格支持（高于市场均衡价格）作为支持农业的一种手段。在该方案下，政府为每种商品确定一个目标价格（某种公平价格），并向农场主支付所有或部分农产品的补贴，金额相当于目标价格和市场价格之差。通过这一手段，政府能够在一切正常运转的情况下，支持农场主的收入，允许价格跌至市场出清水平[3]，并避免收购不想要的剩余库存。然而，该方式的最大缺点就是政府的成本
419 过高。[4]美国人在 1980 年代就领略了收入补贴计划的昂贵（见第八章）。

政府对农场主的价格和收入支持的干预行动都是针对单个商品实施的。这些行动打破了所涉商品的蛛网作用，并为其提供了一定程度的价格稳定性。但是，计划实施的最初几年，其总体效果未受重视。例如，不再生产小麦的土地，直接生产高粱或大麦。从 1956 年的“休耕地补助项目”开始，就考虑到了计划实施的总体效果。要求将有产品剩余的作物的土地闲置，用于非生产性的土地保护。因此，政府为提供价格和收入支持稳定而进行的农业经

济干预，通常是通过单个商品计划操作的。每个计划的细节都是根据所涉商品的独特性而量身定制的。通过停止特定作物的生产使土地保持闲置，这些计划的总体效果便被考虑在内了。

政府干预的经济影响如图 20.1 所示。图 A 举例说明了政府增加收购商品，扩大需求，从而支持商品价格的情况；该情况适用于牛奶等不耐储存的商品。为了将商品 A 的价格维持在 Ps，政府进入市场收购商品，将商品需求从曲线 D_1D_1 扩大到 D_2D_2。[5] 在需求曲线 D_2D_2 下，市场以 Ps 的价格出清 OC 量的该商品。政府的购买行为使市场上的商品价格维持在 Ps。因此，政府必须在市场之外处理掉 AC 数量的产品。消费者必须为该商品支付 Ps 的价格，而非自由市场中的 PM 价格。

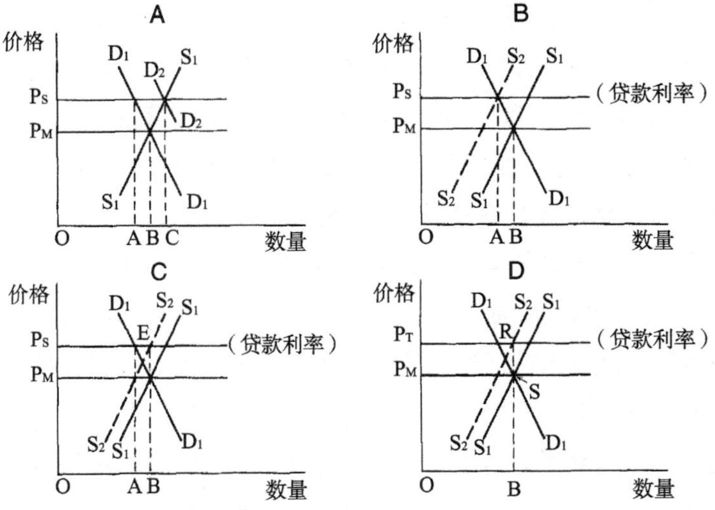

图 20.1　政府干预农业经济的不同形式

通过生产控制计划获得的价格支持的例子见图 20.1B。政府决定以 Ps 的价格标准支持商品 B。由于政府的生产控制计划的运

420 行，导致供给减少，使商品B的供给从曲线S_1S_1减少到曲线S_2S_2。当供给为S_2S_2时，市场出清数量为OA，市场上的支持价格为PS。在这种情况下，政府不需收购商品。但是，市场上的供给比自由市场减少了AB的量，消费者支付的价格为Ps，而非自由市场中的PM。

图20.1C中，是1965年前典型年份小麦的例子。通过该例子，可以看到由于政府计划的运作，通过扩大需求和减少供给运作进行了价格支持。政府决定以Ps价格支持商品C的价格。政府生产控制计划的实施，使供给量从S_1S_1减少到S_2S_2。农场主在市场上以价格PS提供OB数量的商品，但是在需求曲线D_1D_1条件下，该数量的产品并不会达到市场出清，还剩余AB数量的商品。市场价格取决于等于Ps的贷款利率。在无追索权贷款方式下，农场主行使将商品移交给政府的选择权，政府获得AB数量的商品。实际上，
421 商品的需求曲线变为D_1EF，支持价格为Ps或贷款利率。消费者购买该商品必须支付Ps，而非原本在自由市场条件下的P_M。政府必须在商业市场之外找到处理AB数量商品的方法。

图20.1D是将对农场主的收入支持与生产控制及接近均衡点的价格支持相结合，描述了《食品与农业法》（1977年）及后来法案影响下的小麦的例证。政府决定支付小麦生产者的目标价格为P_T。政府实施的生产控制计划，使供给从S_1S_1减少到S_2S_2。在目标价格P_T时，农场主随时准备提供市场OB数量的小麦；该数量小麦的市场出清价格为P_M，等于贷款利率。农场主每生产一个单位的小麦，就可获得相当于P_T与P_M差价的报酬。如果依据该计划，农场主有资格获得其生产的所有单位产品的报酬，那么生产该产品的农场主一共可获得矩形P_TRSP_M的报酬。

图 20.1 中，四个案例提出的价格-供给解决方案，是假定每个方案都能完美运作的情况，但是，实践中并非如此，会出现各种意想不到的结果，原因有很多：方案规划者的知识不完备、作物生长条件的变化、方案一开始就考虑不周，以及一些参与者和方案管理者的不当行为，等等。因此，这些方案始终在变化，加上农业条件、农场规模和成本结构的改变，使选择变得更加纷繁复杂。

1980 年代和 1990 年代的"农业法"继续严重依赖于收入补贴和土地面积控制等手段。然而，由于其中包含了太多关于支付安排和土地面积削减计划的选择，图 20.1D 中所示的简单图表已经无法对这样复杂的操作进行描述了。很大程度上，每个农场 422
经营者都可以从休耕面积、领取补贴的作物种植比例、作物规划间的关系等可供选择的计划中，制定一项符合其农场要求的政府规划。这个过程在地方一级被称为"农耕政府"（farming the government）。图 20.1D 从概念上描述了截至 1990 年国家一级农产品方案的运作情况，该方案将收入补贴和面积控制作为支持农业的手段，尽管它与地方一级的方案运作相去甚远。

上述政府方案的实施，阻止了单个商品价格和农产品价格水平跌至 1950 年代和 1960 年代的低谷（如图 19.8 中的虚线所示），并保持了价格和收益的相对稳定，许多研究也证实了这一点。[6] 图 19.8 中的 ARST 曲线，说明了 1950—1970 年期间农产品价格的相对稳定性。商品计划对所有重要作物和某些牲畜产品进行了支持。通过供求双方普遍存在的替代过程，单个商品计划使农产品价格的总体水平保持了稳定。

这并非暗示着农场主对 1950 年代和 1960 年代实现的价格和收入支持感到满意——他们当然不会满意。总的来说，他们认为政府可以且应该提供更高水平的价格和收入支持。但是，应当承认，1950 年代和 1960 年代联邦政府对农业经济的干预行动，使农产品价格远远高于自由市场下的价格。这就是 1950—1970 年政府干预的历史意义所在，也是正在构建的政治经济理论模型的意义所在。

干预的政治学

前面介绍的价格和收入支持方案的出台并非易事，而是政治
423 舞台上各种妥协、群体压力和投票等复杂的政治过程博弈的结果。因此，这些方案往往受各种因素影响，达不到其发起人（即农场主及其组织）的目标。总之，农产品的价格和收入支持方案过去是，现在仍然是政治市场的产物。因此，要弄清这些产物，必须对政治市场本身有所了解。

1950 年代和 1960 年代，农场主及其组织发言人想要获得"完全平价"的价格支持（平价的定义是该价格所涉期间的单位农产品的价格，它的单位购买力相当于其在 1910—1914 年的购买力）。1950 年代末和 1960 年代初，农产品的平价比其实际价格高出 20%—40%。城市议员、工会和行业领袖反对农产品价格上涨，因为它会对零售价格造成影响。政府反对如此高水平的价格支持，因为会增加项目成本且不利于农产品出口。因此，1950 年代和 1960 年代政治市场上的商品价格，是农场主对"完全平价"的要求同城市渴望压低食品成本及联邦开支压力之间妥协的结果。在此期间，大多数农产品得到了政府的价格支持，占"完全平价"的 75%—90%。该价格高到足以使农产品价格保持稳定（见图 19.8），也低到足以将政府的支出控制在可容忍的范围，且不会给

食品零售价格带来大幅上涨。一般来说，1950 年代和 1960 年代，没有人对政府采取的折中价格支持计划感到满意；农场主当然也不满意，但从某种意义上说，计划起到了作用，也被接受了。

如果说农场主对政府的价格支持不满，那么他们对政府的生 424
产控制则更难以接受。一般而言，农场主不喜欢闲置生产资源。因此，农场主及其国会发言人在起草价格和收入支持法案时，不断提出意见，希望能规避立法中严格的生产控制；他们往往成功地利用了立法中的漏洞。例如，农场主为了充分利用“闲置”的土地，会种植向日葵等“非常规”作物。立法中最大的漏洞是通过收回闲置几英亩的土地来控制农业生产这一规定。农场主便通过更集约地利用不受控制的土地增加投入到土地上的资本的方式，增加单位土地利用率和农业产出。因此，在 1950 年代和 1960 年代，政府的方案往往导致农业资本集约化的加剧。这一时期，政府的生产控制计划的效果连续落后于每英亩产量增长的效果。

农场主通常以面积亩数而不是以磅或蒲式耳为单位计算的营销配额进行生产控制，导致控制效果不佳。这种形式的生产控制很少能实现图 20.1B 所示的简洁解决方案。大多数情况下，对耕地面积控制的依赖导致了图 20.1C 中所描述的解决方案，在这种情况下，政府必须收购 AB 数量的产品，以将市场价格保持在支持的 Ps 价格水平。

图 20.2 显示了 1930 年代、1950 年代和 1960 年代前半期政府为支持农产品价格和收入而采取的干预行动，具体表现为比较典型的价格-数量典型的案例。政府决定按价格 PS 对商品进行价格支持。在该价格下，政府收购了一定数量的产品，以履行其对国内补给计划和外国粮食援助计划的承诺；因此，需求曲线从 D_1D_1 扩大到

D_2D_2。由于实施了生产控制方案，使该商品的供给量从 S_1S_1 减少到
S_2S_2。但是，以支持价格 Ps 无法实现市场出清。农场主愿意以价格
425 Ps 在市场上提供 AB 数量的非即用产品。为了将该商品的市场价格
保持在 Ps 水平，政府必须接管 AB 数量的商品。实际上，通过价格
支持操作，农产品的需求曲线变成了 D_2EF。为适应单个商品的具体
要求，政府对操作方式进行了调整，并在 1950 年代始终以此方式支
持牛奶、小麦、饲料和棉花的价格。因此，政府农产品库存的价值从
1952 年略高于 10 亿美元上升到 1959 年的略低于 80 亿美元。1950
426 年代，政府对农业经济的干预导致其库存不断增加。在 1960 年代，
由于实行了更严格的生产控制，外国出口大幅度增加，以及收入支
持方式的转变（图 20.1D），政府农产品的库存量缓慢下降。

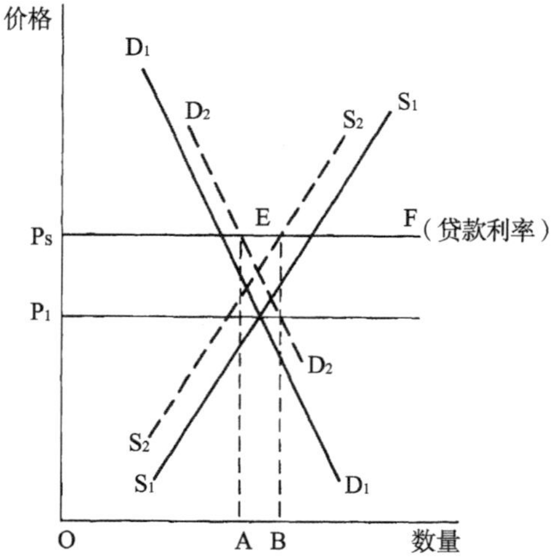

图 20.2　政府干预的典型案例

两位农业部长曾对政府计划下的库存增加进行了解释。农业部长亨利·A. 华莱士借鉴《圣经》中埃及的 7 个丰年和 7 个荒年的故事，指出在“常平仓贮”中积累库存，可以保障国家和世

界抵御因天气恶劣和农作物歉收导致的粮食短缺。农业部长奥威尔·弗里曼（Orville L. Freeman）认为，应将政府的农产品库存视为一种资源，用来帮助新兴发展中国家建设社会和物质性基础设施。这两位部长的观点得到了一些支持，但是，普遍的观点认为，政府手中的库存是政府支持计划失败的一个指标。因此，库存被视为政府的不必要成本和压低市场价格的因素，一旦有机会，就应处理掉。机会出现在 1972 年世界粮食歉收之后的 1973 年。农业部长厄尔·巴茨（Earl L. Butz）最大限度地减少了美国政府持有的库存。但是，随着粮食价格持续飙升和 1973—1974 年世界粮食危机的爆发，城市消费者和国家政治领导人才发现，作为不可预见的紧急情况的安全储备，政府的农产品库存是一笔宝贵的国家财富。1973 年以来，美国政府一直在努力为这些农产品储备确定一个合法角色，却不尽如人意。尽管在制定和通过界定农产品储备计划合法角色的立场方面缺乏成功，但卡特政府在 1977—1978 年建立了约 3000 万吨—4000 万吨的有限粮食储备，目标是减少农产品价格的波动，包括下跌和上涨。刚开始，农场主对该政策不置可否，后来欣然接受并作为他们的备选计划。大部分城市消费者对该储备计划不明就里。为农场主和消费者稳定农产品价格 427
在 1990 年代仍然是一个可行的想法；科克伦（Cochrane）和朗格（Runge）在最近出版的一本农业政策书籍中再次指出，在动荡不安的 1990 年代，粮食储备计划的存在仍然有备无患。[7]

农业跑步机理论

第十章和第十九章讨论了农业技术进步在降低单位成本和扩大供给方面的作用。但对农业技术进步的经济调整过程尚未阐明。

本节将运用跑步机理论对此加以阐述。[8]

“先行农场主”（early-bird farmer）通过采用新技术降低了单位生产成本；图20.3A中农场企业成本结构从曲线$ATUC_1$下降到$ATUC_2$说明了这一点。此外，由于采用了新技术，先行企业的产量增加，并从创新行动中获得了利润。当价格为P_1时，采用新技术后的先行农场主随时准备向市场上提供0B数量的农产品，与之前的OA数量相比，创新回报的利润相当于矩形P_1RST的面积。

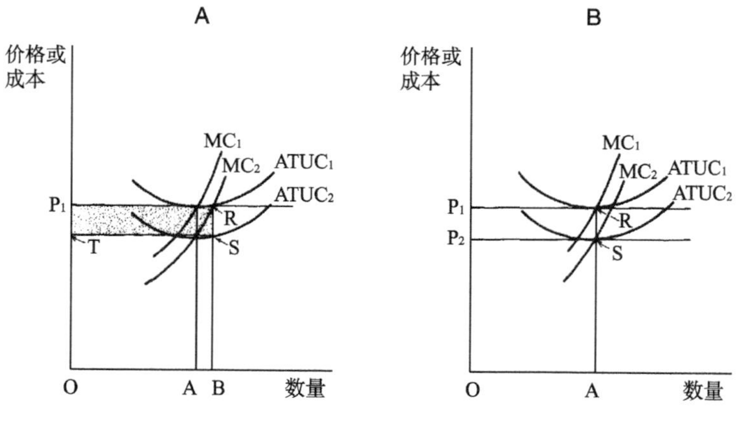

图20.3　自由市场中的企业和行业：跑步机理论

428 只要农产品价格保持在P_1，先行农场主将继续获得P_1RST的利润。并且农产品价格会为先行农场主保持住，因为在美国农业原子化的情况下，一个人增加的产量对市场总供给的影响微乎其微。对于所有早期采用新技术的人来说，都将获得盈利。但是随着采用新技术的农场主越来越多，市场供给将会增加。在自由市场中，其他条件不变，供给的增加将导致产品价格下跌。

随着新技术信息的传播和产品价格的下跌，“普通农场主”纷纷采用该技术，导致供给进一步增加，产品价格继续下降。另外，还有一种可能性是，新企业被技术进步带来的利润吸引，也会进入商品企业，进一步增加了所涉商品的市场供给。

图 20.3B 描述了在自由市场情况下采用改良技术的人的最终结果。价格从 P_1 下跌到 P_2，所有技术采用者的经济收益均被抹去。[9] 企业再次处于长期均衡状态，每一家企业以 P_2 价格生产 OA 数量的产品，每家企业都处于不盈利 / 不亏损的状态。在这种情况下，所有生产要素成本均涵盖在内，包括人工工资。

从长远来看，在自由市场条件下，从农业技术进步中获益的是消费者，他们能以更低的价格购买等量或更多的产品。

不采用先进农业技术的农场主是农业生产经营的输家。如果图 20.3B 中的 $ATUC_1$ 表示后进农场主的成本结构，那么在产品价格下降到 P_2 之后，后进农场主将承受相当于矩形 P_1RSP_2 的损失。但是，后进农场主的成本结构可能远高于 $ATUC_1$，即便以 P_1 的价格销售，也将遭受损失。新技术的广泛采用，加上价格下跌到 P_2，进一步扩大了后进农场主的损失，最终必将破产。

综上所述，当一项新技术刚出现时，富有进取心和创新精神的 429
农场主便率先采纳，即踏上了采用先进技术的跑步机，并最先获得收益。但是，当后来人采用该技术时，跑步机的速度加快，产品供给增加，并将产品价格推至非营利状态。在自由市场条件下，农业技术的进步迫使参与者踏上跑步机。

对于那些从未踏上跑步机的落伍者来说，农业技术进步的破坏性更大。要么使他们陷入难以自拔的经济困境，要么使现在的日子雪上加霜。从长远来看，持续的损失必然导致他们破产，退出农业经营。

由于后进农场主已被迫停业，其生产性资产，通常被先行农场主收购。早期采用新技术，收购运气不佳、能力不足的邻居农场的生产资源，并不会增加这些具有创新精神和进取心的先行农场主的单位生产成本，他们通常可从规模扩大中获得回报。在图 19.5A 中，先行农场主通过收购其邻居的生产性资产，成本结构沿长期规划曲线从 $AVUC_2$ 移动到 $AVUC_3$。[10] 即便没有直接增加利润，也改善了其财富状况。

农业技术进步不仅迫使参与者踏上跑步机，也为强势农场主吞并后进农场主创造了条件。农业技术进步促进了美国农业生产资产的重新分配，使商业性生产始终集中在大型农场手中。农业技术进步过程在美国农业中造成了普遍的同类相残的局面。[11]

政府干预与同类相残的农业跑步机

430 农产品价格下跌是自由市场条件下农业技术进步的必然结果，但产品价格下跌不符合具有价格支撑底线的农业产业的要求。1950 年代初，农产品价格从二战后的最高点回落；在 1950 年代中期趋于稳定，例如 1955—1965 年，由于农产品市场价格依赖于大宗商品价格支持机制，所以基本保持不变；1960 年代末，随着价格支持的提高和出口的扩大，农产品价格稳定上涨。人们可能会问，在政府为农业提供价格收入支持的前提下，跑步机理论是否站得住脚？有政府价格支持体系，却期望农业技术进步推动农业发展，进而导致跑步机式的结果，这合乎逻辑吗？

答案是肯定的。尽管我们得到了略有差异的理论上的价格-成本结果，但该结果与 1950—1970 年的价格-成本事实是一致的。

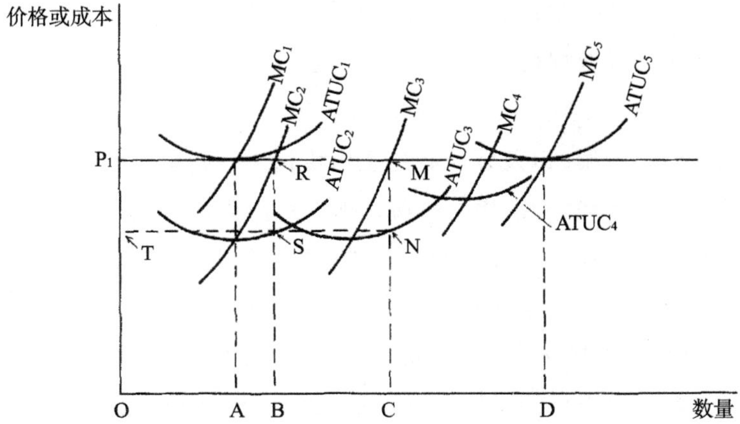

图 20.4　基于政府干预与同类相残的跑步机解决方案

下面就政府固定价格支持条件下的跑步机运行情况进行说明。"先行农场主"采用了一项新技术，其公司成本结构下降。如图 20.4，成本结构从 $ATUC_1$ 下降到 $ATUC_2$，产品价格 P_1 保持不 431
变。作为对"先行农场主"创新行为的奖励，其获得了相当于矩形 P_1RST 的利润。其他农场主则仿效"先行农场主"的做法，这样，每个采用者的成本结构都会下降，并获得同样的利润。但是，随着采用新技术的农场主越来越多，相关产品的总供给量也随之增加，产品价格却没有下降，因为政府的价格支持使价格保持在 P_1。

每个采用该技术的农场主都对其单位利润感到满意，并希望增加产量，因此每个人都着手扩大经营规模。不断扩大规模的情况下，单位生产成本不会随着农场主购买更多的土地和设备而上升。图 20.4 显示了更有进取心的农场主的产量增长。这些农场的成本结构从 $ATUC_2$ 移动到 $ATUC_3$。因为价格保持 P_1 不变，企业利润将扩大到矩形 P_1MNT。

随着越来越多的农场主采用新技术，并通过向落后的邻居购买土地扩大经营规模，土地价格开始上涨。农场企业的平均单位总成本开始上升到边际成本曲线 MC_3，因为，利润被用来购买了土地这种稀缺资源，以及以原有的土地价格进行投资。扩张企业的新成本结构为 $ATUC_4$。相关的农场都扩大了规模、增加了产量。由于地价上涨，每家企业的单位生产成本均有所上升。

图 20.4 中没有显示那些落后的、已倒闭的农场的成本结构。由于 20 世纪下半叶美国的可耕地是相对固定的，激进的企业只能通过收购后进农场的土地进行扩张。因此，同类相残是固定价格
432 下（即政府价格支持下的产品价格）农业技术进步的一个组成部分，实际上也是必要的一部分。更有进取心和效率的农场主通过采用新技术获得的利润驱使他们扩大经营，而他们只能通过收购落后邻居的稀缺土地资产才能做到这一点。[12] 因此，对稀缺土地资产的竞争推高了土地价格。

图 20.4 中成本结构 $ATUC_4$ 的位置，对问题的解释并不完整。由于采用了改良技术，通过政府干预，产品价格保持在 P_I 不变，处于 $ATUC_4$ 的每个企业都还在获得利润。因此，每家企业都努力扩大规模以营利。但是，通过竞争扩大规模，进一步提高了土地价格。在寻找更多土地的过程中，强势农场主推高了土地价格，最终的解释由 $ATUC_5$ 的位置进行说明。在竞争过程中，由于土地价格被推高到短期成本曲线的最低点与固定价格线相切的水平，激进的企业又回到了无利可图的境地。可以说，“土地市场”跑步机已经取代了“产品市场”跑步机。

经营规模越大，农场主越有进取心。由于许多规模较小、效率较低的农场停业，农场总数下降。因为政府的价格支持行动，产

品的价格保持不变。而最初的农业技术进步所带来的单位生产成本的降低，被土地价格的上涨抵消。值得注意的是，这些结论与1950—1970年美国农业经济事实和趋势一致（见第七章）。因此，政府干预下的跑步机理论，不仅在逻辑意义上成立，在相关意义上也成立。

历史的惨痛教训

农场主在抱怨产品价格低和投入价格不断上涨的情况下，仍然继续采用新技术扩大产量，因为，他们都认为采用新技术是增加 433
利润或减少损失的一种手段。但是，在生产者众多的竞争环境中，单个农场主不可能通过采用新技术在短期内盈利。在长期竞争中，这样的收益对他来说没有意义。因为在自由市场环境中，由于产品价格下跌，收益被抹平了。而在价格支持的情况下，由于固定资产（通常是土地）的价格上涨，他们同样没有利润。

有人可能会问，如果农场主获得收入支持的形式是补助而非价格支持，那么，他不能离开跑步机吗？如果补助与他的生产量挂钩，且有自由土地市场的情况下，则答案是否定的。在这种背景下，创新农场主将采用新技术，降低其单位生产成本。随着采用新技术的人的增加，产业供给增加，产品价格下降。但是，采用新技术的农场主的收入至少有一部分来自政府的补助。这些农场主将通过收购附近小规模农场的生产性资产继续扩大产量。土地价格被抬高，直至抵消政府补助所创造的利润。

上述分析进一步表明，政府以高于均衡价格的水平进行价格支持，或根据农场产量进行政府补助来提高农场收入的做法，是一个悖论。政府行为给农场带来的收入，被大规模、高效率的强势农场用来收购小规模、低效率农场的生产性资产，进而扩大其业务。在同类相残的过程中，土地价格被抬高，所有农场的成本攀升，政府的收入支持被抵消。从长远来看，政府支持方案给农场主带来的收入推高了地价，提高了土地所有者的财富地位。基本上，受益于政府支持方案的土地所有者是每个农业社区中规模最大、最有进取心和创新精神的农场主，他们利用政府的收入支持获得了更
434 多的土地。在这一过程中，这些农场主抬高了所有农田的价格，包括其原来的土地，并使自己成为富有的土地所有者。

"逃离跑步机：是否可能？"

历史告诉我们，作为一个踏上跑步机上的农场主，他无处可逃。任何美国农场主的收入的增加，无论是源于技术进步、市场需求的快速增长，还是政府援助计划，终将在产品价格下降以及土地价格上涨的竞争过程中消解。但这并不妨碍农场主寻找逃离的途径。1970 年代，许多农场主及其经济顾问认为，他们找到了通过扩大出口摆脱困境的途径。但是，出口繁荣于 1982 年结束，随之而来的是农产品价格的飙升。1980 年代，以最激烈的形式展开的竞争又开始了。

其他农场主则将依靠政府视为逃离跑步机的一种方式。在短期内，看似如此。1971—1985 年，谷物的目标价格呈阶梯式增长，贷款利率紧随其后。但是，政府的价格和收入支持成本的大幅增加导致上述增长在 1980 年代中期结束。此后，价格和收入支持水平一直在下降。到 1992 年，国家强烈要求进一步减少政府对商业性农业的补贴。

少数能力超群的农场主通过不断采用新技术保持了领先地

位。对他们来说，采用一种特定的改良技术所带来的短期利润必定随着时间的推移而消散。但是，如果他不断采用新技术，就能创造源源不断的经济收益。我们假设这就是少数能力超群的经营者这些年所能做到的。一般来说，对于创新经营者采用的每项新的和改进的技术，跑步机都会无情地碾过，但是这些人通过不断采用新技术保持领先于竞争对手。

对于某些农场所有者-管理者来说，或许还有一种方式逃离跑 435
步机。表 18.2 的数据和 1980—1990 年代发展的分水岭争论表明了一条逃离的途径。如果扩张手段不再是 1980 年代的增加土地，而是管理层通过对资源和技术的巧妙结合实现的产量增长，这个过程灵活多变且不会导致价格上涨，那么，由此产生的利润应得益于精湛的管理水平，进而形成了精益求精的生产流程。随着政府通过价格支持进行干预，经济收益应该被“资本化”为新的固有要素——管理。这种推理完全取决于两个假设：(1)所有资源对企业来说都是可变的，企业内部的任何发展都不会导致资源的价格上涨；(2)政府继续对有关企业进行价格支持。

如果农业回归到自由市场状态，优秀的管理者通过整合生产流程而获得的利润，会因为跑步机而消解吗？只要生产流程能够被轻易复制，且没有阻碍新企业进入该产品流程的壁垒的话，答案是肯定的。但是，如果企业拥有独特的、难以复制的卓越生产工艺的管理，那么该企业就能保持其生产流程中产生的经济利益。1980 年代，有些大型企业管理者能够将新技术与现有资源完美结合，创造了卓越的独特生产流程。在这种情况下，管理形成了某种程度上的生产垄断，通过跑步机进行的竞争在耗尽该企业利润方面收效甚微。加入竞争的企业可能会引入产品线，导致产量增加，价格开始下降。但有理由认为，在这些企业的成本下降到卓越企业的最低成本之前，它们将停止加入竞争，产品价格也将停止下降，因为这些企业没有独特优越的生产工艺。此时，具有独特生产
436 流程的卓越企业通过成为准垄断者而逃离了跑步机。在真正自由竞争的市场中，没有垄断的要素就无法逃离跑步机。

推荐阅读

1. Brown, William P., *Private Interests, Public Policy, and American Agriculture*, Lawrence: University of Kansas Press, 1988, particularly Chaps. 11 and 12.
2. Cochrane, Willard W., *Farm Prices: Myth and Reality*, Minneapolis: University of Minnesota Press, 1958, Chap. 5.
3. Herdt, Robert W., Cochrane, Willard W., "Farm Land Prices and Farm Technological Advance", *Journal of Farm Economics*, 48, no. 2 (May 1966), pp. 243–263.
4. Raup, Philip M., "Some Questions of Value and Scale in American Agriculture", *American Journal of Agricultural Economics*, 60, no. 2 (May 1978), pp. 303–308.
5. Schumpeter, Joseph A., *The Theory of Economic Development*, Cambridge: Harvard University Press, 1936, Chaps. Ⅰ, Ⅱ, HI, and Ⅳ.
6. U. S. Congress, Congressional Budget Office, *Public Policy and the Changing Structure of American Agriculture*, Background Paper, September 1978, Chaps. Ⅰ, Ⅱ, and Ⅲ.

第二十一章　运用模型解释 1970 年代和 1980 年代

在本章中，我们将借助前两章概念化的经济模型考察 1970— 437
1990 年（一个价格和收入异常波动的时期）美国农业的发展。前文中已对这一时期的发展状况有所阐述；因此，我们的目的并非提供新的信息，[1] 而是运用概念模型整理这一时期的事实、趋势和发展，并对其异常波动的现象加以解释。下面是对该模型进行的一般性描述。

概念模型

1950—1970 年，农业的市场结构是原子化的。市场上任何生产销售者的个人行为都无法对供给产生显著影响，也不会导致产品价格的明显变化。有时，市场上买方的稀缺可能导致垄断行为。但是，农产品之间高度的替代性，维持了农产品市场原子化的主要特性。 438

无论过去还是现在，农业食品总需求（即食品总量）均缺乏弹性。国内总需求对收入的变化不敏感；平均而言，美国人已经达到了这样的富裕阶段，即人均收入的增加几乎不会改变食品的人均消费量。截至 1970 年，国内总需求增加的原因是国内人口的增长。由于美国的人口年增长率已降至 1% 左右，所以，国内农产品总需求的年增速基本不超过 1%。

截至 1970 年，国外总需求对发达及发展中国家的人均收入和人口增长高度敏感。然而，美国农产品的出口增长，常被难以预测的天气和变化无常的外国贸易政策打断。美国粮食和其他农产品的大进口商对国内市场的隔离进一步导致国外总需求严重缺乏弹性。1960 年代末、1970 年代初是美国农产品生产者最艰难的时期，需求不均衡且不可预测。总需求关系的变化，对农产品价格造成了广泛、剧烈、无法预测的波动。

农产品总供给在价格方面同样高度缺乏弹性。理论上，随着时间的推移以及农场非农生产投入的增加，总供给关系应变得相对更富弹性。但是，截至 1970 年的统计数据表明，结果正相反。

1950—1970 年农产品总供给量的增长来源于农业技术进步。
439 在 1951—1965 年的 14 年间，新技术的广泛采用显著提高了农业生产率，农产品的总供给量增加了近 30%。1965—1970 年农业生产增长率降到接近零，由于农作物种植面积没有扩大，农产品的总供给几乎不变。

单位生产成本降低和利润增加的承诺诱使农场主不断采用新技术。采用者从其创新行为中获得了暂时的利润。但是，可以肯定的是，由于跑步机的作用，早期采用者的收益被渐渐抹去，最终处于非营利的境地。

考虑到上述因素，由于 1951—1965 年农产品的总供给与总需求相去甚远，很可能导致农产品价格的急剧下降，美国农业经营者将遭受巨大损失，陷入财务困境。但是，由于政府的干预，这些局面并未发生。1950 年代干预的形式为价格支持，1960 年代干预的形式为价格支持和收入补贴，15 年间实施的生产控制导致种植面积减少，加上国内和国外需求的增加，均为农业生产的价格和收入提供了保障。因此，农产品价格在 1951—1965 年相对稳定，在 1965—1970 年甚至略有上升。

政府干预下的农业发展没有出现普遍的财政紧缩。但是，它却导致了强者"吃掉"弱者的同类相残现象。在政府价格和收入支持下，具有创新精神和进取心的农场主早期便采用了新技术，获得的收入促使他们进一步扩大业务，并通过收购创新能力较弱、后进的邻居农场实现了该目标。总之，在1950—1970年，农业技术进步与政府价格和收入支持计划相结合，加快了强者消费弱者的农场 440 扩张进程。

毫无疑问，1965—1970年随着美国农业生产率的增长逐渐接近零，以及农产品出口量的大幅增长，总供给对需求的压力有所缓解。我们甚至可以合理地假设，随着20年非凡的技术进步于1970年接近尾声，不断扩大的总需求和总供给在1970年的价格水平上大致平衡。换言之，如果总需求和总供给保持在1969—1970年的水平不变，那么，可以假设如果没有政府干预，农产品价格也会保持不变。部分是由于管理，但主要是基于偶然因素，在1969—1970年，总需求和总供给在动态发展过程中大致趋于平衡，部分原因是由于管理，但主要是基于偶然。

价格反应

但是，上述平衡状态并未持续多久。出口需求在1970—1971年大幅增长，在1972—1973年急剧增长。同时，农业技术进步的速度在1970年代初有所增加；1969—1973年的要素生产力的增长率是二战结束至1989年间最高的（见表18.2）。因此，1970年代初期是一个出口激增、新技术和改良技术得到广泛应用的高度活跃时期。

先来看看价格反应。本节将玉米产品作为所有农产品的代表。因为，只有以单个商品为单位，才能将市场价格与政府计划价格联

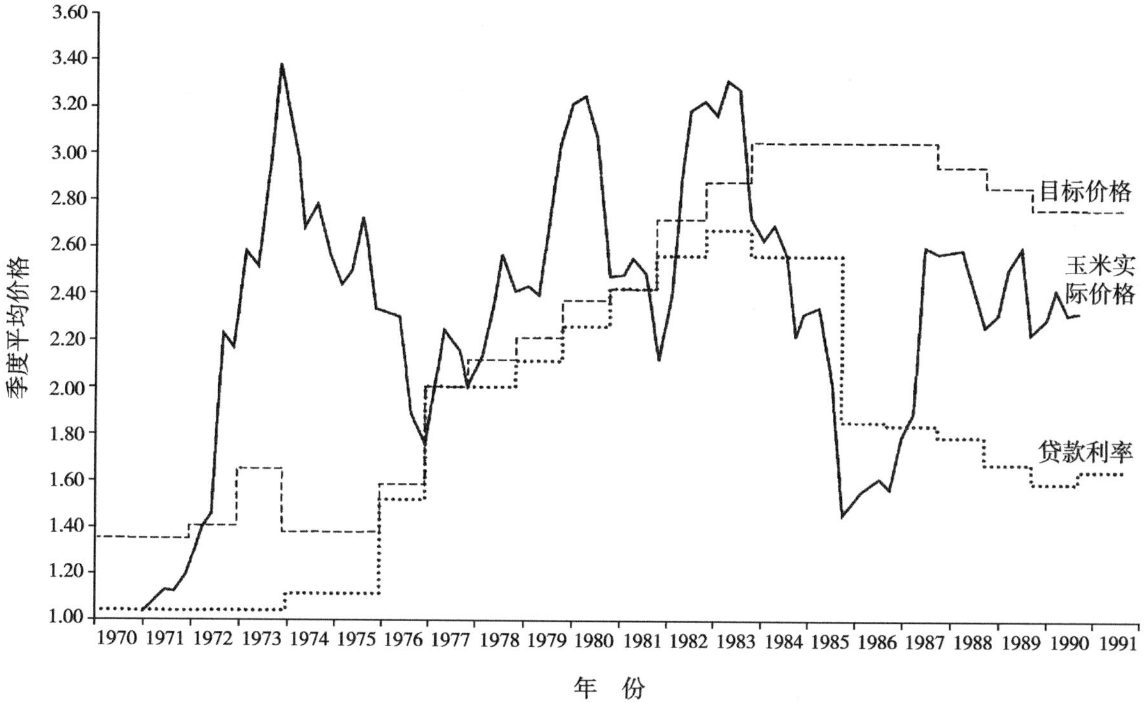

图 21.1　1970—1991 年美国玉米实际价格（季度平均数）、目标价格和贷款利率

系起来。而玉米是最佳代表，因为就现金收入而言，玉米是迄今为止最重要的农产品，也是畜牧业的主要饲料。

由于出口需求激增，玉米的市场价格从 1971 年第一季度的 1.03 美元/蒲式耳上涨到 1974 年第一季度的 3.36 美元/蒲式耳（见图 21.1），在 1977 年第一季度回落到 1.72 美元/蒲式耳。是什么导致了如此剧烈的价格波动呢？答案很清楚。同样极度缺乏弹性的需求和供给的相互作用，可以解释 1973 年和 1974 年玉米价格上涨的大部分原因。1973 年，当粮食储备下降时，开始出现恐慌 442
购买现象，包括玉米在内的所有粮食价格在 1973—1974 年达到历史最高。由于 1975 年玉米丰收和出口需求放缓，1977 年第一季度玉米价格暴跌至 1.72 美元。正如第十九章所述，当需求和供给关系高度缺乏弹性时，只要其中一个发生微小的变化，就会产生价格的剧烈反应。

1977—1990 年，玉米的市场价格继续像过山车一样波动（见图 21.1），一部分原因是出口需求的激增和收缩，另一部分原因是由于 1983 和 1988 年玉米的歉收。毫无疑问，在价格波动剧烈的背景下，农场经营者经常呼吁政府出台措施，稳定农产品价格。

政治反应

众所周知，农场主们向政府提出的请求并未得到回应。表 21.1 显示了 1970—1990 年的玉米贷款利率，参与种植的农场主可据此获得价格支持的无追索权贷款，以及农场主获得价差补贴的目标价格。1970 年代初，与玉米的市场价格相比，玉米的贷款利率和目标价格过低，难以运作。少数人包括农业部长厄尔·巴茨认为政府的计划已经是过去式了。但许多农业领导人并不认同，他

们在国会代表的帮助下，将 1970 年代后半期的贷款利率和目标
价格提高到了能够运作的水平（见表 21.1）。1980 年代初，根据
《1981 年农业法》，贷款利率和目标价格被抬到更高水平。在这种
情况下，农业出口，特别是粮食出口开始急剧下降。玉米的市场价
格跌至谷底，从 1983 年第三季度的 3.29 美元/蒲式耳降至 1986
年第一季度的 1.44 美元/蒲式耳。但这次价格下跌并未对农场主
造成冲击；玉米的目标价格定为 3.03 美元/蒲式耳，1986 年对玉
米生产者的补贴约为 62 亿美元，1987 年为 59 亿美元。根据《1985
444 年农业法》的规定，1988 年目标价格开始下降，在扩大出口需求
的推动下，玉米的市场价格升至每蒲式耳 2.50 美元以上。政府玉
米计划的成本损失并未停止，但是减少到了更可控的范围（即 20
亿—30 亿美元）。

表 21.1 所列商品信贷企业的业务源自农场主对无追索权贷款的使用。在 1970 年代初，当玉米价格远远超过贷款利率时，农场主很少将玉米用于贷款，政府已在 1975 年和 1976 年将玉米库存降至零。但是，当 1985 年和 1986 年的玉米价格低于贷款利率时，农场主运用无追索权贷款支撑其产品价格。1986 年，农场主依照自有储备项目（Farmer Owned Reserve）储备了近 15 亿蒲式耳的玉米，在传统的贷款计划之下投放了 21 亿蒲式耳，政府从贷款收购中获得了 14 亿蒲式耳。1980 年代，政府贷款计划有力地支持了玉米价格。

表 21.1 清楚地描述了政府在支持农产品价格和收入方面的作用。由于价格波动，商品生产者向政府寻求价格和收入保护的行为可以理解。但是，如果美国政府愚蠢到向生产者提供历史最高水平的价格担保，必定会造成其沉重的成本负担，就像政府在 1984—1987 年所做的那样。

表 21.1　1970—1990 年玉米生产和商品信贷企业业务

年份	产量	商品信贷企业业务		
		储备[a]	库存[b]	未偿贷款[c]
		百万蒲式耳		
1970	4152		30	105
1971	5646		47	160
1972	5580		40	79
1973	5671		4	7
1974	4701		3	0
1975	5841		0	32
1976	6289		0	143
1977	6505	212	4	480
1978	7268	585	101	158
1979	7928	670	260	116
1980	6639	0	242	350
1981	8119	1276	280	442
1982	8235	1890	1143	129
1983	4174	447	202	45
1984	7672	389	225	657
1985	8875	711	546	2589
1986	8226	1498	1443	2102
1987	7131	1127	835	928
1988	4929	724	362	337
1989	7525	387	233	112
1990	7933	0	371	209

资料来源：美国农业部，农业保障局。

注：a. 根据农民自有粮食储备计划的规定贷款的玉米；

b. 商品信贷企业的玉米；

c. 标准的无追索权贷款的玉米。

农场企业案例的四种叙事

图 21.2—图 21.5 显示了农场企业在四种不同情况下的行为。每种情况都有一个涉及具体年份的名称（例如 1971 年的简况）。每种情况的价格参数正是图标题中年份的价格参数。但是，每种情况下的农场企业行为都不受时间影响。这种时间区别很重要，同样重要的是认识到行为者——农场企业——的行为与特点的时间序列无关。

445 在图 21.2 中，假设有四种处于不同位置的玉米生产商：位置 1 和位置 2 的小型高成本生产商；位置 3 的中型中等成本生产商；位置 4 的大型低成本生产商。位置 1 生产商亏损，位置 2 生产商得益于政府较高的目标价格支持，实现了盈亏平衡；位置 3 生产商在目标价下盈利，但相对于实际市场价格，他们是无法回本的；位置 4 的生产商与实际市场价格相比盈亏平衡，且在政府目标价格的支持下获得了可观的利润。从图中可见，处于位置 1 到位置 4 的生产商是按照长期规划曲线的结构进行安排的（见图 19.5A）。假设第 2 位到第 8 位的玉米生产商都是项目的参与者，这是比较贴近现实的。

假设位置 4 的一家或几家企业采用了一系列新技术，生产力提高，平均总单位成本 ATUC 降低，如图中的新位置 5 所示。从位
446 置 5 的 MC 和 ATUC 曲线可以推断，位置 5 的企业通过这种行动增加了利润。这些公司的运营者对他们提高的利润感到满意，并寻求进一步增加利润。之后，企业继续通过沿着长期规划曲线扩展到位置 6 实现了利润增加。他们是如何做到的？是通过购买位置 1 小型高成本生产商的土地和其他资源实现的。当同类相残继

续进行时，就会看到，小型高成本生产商的数量在减少，土地价格越来越高。图 21.2 显示了最终结果，创新型农场主在扩张过程中支付的土地价格上涨，平均单位成本增加，最后处于位置 8。企业在竞争过程中，成本上升到盈亏平衡即无利可图的位置，这是政府干预下的经典跑步机案例。

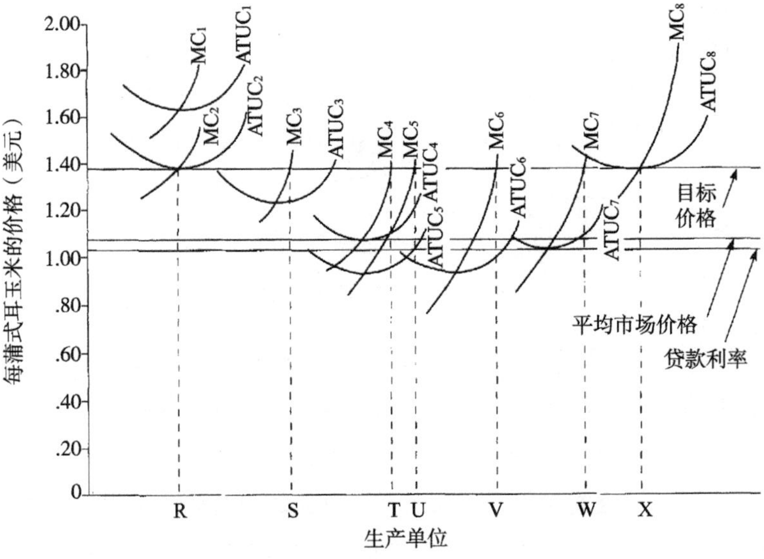

图 21.2　1971 年的简况

关于图 21.2，需要说明两点。第一，所有积极进取、富有创新精神的企业并不需要扩张到位置 8；有些企业本可以在位置 6 停止扩张，这时利润可观，直到土地市场中攀升的地价被资本化为其特定的地块；届时，企业的估算成本（基于地价的上涨）也将接近目标价格水平。第二，此时位置 2 到位置 8 的所有生产商都会向政府请愿，要求提高目标价格水平以获得利润。但是，在跑步机运行机制的作用下，政府干预是一种适得其反的政策。

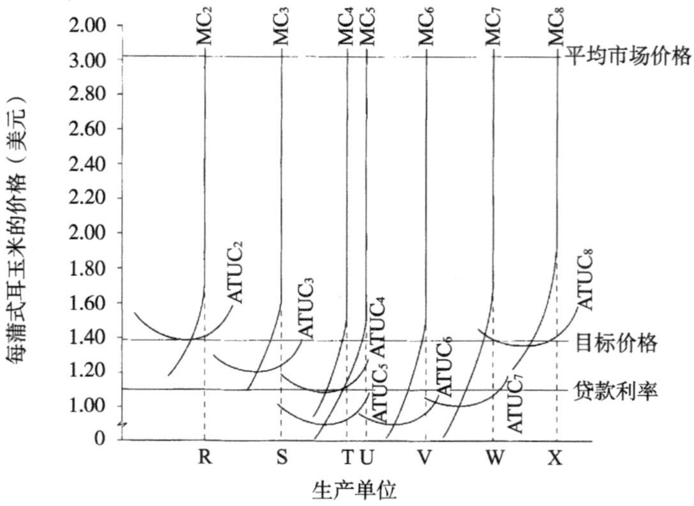

图 21.3　1974 年的简况

在图 21.3 中，1974 年玉米的平均市场价格为每蒲式耳 3.02 美元。如此高价的原因是 1973 年和 1974 年世界农作物普遍歉收，前苏联大举进入世界粮食市场，美国的粮食储备消耗到历史低点。由
447 此，位置 2 到位置 8 的所有玉米生产商都试图增加产量。如图中各边际成本曲线所示，每个生产商可通过适度增加可变投入（如化肥）来提高产量。但是，短期内土地、重型机械和家庭劳动力的数量是固定的。如果在固定因素基础上增加可变投入，将很快带来总产出趋于稳定，如果继续增加投入，总收益则会减少。因此，每个生产商的边际成本曲线都变得完全垂直，这表明在市场价格为每蒲式耳 3.02 美元时，每个生产商在短期内都达到了其最大产量。

图 21.3 中处于位置 1 的那些小型高成本企业怎么样了？图中并未显示，因为据推测，到 1974 年这些企业已经不复存在。我们建议这些企业改进生产方法，降低单位成本，从而移动到位置 2，

甚至位置3——如果他们还能扩大经营规模的话。与1971年叙事 448
中提出的论点一致，许多人（或许是大多数）将企业出售给决心扩大经营规模的农场主。有的人在城里找到了稳定的工作，成为兼业农场主，农业慢慢变成了副业。因此，我们假定图21.2中位置1的企业到1974年已消亡。

在1974年的简况中图21.3中所有的企业都获得了非凡的利润。因此，位置2的企业在短期内没有动机将企业出售给处于扩张中的5—8位置的企业。但从长远来看，大企业对小企业的吞不可遏制。图21.3中显示，虽然位置2企业的单位利润仅略低于位置7或8的企业，但它们的利润总额却相去甚远。因此，处于位置3—8的企业有购买位置2的土地和其他资源的动机，他们对位置2企业的稀缺资源（土地）的竞争，再次推高了地价。这就是1970年代发生的事情——位置2的企业被吞并，地价上涨。

正如博尔丁（Boulding）多年前指出的，当固定要素的价格在整个行业范围内上升时，企业的ATUC曲线将沿着边际成本曲线上升。[2]这一结果如图21.4（1981年的简况）所示。1970年代土地价格的飙升将位置3至位置8的企业成本结构推高到与玉米市场价格相近的水平（1981年玉米的市场价格比1974年的高点下跌了50多美分）。此外，在图21.4中，处于位置2的企业已经消失；其消失的原因与位置1的企业相同。

图21.4中没有显示的是1970年代越来越多的企业从位置3、4、5转移到位置6、7、8，因此，产生了对位置2企业的同类相残与地价被推高的双重效应。后者使所有余下企业的成本结构接近玉米的市场价格。前者导致到1981年，相对而言数量很少的大型至超大型农场的产量所占全国农业总产量的比例不断增加（见表8.4）。 449

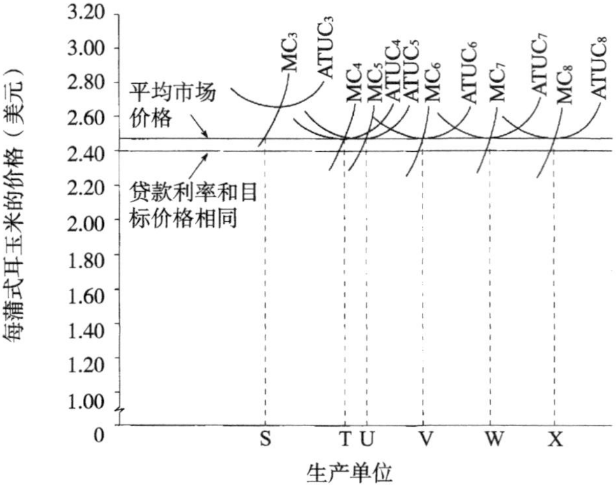

图 21.4　1981 年的简况

图 21.4 显示，政府价格和收入支持水平（贷款利率和目标价格）的上升与玉米市场价格的上涨保持一致。从 1974 年开始，农场主及其华盛顿的游说者和立法代表一直致力于提高政府的支持标准，结果是：如果市场价格出现大幅下滑，将有政府强劲的价格支持作为保障。到 1981 年，玉米的贷款利率和目标价格已提高到每蒲式耳 2.40 美元，略低于市场价格。正如接下来要讨论的，这将是脱离目标价格的好节点。

如我们从 1988 年的简况（图 21.5）中看到的所示，上述建议并未被采纳。1980 年代的大部分时间，玉米的目标价格提高到每蒲式耳 3.03 美元，1988 年固定为 2.93 美元，该年的贷款利率先提高，然后降至 1.77 美元（见图 21.1）。但是，位置 3 到位置 8 的企
450 业成本结构，并未因地价的上涨而被推高到目标价格水平，有两个主要原因：第一，农业陷入困境，玉米及其他谷物的价格在 1981—1986 年大幅下跌，1988 年回升至 2.54 元。在这种环境下，曾于

1970 年代过度扩张经营的一些农场，无法履行其信贷义务，被迫停业。这时，土地价格没有上升；相反，土地价格在 1980 年代初期和中期下降；由于大多数农场主缺乏偿付能力，1980 年代中期的土地竞标陷入沉寂。

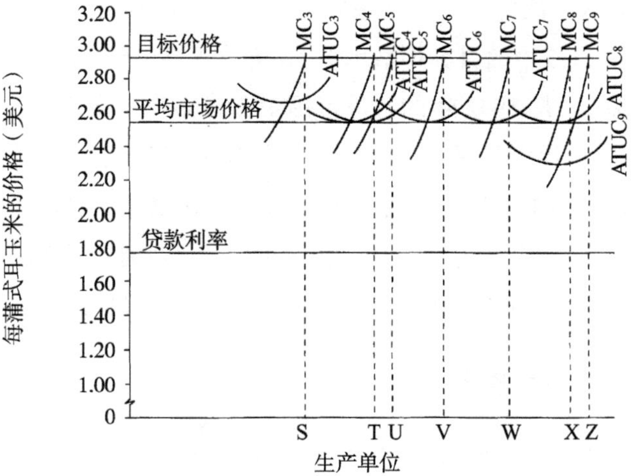

图 21.5 1988 年的简况

第二，正如第十八章中所述，大规模农场的所有者（管理者）降低成本与增加产量的方式，不是采用新技术和购买土地，而是开发独特的和专业化的生产流程，精心控制，从这些生产流程中挤出最后一盎司效率。这个过程淡化了土地的作用，它主要依靠从非 451 农部门购买资源和技术，而这些资源和技术的价格相对稳定。这种工业化农业的目标是通过提高全要素生产率增加产量，导致总投入的减少。这正是 1979—1989 年美国商业性农场企业发生的情况（见表 18.2）。农业的新玩法是在生产流程的各个方面严格控制资源的使用。

图 21.5 中位置 9 的大型商业性农场企业可说明上述情况。农

场企业在不增加规模（通常是以耕种面积来衡量）的同时，提升了产量和利润。1980 年代的工业化农场企业，重点是发展高效的生产流程，而非耕地面积的增加。在工业化方向上，地价持续上涨的压力得到了缓解。

位置 3—位置 9 的企业成本结构，是否会因为跑步机效应而上升到图 21.5 中的目标价格水平，还有待观察。当然，它不会发生的一个原因，是 1992 年的政治市场正在降低收入支持（即目标价格）。另一个原因是具有创新精神的所有者（管理者）开发了独特的、难以复制的生产流程，意味着该企业能在很长一段时间内保持盈利。但是，如果认为位置 9 的企业可以无限期地持有利润，就大错特错了。因为利润将吸引更多竞争，跑步机将以新的形式重现。

现实中的经济和政治

本书无意对 1970 年代和 1980 年代美国农业所发生的一切进行全面完整的描述，仅希望通过四个年份的简况反映出该时段美国商业性农业发展的主要情况。一些评论家或许会说，这些叙事代
452 表了作者的想象力。在创作这些有代表性的图画时，确实涉及想象力，但我们的观点是，这些提法符合当时的经济因素和经济理论。

第一，叙事是在市场和政府的实际定价参数范围内产生的。第二，虽然农场企业总数下降，但大型和超大型农场企业的数量增加了。第三，土地交易大多发生在同一城市的人们之间，表明此期间出售的大部分农田是由邻居购买的。第四，这些叙事考虑并反映了 1970 年代的土地繁荣和 1980 年代的农业萧条。

就经济理论而言，企业成本函数虽然不是从实际数据中得出的，但它与传统理论相一致。企业成本结构沿着一条基本平坦的

长期规划曲线向右转移，这与农业中规模经济的许多经验信息是一致的。“跑步机”是熊彼特教授的经济发展理论在农场场景中的应用。[3] 这四个叙事将这些事实和理论相结合，“解释”了1970年代和1980年代的美国农业发展。

本章提供的资料显示，农场企业在任何特定时间的盈利或亏损取决于三个不甚相关的因素。首先，是管理人员在降低公司单位成本和扩大经营规模方面的能力。第二，是世界市场的粮食状况，即美国单个粮食生产者所面临的市场价格。第三，是政府向单个农业生产者提供的价格和收入支持。

正如1971年的简况所描述的，管理者在降低成本和扩大经营规模方面的能力起到了主导作用。在1974年的简况中，玉米市场价格的急剧上涨使其他要素黯然失色。1988年的简况提出了两点：第一，目标价格和价差补贴对大多数玉米生产者收入的重要性；第二，出现了严格控制和改进生产流程的工业化农场。

富有创新精神和技能的管理者只能控制其经济命运的一个方面，即提高企业的生产效率。世界市场和国家政治舞台的发展超出了其控制范围。因此，商业农场主通过农产品协会联合起来，在 453
动荡的世界市场中寻求政府的保护（见图21.1），这是理所应当的。但是，政府的回应不应过于慷慨。在粮价急剧下跌时，为商品粮农提供安全网是一回事；而保障粮农获得丰厚回报则是另一回事，例如，政府将1984—1987年的玉米目标价格定在每蒲式耳3元以上，1988—1989年仅略低于每蒲式耳3元。据笔者判断，从1981年开始，政府应维持每蒲式耳2.4美元的目标价格，同时贷款利率略低。这样，不仅能在1980年代中期为玉米种植者提供重要的收入保障，也能减少政府的巨额成本。

联邦政府能做且应该做的另一件事是，为保障消费者和生产者的利益，实施一个合法的粮食储备计划，以应对世界粮食价格的巨大波动。在供过于求和价格下跌时收购粮食，在供给短缺和价格上涨时售出粮食，目的不是提高粮食价格的长期水平[4]，而是缓和市场价格的波动（如 1970—1980 年代）。当价格有一定波动时，农场企业经营者应该能够通过改进生产方法和降低企业生产成本的方式掌控其经济命运。当价格适度变动时，农业工业化时代蓬勃发展（正如第十八章所述）；但当产品价格极端波动难以预测时，农场企业家必须寻找庇护，等待风暴过去，然后，投资于新的、进步的生产流程。

推荐阅读

1. *Agricultural Outlook*, U. S. Department of Agriculture, Economic Research Service, October 1991, pp. 32-39.
2. Breimyer, Harold F., "The Changing American Farm", *The New Rural American, The Annals of the American Academy of Political and Social Science*, 429 (January 1977), pp. 12-22.
3. Cochrane, Willard W., Runge, C. Ford, *Reforming Farm Policy: Toward a National Agenda*, Ames: Iowa State Press, 1992.
4. *Farm Futures: The Business Magazine for Agriculture*, P. O. Box 11652, Des Moines, LA 50340; recent and current issues.

第五部分　总　结

第二十二章　一些结论性思考

我们学到了什么

在1607—1775年的近200年间，13个殖民地的农业都发展得非常缓慢。直到1760年，移民才在大西洋沿岸逐渐定居。最早的定居者都是冒险家而非农民。所有人必须学会在陌生的新土地上耕作。那里被茂密的森林覆盖，土壤贫瘠多石，气候状况未知。第一批移民从印第安人那里学会了种植烟草和玉米。他们养殖从欧洲带来了马、牛和猪。然后慢慢地通过不断试错，他们学会了如何在大西洋沿岸的平原以及河流的山谷上耕种。 457

美国独立战争期间（1775—1783年），查尔斯顿有了稻米的生产剩余，南卡罗来纳的烟草销售到了马里兰、弗吉尼亚和北卡罗来纳，费城富饶的农田也有了谷物生产剩余，新英格兰发展了鱼类、木材和朗姆酒的出口贸易。边疆上的白人定居者种植了玉米，除了供家庭食用，他们将剩余的玉米制成威士忌进行交易，或者与印第安人交换皮毛，或者与当地商人交换盐、面粉和布料等。这一 458

切均发生在阿巴拉契亚山脉的东部。

在独立战争时期以及之后的几年里，开拓先驱们越过阿巴拉契亚山脉，穿过山谷向西行进。到1790年，穿越山区屏障的小径已经广为人知，通往内陆洼地的大门已经打开。大批寻求新的肥沃土地的移民涌向这里。起初的西迁者主要来自东海岸，接着是不列颠群岛，然后为整个北欧。内战前，他们以每英亩1美元—3美元的价格从公共拍卖会上购地，或者以更高的价格从土地投机商那里购地。还有一些人，侵占了印第安人的土地。内战结束后，他们用少量的申请费（第一年10美元）买下160英亩的宅地，或者从铁路公司及各州政府购买位置更好的地块。这场土地大淘金热持续到1900年左右，那时大部分可以耕种的公共土地已经出售或划给了个人。

密西西比河东西岸先驱垦殖者的生活异常艰辛。他们要面对印第安人的袭击、信贷危机、疾病意外、孤独和思乡之苦，有时还要忍受饥饿。除了少数军事堡垒，他们几乎没有公共设施可以依靠。许多人失败了，夜里偷偷逃跑躲债；有些人把房子卖给了新一波定居者；有些人成功了，把森林空地上的小木屋或草原上的草棚变成了商业农场。

从阿巴拉契亚山脉以东的经验来看，内陆洼地的先驱者们清楚地知道适合该地区的作物，例如俄亥俄河以北的玉米和牲畜，上南方的烟草和玉米，以及南方腹地的棉花和玉米。先驱垦殖者需要解决两个问题：（1）如何提高产量，使农场有剩余待售；（2）一旦有了剩余，出售到哪里。问题（1）通过家庭劳动加以解决，这种劳动是由一系列省力的机器所推动的——高效的犁、马驱动的耕

459 耘机和各种收割设备。问题（2）在北方通过铁路的建设得到了解

决，南方内河上的轮船也起到同样作用。基于这些发展，到 19 世纪末，一个宏大而高产的全国性耕作体系已经形成。

这是粗放式增长时期。随着农场数量的增加，全国农业种植的生产力得到提高。19 世纪的作物产量没有增加，畜牧业生产效率也鲜有提高。但是，由于粗放式增长和农业总产量的扩大，1870—1896 年的农民面临着低价的艰难时期。

19 世纪农业发展的成功也伴随着阴暗面。美洲土著印第安人被赶出家园，重新安置在逼仄荒凉的保留区。南方腹地棉花产业的扩张则以黑奴劳动为基础。为了给美国中部的农场让路，大阔叶林被砍伐；为了建造房屋、谷仓、篱笆和城镇，大片的白松林被砍伐；在整个美洲中部都用犁耕地的疯狂热潮中，这块土地肥沃的表层土壤被冲走，流入墨西哥湾。先驱农民在一个世纪里征服了美洲大陆的大部分地区，却付出了环境的巨大代价。

随着 20 世纪初西部大扩张和移民潮的结束，1900—1910 年劳动力向农业的流动减缓，1910—1920 年变为负值。农业跨越了 1910—1920 年的分水岭，从扩大就业机会的粗放型发展转向收缩就业机会的集约型发展。农业劳动力的减少始于 1910—1920 年，持续了整个 20 世纪，直到今天（1992 年）。

1900—1920 年农场主继续投资于节省劳力的机器；这是拖拉机和卡车首次出现在美国农场的时期。但是，此期间美国农场并未出现用以替代土地和劳动力投入的重大技术进步。这一时期，要素生产率实际上下降了，农业总产出仅略有增加。然而，这并没有伤害到农场主；与之相反，随着农业总产出落后于需求，农产品 460
价格在 1896—1914 年稳步上涨，在 1914—1920 年则大幅飙升。可以说，1910—1914 年是美国农业的“黄金时代”。

1921年美国农业进入萧条期，直到二战期间才恢复。这20年间发生了两个重要事件。其一，1860年代成立的赠地大学和农场企业研发的新技术，在1920—1940年开始发挥作用，但当时的农业萧条使普通的农场主无法充分利用这些技术。其二，联邦政府为农场主提供价格和收入支持以干预农业经济。1992年，这些价格和收入支持的商品计划，在经历了某种程度的修改后，仍然与我们同在。

二战结束后，随着技术和财富的积累，农场主将新技术应用到农业生产中，使1950年代的10年变成了美国农业史上最具活力的10年。单位投入产出显著增加，农业总产出显著上升，农产品价格下降，农场主收入滑坡，价格和收入支持的商品计划成为主要业务，农场破产数量创历史新高。农业跑步机无情地行进着。

这是集约式增长时期。1960—1990年，农场主采用新技术、要素生产率提高、农业总产值增加、农场破产等过程持续进行着。但是，这30年间，有几点需要注意。其一，国际出口市场对农场主愈发重要；但这个出口市场是不可预测的，受到需求剧烈变化的影响，导致农产品价格和收入大幅波动。其二，美国农业结构发生巨变，规模小、低效率的小农场被大农场淘汰，农场规模越来越大。到1990年，大约有32万个超大农场的生产销售额占国民生产总
461 值的77%。其三，1980年代，该集约化发展进程已进入另一个分水岭——农业“工业时代”的新阶段。这个工业时代的实质是控制——通过管理生产流程中资源和技术来实现控制，以获得最大效率。

和19世纪的粗放式发展一样，20世纪的集约化发展也有其阴暗面。由于在激烈的农业竞争中失败，数以百万计的农场家庭被

迫离开土地。集约化农业实践，包括连作和化肥、杀虫剂的大量使用，造成了土壤侵蚀、水污染和对野生动物的侵害。然而，1980 年代，有迹象表明，集约化农业造成的环境退化正在减缓，至少美国是如此。到 1992 年，在对环境进行了近四个世纪的肆意破坏之后，我们深切期望可以通过更开明的利己主义和更理性的政府政策，终结农业领域中对环境破坏最严重的方面。

农业发展是一个永无止境、不断变化的过程。经济和物质条件会带来问题，解决这些问题就带来经济发展，新条件下的发展又产生新问题，如此循环往复。本历史研究的一个关键点是，如果我们了解过去，就拥有了最好的知识库，可以用来处理新情况产生的新问题。预测未来的最佳指南是理解过去。

历史分析的一般用途

第一，应该认识到，有些人对了解历史知识感兴趣，不是因为这些知识能带给他应对未来的力量，仅是为了纯粹的快乐。读过布鲁斯·卡顿（Bruce Catton）描写的美国内战的作品以及伯纳 462
德·德沃托（Bernard De Voto）、芭芭拉·W. 塔奇曼（Barbara W. Tuchman）和小阿瑟·M. 施莱辛格（Arthur M. Schlesinger, Jr）等著名历史学家著作的众多读者都会明白这一点。对于这些人而言，了解和理解他们的历史背景或社会发展的某些方面本身就很重要；他们从研究家庭、国家、文明的演变历程中，获得深深的满足感。许多人对美国农业的发展也应有同样的感觉，因为该过程在美国文明中至少扮演了 300 年的主导角色。

第二，了解相关历史进程，为事件的观察者和行动者提供了视角。了解相关历史进程的人，不会孤立地看待某一事件，而是将它看作过程的一部分，并全面地了解它的发生、潜在规模、持续时间以及影响等方面。对拥有历史视角的观察者和行动者来说，任何当前的事件不是孤立或偶然的，而是有其原因、过程和影响的，是历史过程的当前呈现。

了解相关历史进程和其所处社会的个人，能否控制事件发展并将其引向有利于自己的方向，则是另一回事。例如，人类和社会无法控制地震的发生。但是，地震不再被视为一个孤立、偶然的事件。它是演化过程的一部分，该过程是用地质时间而非历史时间衡量的，并在 1990 年迅速被人们了解。现代商业衰退事件与地震类似。资本主义社会成员看待现代商业衰退的视角很多元。但是，它的发生无法被准确预测，为防止或应对此类衰退而采取的每一项应对措施都存在着巨大的困惑和争议。

尽管如此，最好将上述事件视为时间进程的一部分，而不是孤立的意外或不可控行为。随着我们对历史进程进行更清晰、更深刻的理解，我们采取的措施也会更加有效，且更减少争议。

463 第三，历史描述、历史分析和历史数据为构建和检验经济发展理论及严谨的经济模型（概念模型或定量模型）提供了有力依据。历史描述暗示了理论或模型中的关键变量。历史分析为变量之间的关系提供了假设。历史数据使模型建构者能够预测理论系统的参数。

发展的理论和模式不是与世隔绝的理论家们凭空想象的。它们是随着时间的流逝从那些亲身经历并仔细研究过国家历史发展的人的思想中产生的。历史描述提供发展的事实和数据。历史分析整理这些事实和数据，并对发展的状况和方向进行描述。理论学者可以据此进行关键变量及其相互作用的假设，进而建立发展理论。[1]之后的经验主义者，同时运用理论和历史数据建立计量经济或定量模型，预测未来发展中重要变量之间的关系。[2]这就是分析的过程。数百项涉及数据收集、历史描述和历史分析的历史研究，为构建第一个理论或概念模型提供了原始材料，随着解释力的增强，[3]构建第二个经验模型。

第四，政府、企业等组织的决策者经常研究历史，利用过去经验指导当前决策。历史记录往往能提供一些提示，帮助我们了解过去发生且将来有可能避免的操作和政策错误的原因，以及可重复的成功案例。此外，历史分析的部分优点在于，它为可能再次发生的情况提供了参考。因此，我们可根据过去经验评估重现的形势、过程或政策。

然而，上述一般程序有其优劣势。在制定当前政策时，对过去类似组织在类似情况下所作的决定进行审查和研究是合理的，分
析和评估历史决策的长短期效果，并得出这种政策是否可取的结 464
论。但是，如果在情况并不相似的情况下，不加限定地直接从过去情况和决定的研究中得出结论，这可能会对当前的政策决策产生不明智甚至是错误的指导。简言之，由于现在和过去的情况不同，用历史先例来指导当前的决策，可能带来灾难性的后果。

这是否意味着因为当前境况几乎不会与历史情况精确得一致，所以历史记录不应作为当前决策的指导呢？显然不是。但是，在运用历史先例指导当前决策时，决策者必须认识到，简单地类比可能会产生误导，必须对所涉时期进行详尽地比较分析。该过程的实践者必须对决策所涉及的历史时期和当下的事件及过程都进行深入了解，制定当前决策时，要确定过去与当前情境的相似之处与不同之处，并考虑到两者的异同。因此，与历史情境中的决

策相比，当前决策几乎肯定会被修改或朝不同方向发展。借鉴历史进行当前决策分析，但不是生搬硬套的方式，通过比较分析，仅考虑与当前形势相关的历史要素，那些对当前决策过程有影响的因素。

可以说，历史比较分析难免失之偏颇。不同历史分析实践者会产生不同的历史分析，得出不同的结论，正如不同定量模型的建构过程一样。之所以如此，是因为分析师的创造力、理念和价值观都有所不同。

465 尽管如此，一直以来关乎未来发展的当前政策都在被制定着，也必须被制定出来。无论在对比分析还是定量模型中，历史都是决策的唯一可靠指南。因此，有必要承认历史分析在当前政策制定中的运用，因为事实上，它始终在以一定的技巧存在着。

历史分析的特定用途

本书对美国农业发展的历史分析，可能广泛应用于美国高校的农学专业。它可以让农学专业的学生了解 1990 年代现代农业的起源和发展方向，使他们认识到美国农业现状的短暂性，进而形成其对农业发展的基本观点。

农业发展专业的学生应从历史分析中形成自己的见解，明确认识到农业发展过程的极端复杂性和多维性。最后，第四部分提出的农业发展的广义模型应有助于学生形成他（她）自己的对农业发展的解释概念模型。

这对农业发展专业的外国学生来说也是如此。历史分析让发展中国家的学生明白，即使像美国这样自然资源丰富的国家，农业发展历程也异常艰难。此外，历史分析让这些学生惊叹农业发展过程的无休止性。美国农业在1990年代面临的问题与前两个世纪90年代大不相同，但它们同样艰难和难以处理。一国的农业发展 466
进程不会随着它到达发达国家的阶段而结束，无论该国是如何被定义的。1990年的世界局势扑朔迷离，此时美国农场主面临的经济问题与1890年一样艰难，甚至更难应对。农业发展的进程永不停息。

最后，农场主和农业政治家从美国农业发展的历史分析中，几乎找不到直接解决眼前问题的政策答案。但是，他们可以从中获得美国农业发展的相关知识，理解该过程是如何运作的、生产者的供给反应和需求增长的性质、农产品价格的行为及收入和财富分配等等。在此基础上，如果他们愿意倾听，就会明白，为什么过去的一些政策产生了意想不到的结果，为什么一些政策造成了更多问题，以及为什么将来需要采取某种政策以应对已有的和新出现的问题。但是，很少有确切的答案。

总之，历史分析不能作为范本。然而，它为制定应对农业紧急问题的政策提供了基础。因为，历史分析为瞬息万变背景下的美国农业运作提供了知识和理解。

未来展望

根据历史分析，我们将期待怎样的未来？首先，我们认识到1992年将有出乎意料的事态发展。从意外的惊喜甚至震惊中恢复之后，我们很可能发现意外的线索，以及如何通过研究历史应对这种发展。但是，我们无法在本书中讨论我们未知的内容。

以过去为基础，可以从四个方面来期待目前值得讨论的发展：
（1）农场企业在工业时代的未来发展；（2）美国农业在日益全球化 467

的市场中的角色;(3)能源成本上升(开始缓慢,然后加快)对美国农业的影响;(4)全球变暖及不可预测的气候变化对世界尤其美国农业的影响。

由于生产流程受到严格控制,大规模商业农场并没有一夜之间进入工业时代。自跨越1900—1920年的分水岭以来,农场企业一直在朝着工业化方向发展。70年来,富有进取心和创新精神的农场主通过不断采用新技术降低了经营成本,并通过吞并邻近落后小农场扩大了经营规模。1980年代和1990年代初,这种趋势改变了大型商业农场的组织和运作,使农场进入了一个新时代——成熟的工业时代。表18.2中1980年代的生产率数据说明了上述事实。回顾一下,在那10年里,由于所有要素投入减少,生产率大幅提高,农业总产出增加。到1980年代,农业生产效率提升显著,在投入减少的情况下,总产出仍在增加。

电子信息技术系统的发展仍处于初级阶段,但是已具备良好的研发基础,这一趋势将持续到21世纪。农场管理者正在学习利用该技术控制生产流程。大型商业农场主比过去拥有更好的教育背景和管理技能,商业农场未来发展将较少依赖土地因素,更强调通过电子信息系统控制的新的生物、化学和机械技术。

468 发展大型商业农场需要扩大和稳定出口市场。但是,这两个问题的解决远远超出了单个农场的努力范畴,必须由联邦政府在两个方面开展行动:一是通过多边和双边谈判,减少国内外贸易壁垒;二是推行促进世界经济繁荣的财政货币政策,增加美国农产品出口的资本流动和汇率。过去,美国政府在贸易谈判方面有不妥之处,奉行的国内财政货币政策对出口造成了负面影响。希望联邦政府在减少各国的农产品国际贸易壁垒方面取得进步,并推行更明智的财政政策。

国际农产品市场是否稳定，在很大程度上取决于不可控因素。其中，最不稳定的两个因素：(1)作物生长条件的变化；(2)繁荣和萧条。美国可通过实施能够稳定(非提高)世界粮食价格的粮食储备计划，缓和第一项不稳定因素的影响。为减少国际经济波动，世界主要工业国家需要通力合作(非各自行动)。这些稳定市场的措施是否会被采取，尚无定论。重要的是要认识到，第一，美国农业的长期繁荣依赖于出口市场的不断扩大和稳定；第二，经济目标
的实现依赖于联邦政府推行的国内财政货币政策，以及同外国的 469
贸易谈判。

如果未来能源价格如第十六章所述上涨(到2010年上涨50%，然后一路飙升)，将对世界经济以及美国农业产生重大影响。对于美国农业而言，价格提升将刺激美国农场主采取低投入、节约能源的耕种方式。农场主各经济部门采取的类似措施，会减缓但是无法改变能源价格上涨的现象。

由于农业生产成本随能源价格上涨而上涨，消费者购买食品的成本也会增加。这种生产成本增加的程度和随之而来的食品价格的上涨在这里无法精确预测。但肯定的是如果能源价格上升，食品生产成本和消费者购买成本也会上升，这不是美国现象，而是一个世界性问题。当然，上述推理基于这样一个假设：未来20年，能源的创造和利用不会出现突破性奇迹。到1992年，这似乎是一个现实的假设，但是谁也说不准。

由于化石燃料燃烧的增加和森林的破坏，大气中的二氧化碳浓度显著增加——从1958年的315ppm增加到1990年的355ppm，引起了“温室效应”。全球变暖(全球大气温度在过去

100年中上升了近1℃)将导致地球的天气模式发生变化，但是究竟会发生多大变化以及在哪里发生，仍是未知数。

气候变化对美国和世界农业都有重要影响。一次重要的气候变化将会迫使美国重新安排种植和养殖生产，并进行无数次微调。但是，截至1992年，由于气候变化的特征尚未可知，因此，农场主
470 和政府机构均无法制定应对策略。

然而，国家的政策负责人可以与科学界合作，从以下几个方面采取行动。第一，通过多个国家之间的合作，减少向大气层排放二氧化碳，限制温室效应，减缓全球变暖进程，这也是最重要的。采取这些措施或许能拯救现代文明。

第二，美国农业部的政策负责人应该在科学家的协助下，监督与全球变暖、气候变化等相关的研究工作。农业领导人，无论是决策者还是科学家，都应该了解有关全球变暖及其对气候变化影响的最新事实、理论和知识。

第三，随着认识的深入，农业部的政策负责人应建立团队，制定应对气候变化的计划。如果预期的气候变化很小，团队可以帮助微调；如果变化很大，超出了农场主的调整范围，则需要政府项目进行调度，例如重新安置农场主。团队需准备好应对因重大气候变化引发的突发事件。

有人认为，关于全球变暖的言论是危言耸听；或许他们是对的。但对笔者来说，确凿的证据和灾难性的后果都让人无法忽视。[4]在21世纪，全球变暖对美国农业和社会文明的影响可能比本书阐述得更严重。本书的一些读者将有机会了解真相。

注　　释

第一章

1. Ole E. Rölvaag, *Giants in the Earth* (New York: Harper and Brothers, 1929); John Steinbeck, *The Grapes of Wrath* (New York: Viking Press, 1939); and James A. Michener, *Centennial* (New York: Random House, 1974).
2. 关于这些概念的更全面的讨论，请参考Charles P. Kindleberger and Bruce Herrick, *Economic Development*, 3rd ed. (New York: McGraw-Hill, 1977), chaps. 1 and 2; and Douglass C. North, *Growth and Welfare in the American Past: A New Economic History*, 2nd ed. (Englewood Cliffs, N. J. : Prentice-Hall, 1974), chaps. 1 and 2。
3. 例如请参考Daryll E. Ray, Earl O. Heady, *Simulated Effects of Alternative Policy and Economic Environments on U. S. Agriculture*, Center for Agricultural and Rural Development, Report 46T, Ames, Iowa: Iowa State University, March 1974; and Frederick J. Nelson, Willard W. Cochrane, "Economic Consequences of Federal Farm Commodity Programs, 1953−1972", *Agricultural Economics Research*, 28 (April 1976), pp. 52−64。
4. Paul W. Gates, *The Farmer's Age: Agriculture 1815–1860*, vol. V of *The Economic History of the United States* (New York: Holt, Rinehart, and Winston, 1960); and Fred A. Shannon, *The Farmer's Last Frontier: Agriculture, 1860–1897*, vol. V of *The Economic History of the United States* (New York: Farrar and Rinehart, 1945).
5. Thomas N. Urban, "Agricultural Industrialization: It's Inevitable", *Choices: The Magazine of Food Farm and Resources Issues*, fourth quarter, 1991.

第二章

1. 关于早期定居点的精要描述，请参见 Peter N. Carroll, David W. Noble, *The Restless Centuries: A History of the American People* (Minneapolis: Burgess Publishing, 1973), chaps. 3 and 4。更全面的讨论参见John E. Pomfret, *Founding*

of the American Colonies: 1585–1660 (New York: Harper and Row, 1970)。想深入探索殖民地时期情况的读者须阅读 Charles M. Andrews, The Colonial Period of American History, vols. I-IV (New Haven: Yale University Press, 1934)。
2. 请参见 B. H. Slicher van Bath, *The Agrarian History of Western Europe, A. D. 500–1850* (London: Edward Arnold Publishers, 1963), pp. 239–262。
3. Yujiro Hayami, Vernon W. Ruttan, *Agricultural Development: An International Perspective* (Baltimore: Johns Hopkins Press, 1971), p. 28.
4. Ross M. Robertson, *History of the American Economy*, 2nd ed. (New York: Harcourt, Brace, and World, 1964), p. 47.

第三章

1. Curtis P. Nettels, *The Emergence of a National Economy, 1775—1815*, vol. II of *The Economic History of the United States* (New York: Holt, Rinehart, and Winston, 1962), p. 140.
2. 1785 及 1787 年条例的具体条文，请参见Ross M. Robertson, James L. Pate, eds., *Readings in United States Economic and Business History* (Boston: Houghton Mifflin, 1966), pp. 181–185。
3. 惠特尼多年卷入轧棉机专利权的诉讼，但大多数权威人士均认为是惠特尼发明了轧棉机。

第四章

1. Paul W. Gates, *The Farmer's Age: Agriculture 1815–1860*, vol. III of *The Economic History of the United States* (New York: Holt, Rinehart, and Winston, 1960), p. 72.
2. Robert E. Gallman, "Human Capital in the First 80 Years of the Republic: How Much Did America Owe the Rest of the World?", *The American Economic Review*, 67, no. 1 (February 1977), p. 31.
3. 印第安酋长红鹰有部分白人血统，他的白人名字叫比尔・威德福。
4. "Ecunchate" 是克里克印第安人居住的 "圣地"。
5. Gloria Jahoda, *The Trail of Tears* (New York: Holt, Rinehart, and Winston, 1975), pp. 15–18.

6. Grant Foreman, *Indian Removal, The Civilization of the American Indian* Series (Norman, Okla. : University of Oklahoma Press, 1953), preface.
7. 下面两篇文章探讨了奴隶制的经济学问题：Ulrich B. Phillips, "The Economic Cost of Slaveholding in the Cotton Belt", and Alfred H. Conrad, John R. Meyer, "The Economics of Slavery in the Ante Bellum South". Key portions of these writings are reprinted in Ross M. Robertson, James L. Pate, eds., *Readings in United States Economic and Business History* (Boston: Houghton Mifflin, 1966), pp. 195–207。
8. William Cronon, *Nature's Metropolis: Chicago and the Great West* (New York: W. W. Norton, 1991).

第五章

1. Walter Prescott Webb, *The Great Plains* (New York: Houghton Mifflin, 1936), p. 156. And reprinted in the Webb volume by permission of the publisher Arthur H. Clark Co. from their Early Western Travels series, vol. XVII, pp. 147–148.
2. 同上书，p. 17。
3. Fred A. Shannon, *The Farmer's Last Frontier. Agriculture, 1860–1897*, vol. V of *The Economic History of the United States* (New York: Farrar and Rinehart, 1945), p. 53.
4. Ross M. Robertson, *History of the American Economy*, 2nd ed. (New York: Harcourt, Brace, and World, 1964), p. 251.
5. Shannon, *The Farmer's Last Frontier*, p. 59.
6. 有关《宅地法》的评价请参阅Paul Wallace Gates, "The Homestead Law in an Incongruous Land System", *The American Historical Review*, 41, no. 4 (July 1936), pp. 652–681。
7. 详见 Gilbert C. Fite, *The Farmers' Frontier, 1865–1900* (New York: Holt, Rinehart, and Winston, 1966), p. 38。
8. Douglass C. North, *Growth and Welfare in the American Past: A New Economic History*, 2nd ed. (Englewood Cliffs, N. J. : Prentice-Hall, 1974), pp. 130–131.
9. 详见 Everett E. Edwards, "American Agriculture—the First 300 Years", *Farmers in a Changing World, 1940 Yearbook of Agriculture*, (Washington, D. C. : Government Printing Office, 1940) pp. 263–265。

第六章

1. Walter Lord, *The Good Years: From 1900 to the First World* War (New York: Harper and Brothers, 1960), pp. 2–3.
2. 以他所在的艾奥瓦州泰马县命名。
3. Murray R. Benedict, *Farm Policies of the United States, 1790—1950: A Study of Their Origins and Development* (New York: Twentieth Century Fund, 1953), p. 200.
4. 同上书，pp. 200–201。
5. 同上书，p. 201，均经许可再版。

第七章

1. 有关玉米杂交技术在美国农业中产生和传播方式的详细分析，请参见 Zvi Griliches, "Hybrid Corn: An Exploration in the Economics of Technical Change", *Econometrica*, 25, no. 4 (October 1957), pp. 501–522。
2. Commission on Food and Marketing, Report of the Commission, *Food from Farmer to Consumer* (Washington, D. C. : Government Printing Office, June 1966), p. 100.
3. 同上书，p. 2。
4. 请参见 Daryll E. Ray, Earl O. Heady, *Simulated Effects of Alternative Policy and Economic Environments on U. S. Agriculture*, Center for Agricultural and Rural Development, Report 4GT, Ames, Iowa: Iowa State University, March 1974; and Frederick J. Nelson, Willard W. Cochrane, "Economic Consequences of Federal Farm Commodity Programs, 1953–1972", *Agricultural Economics Research*, 28 (April 1976), pp. 52–64。
5. 有关详细的计划支出及成本信息，请参见 Willard W. Cochrane, Mary E. Ryan, *American Farm Policy, 1948–1973* (Minneapolis: University of Minnesota Press, 1976), chap. 8。
6. Edwin G. Nourse, Joseph S. Davis, and John D. Black, *Three Years of the Agricultural Adjustment Administration* (Washington, D. C. : Brookings Institution, 1937), p. 23.
7. U.S., Department of Agriculture, *The New Farm Act: A Short Summary of the*

Provisions of the Agricultural Adjustment Act of 1938, General Information Series Pub. No. G-83, February 1938.

8. 这场斗争的历史细节可以追溯到Cochrane and Ryan, *American Farm Policy*, pts. Ⅰ and Ⅱ。
9. 有关乡村贫困的详细讨论，请参见*The People Left Behind*, A Report by the President's National Advisory Commission on Rural Poverty, Washington, D. C., September 1967。

第八章

1. 有关这些原因以及相关贸易数据的简要讨论，请参见Donna U. Vogt, *Agricultural Exports: Overview and Selected Data*, CRS Report for Congress, Congressional Research Service, Library of Congress, January 12, 1990。
2. 有关这一时期的回顾，请参见 Willard W. Cochrane, *Feast or Famine: The Uncertain World of Food and Agriculture and Its Policy Implications for the United States*, National Planning Association, Report No. 136, February 1974。
3. 本节及下节的历史投入产出数据主要源于*Production and Efficiency Statistics 1989*, and earlier issues, U. S. Department of Agriculture, Economic Research Service, ECIFS9-4, April 1991。
4. 这一时期的农业政策，请参见Willard W. Cochrane and C. Ford Runge, *Reforming Farm Policy: Toward a National Agenda*, (Ames: Iowa State Press, 1992), Chaps. 3 and 5, and David Rapp, *How the U. S. Got into Agriculture: And Why It Can't Get Out*, Congressional Quarterly, Washington, D. C., 1988。
5. 有关联邦政府农场计划中使用的术语概念，请参见 *National Food Review*, U. S. Department of Agriculture, Economic Research Service, January-March 1990, vol. 13, issue 1, Glossary; or Rapp, *How the U. S. Got into Agriculture: And Why It Can't Get Out*。
6. 有关“1990 年农业法案”中复杂的商品条款如何运作的描述，请参见 *The 1990 Farm Act and the 1990 Budget Reconciliation Act: How U. S. Farm Policy Mechanisms Will Work under the New Legislation*, U. S. Department of Agriculture, Economic Research Service, November 1990。
7. 请参阅此版本Robert L. Paarlberg, “How Agriculture Blocked the Uruguay Round”, *SAIS Review*, vol. 12, no. 1 (Winter-Spring 1992)。

第九章

1. 有关人类苦难和个人胜利的描述，请参见 Mari Sandoz, *Old Jules*(Boston: Little, Brown, 1935).
2. 这个 1.47 亿英亩的数字比第五章中提到的 8000 万英亩的数字要大，原因有两个：第一，这里的定义比第五章的定义更具包容性；第二，1900 年以后，蒙大拿州、怀俄明州和落基山脉的许多土地都变成了宅基地。
3. 1800—1862 年通过的各种土地法案的描述和讨论详见第三至五章。
4. Vernon Carstensen, ed., *The Public Lands: Studies in the History of the Public Domain* (Madison: University of Wisconsin Press, 1968), pp. xxii-xxiv.
5. 同上书，p. xxv。
6. James Wilson, "The American Farmer of To-Day", in *The Making of America*, vol. V of *Agriculture*, ed. Robert M. La Follette (Chicago: De Bower, Chapline, 1907), pp. 14-15.
7. Douglass C. North, *Growth and Welfare in the American Past: A New Economic History*, 2nd ed. (Englewood Cliffs, N. J. : Prentice-Hall, 1974), p. 127.

第十章

1. 由于人们使用的资源或使用的方式不同，所以必须采用新的配置(除非出现奇迹)。但要衡量技术进步，人们必须保持资源量不变。在资源不同的情况下，实现这一点的唯一方法是保持其价值不变。
2. 有关美国农业有形资产的结构变化的详尽信息，请参见 Alvin S. Tostlebe, *Capital in Agriculture: Its Formation and Financing since 1870* (Princeton, N. J. : Princeton University Press, 1957), chaps. 1 and 4。
3. 本节改编自 "How the Engine Works", in Willard W. Cochrane, *The City Man's Guide to the Farm Problem* (Minneapolis: University of Minnesota Press, 1965), pp. 53-58。

第十一章

1. 与第十二章所述的农业发展中的社会性基础设施形成对比。
2. 本书在发展背景下使用的术语"剩余产品"是指超出农场家庭生存需求的供给；与 1950 年代和 1960 年代在美国经常使用的"过剩"的意思不同。

3. George Rogers Taylor, *The Transportation Revolution, 1815–1860*, vol. IV of *The Economic History of the United States* (New York: Harper and Row, 1951), p. 31.
4. Robert W. Fogel, *Railroads and American Economic Growth* (Baltimore: Johns Hopkins Press, 1964).
5. 依据灌溉的定义及所涉年份，美国灌溉土地的数量估计在4000万英亩—5000万英亩之间。
6. 1990年的1160万消费者中包括农村非农居民消费者。
7. 关于这个变化迅速的行业的最新情况，请参见Dale C. Dahl, Richard J. Magnani, "Structural Changes in Minnesota Fertilizer Distribution", *Minnesota Agricultural Economist*, no. 602, Agricultural Extension Service, University of Minnesota, August-September 1978。
8. 有关1980年代农业投入产业的详细讨论，请参见*Agricultural Input Industry Indicators in 1974–1985*, U. S. Department of Agriculture, Economic Research Service, Agricultural Information Bulletin No. 534, November 1987。
9. 关于美国总体食物体系的详细描述，请参见*Food Review: Focus on the Food System*, Year Book Issue, USDA, ERS, July-Sept 1991, Vol. 14, Issue 3。

第十二章

1. 有关马萨诸塞湾殖民地1642年、1647年和1648年的教育哲学和教育法的详尽文本，请参见David B. Tyack, ed., *Turning Points in American Educational History* (Waltham, Mass. : Blaisdell Publishing, 1967), chap. 1。
2. 关于弗吉尼亚和旧南方其他地区的教育哲学的对比，请参见 "The contrasting philosophy of education in Virginia and elsewhere in the Old South is well described in Tyack", *Turning Points in American Educational History*, chap. 2。
3. Elsye Davey Larson, *Country Schoolhouse* (New York: Comet Press Books, 1958), pp. 3–5. 埃尔西·拉尔森（Elsye Larson）撰写了一篇生动而翔实的文章，探讨了明尼苏达乡村校舍的作用，供对农村教育史感兴趣的读者参考。但我无法找到埃尔西·拉尔森充分认可上述引用的资料。
4. 参议员莫里尔（Morrill）于1890年3月提出了一项法案："将部分公共土地的收益用于捐赠和支持"赠地学院。国会通过了该法案，并由哈里森总统于1890年8月30日签署。依据该法案，每个州和地区每年的拨款为1.5万美元，10年内每年增加 1000 美元，之后每年的拨款为 2.5 万美元。在录取学生时不区分种族或肤色，但只要资金在两个种族之间公平分配，那么为白人和黑人学生设立的独立学院就是合法的。该法案使流入黑人农工学院的资金实现了制度化。

5. 有关美国农业科学发展的详情，请参见 Margaret W. Rossiter, *The Emergence of Agricultural Science: Justus Liebig and the Americans, 1840–1880* (New Haven: Yale University Press, 1975)。

6. Charles E. Rosenberg, *No Other Gods: On Science and American Social Thought* (Baltimore: Johns Hopkins University Press, 1961).

7. 许多人把时间分配在教学、科研和推广上。但我们将在本章的后面部分讨论推广的作用。

8. Carl E. Pray, Catherine Neumeyer, *Trends and Composition of Private Food and Agricultural R & D Expenditures in the United States*, Department of Agricultural Economics, Cook College, Rutgers University, February 1989, mimeograph.

9. 请参见 Alfred C. True, *A History of Agricultural Education in the United States, 1785–1925*, U. S. Department of Agriculture Miscellaneous Publication No. 36, July 1929, pp. 288–289。

10. 假设始终存在节省的额外投入。但由于贴现率很高，未来很长一段时间内的收益不会显著影响内部收益率。

11. Willis L. Peterson, Joseph C. Fitzharris, "The Organization and Productivity of the Federal-State Research System in the United States", Staff Paper P74–23, Dept. of Agricultural and Applied Economics, University of Minnesota, October 1974, p. 34.

12. R. G. Echeverria, "Assessing the Impact of Agricultural Research", in *Methods for Diagnosing Research System Constraints and Assessing the Impact of Agricultural Research*, vol. Ⅱ, *Assessing the Impact of Agricultural Research*, ed. R. G. Echeverria (The Hague: ISNAR, 1990).

第十三章

1. J. R. T. Hughes, "American Economic Growth: Imported or Indigenous? What Difference Did the Beginning Make?", *The American Economic Review, Papers and Proceedings, 67*, no. 1 (February 1977), p. 16.

2. 这还不包括1970年代和1980年代流入美国的非法移民，其中墨西哥人占比很高。
3. Douglass C. North, *Growth and Welfare in the American Past*, 2nd ed. (Englewood Cliffs, N. J. : Prentice-Hall, 1974), pp. 37–39.

第十四章

1. 的确，给印第安人留下了一些小得可怜的保留地，但通常是美国白人不想要或当时认为没有任何实际价值的边缘土地。
2. Victor Scheffer, *The Shaping of Environmentalism in America* (Seattle: University of Washington Press, 1991), page ix.
3. Clayton Koppes, "Efficiency/Equity/Esthetics: Towards a Reinterpretation of American Conservation", *Environmental Review*, 11, no. 2 (Summer 1987), pp. 127–146.
4. David Lavender, *The First in the Wilderness*, (Garden City, N. Y. : Doubleday, 1964), p. 262.
5. 同上书，p. 262。
6. Quoted in Joseph M. Pitulla, *American Environmental History: The Exploitation and Conservation of Natural Resources* (San Francisco: Boyd and Fraser, 1977), p. 220.
7. "Efficiency/Equity/Esthetics" , pp. 129–133.
8. Quoted in Samuel P. Hays, *Conservation and the Gospel of Efficiency: The Progressive Conservation Movement, 1890–1920* (Cambridge, Mass: Harvard University Press, 1959), p. 42.
9. 要了解 1905—1915 年蒙大拿州地方林务局初期管理工作的精彩画面，请参阅小说Ivan Doig, *Dancing at the Rascal Fair* (New York: Atheneum, 1987)。
10. Marston Bates, *The Forest and the Sea* (New York: Vintage Books, 1960), p. 247.
11. Barry Commoner, *The Closing Circle: Man, Nature, and Technology* (New York: Knopf, 1971), pp. 294–295.
12. " National Policy for the Environment: Politics and the Concept of Stewardship" , in *Congress and the Environment*, ed. Richard A. Cooley, Geoffrey Wandesforde-Smith (Seattle: University of Washington Press, 1970), p. 208.
13. Bill McKibbin, *The End of Nature* (New York: Random House, 1989), p. 58.

14. Senator Albert Gore, Jr., *Earth in the Balance: Ecology and the Human Spirit* (New York: Houghton Mifflin, 1992). 作者在此书中制定了拯救地球的计划。但一位研究该计划的评论者却不知所措。他的反应是：这永远不会发生。
15. Vernon W. Ruttan, *Sustainable Growth in Agricultural Production: Poetry, Policy, and Science*, Department of Agricultural and Applied Economics, University of Minnesota, Staff Paper P91-147, November 1991.

第十五章

1. Adam Smith, *An Inquiry into the Nature and Causes of the Wealth of Nations*, ed. Edwin Cannan (New York: Modern Library edition by Random House, 1937), p. 651.
2. 有关这项工作的详情，请参阅本书第六章和 Murray R. Benedict, *Farm Policies of the United States, 1790–1950* (New York: Twentieth Century Fund, 1953), chap. 10。
3. 正如第七章所述，最高法院于 1936 年宣布最初的AAA 违宪，后来该法案被 1937 年和 1938 年的新版和修订版取代。
4. Benedict, *Farm Policies of the United States*, chap. 12.
5. 本卷第七章讲述了这场斗争，同时请参见 Willard W. Cochrane, Mary E. Ryan in *American Farm Policy, 1948–1973* (Minneapolis: University of Minnesota Press, 1976), chaps. 2 and 3。
6. 联邦土地银行系统的行为和发展详见第六章和 Benedict, *Farm Policies of the United States*, chaps. 8 and 12。
7. Robert L. Tontz, "Foreign Agricultural Trade Policy of the United States, 1776-1976", United States Department of Agriculture, Economic Research Service, ERS-662, Washington, D. C., January 10, 1977, pp. 7-9.
8. U. S. Department of Agriculture, Economics, Statistics, and Cooperatives Service, "An Analysis of American Agricultural Movement Proposal", *Issue Briefing Paper*, March 3, 1978, pp. 3 and 4.

第十六章

1. 所谓资本化的加深，是指用于生产一定数量产品的资金量有所增加。

2. 本节内容以约翰·M. 布鲁斯特（John M. Brewster）的思想和著作为基础，其关于美国信仰和价值观的详尽阐述请参见" The Cultural Crisis of Our Times", from the volume *A Philosopher among Economists* (Philadelphia: J. T. Murphy, 1970)。
3. 本节大多数据来源于*Annual Energy Review, 1990*, U. S. Department of Energy, Energy Information Administration, Washington, D. C., May 1991。
4. 关于政府采用这种规划方法的原因以及国家发展规划概念的讨论，请参见 Willard W. Cochrane, *Agricultural Development Planning: Economic Concepts, Administrative Procedures, and Political Process* (New York: Praeger, 1974), chap. 3。

第十七章

1. 经济研究局最近将其历史生产率指数改为一个全新的指数——特恩奎斯特（Tornquist）生产率指数。我们没有采用表 17.4 中的特恩奎斯特指数，原因有三：（1）修订后的特恩奎斯特指数仅追溯到 1948 年；（2）在本书修订时，经济研究局 1950 年代的特恩奎斯特指数不精确；（3）更重要的是，尽管表 17.4 所示的旧指数与特恩奎斯特指数之间存在逐年差异，但两个系列自 1948 年以来的基本趋势是相似的。表 17.4 中生产率指数的目的是显示 1870—1990 年的长期趋势，而特恩奎斯特指数无法做到这一点。
2. 本节讨论基于速水佑次郎（Yujiro Hayami）和弗农·拉坦（Vernon W. Ruttan）的文献：The discussion in this section is based upon the work of Yujiro Hayami and Vernon W. Ruttan to be found in *Agricultural Development: An International Perspective* (Baltimore: Johns Hopkins Press, 1971), chap. 6。

第十八章

1. 可以说超过三个分水岭。由于联邦在内战中的胜利，摒弃了以黑奴制为基础的种植园农业，这个第三分水岭本书将不再讨论。因为它并未改变 19 世纪美国农业的广泛发展，其影响远远超越了农业领域。它是整个美国社会发展的分水岭，但不是经济意义上的分水岭。
2. 有关这些政策的精要讨论，请参见 Ross M. Robertson, *History of the American*

Economy, 2nd ed. (New York: Harcourt, Brace, and World, 1964), pp. 90−94。

3. 劳埃德·泰根（Lloyd Teigen）给作者写信，说明了不同规模农场的产量情况。
4. Reported in Ag Week, Monday, February 3, 1992, p. 36.
5. U. S. Department of Agriculture, *Yearbook of the United States Department of Agriculture, 1910*, p. 9.
6. 关于此过程的讨论详见本书第十章。

第十九章

1. 我们以通常的方式定义需求。所谓需求，是指市场上的买家准备以不同的价格购买的产品数量。此概念常表示为价格和数量之间的函数关系，或者以几何曲线表示。
2. 参见 G. E. Brandow, *Interrelations among Demands for Farm Products and Implications for Control of Market Supply*, Agricultural Experiment Station, Bulletin No. 680, Pennsylvania State University, 1961; and P. S. George, G. A. King, *Consumer Demand for Food Commodities in the United States with Projections for 1980*, Giannini Foundation Monograph 26, University of California, Berkeley, March 1971。
3. 美国农产品出口需求的价格弹性仍然是一个备受争议的话题。一些分析师认为，该弹性远高于上一段所暗示的水平。但作者同意食物与农业政策研究所（FAPRI）联合所长阿布纳·沃马克（Abner Womack）博士的观点，他写道：我们在国内和国际模型上的试错过程始终将我们引向“美国主要出口商品需求缺乏弹性的方向”。出口需求的相对高弹性会导致其模型“失控”。
4. 关于传统企业理论中的这些成本概念，可参阅任意一本标准经济学教材。
5. 这里使用的术语“规模”，并非传统理论的“规模”。因为后者意味着所有投入按严格的比例增加，而农场通常不会沿着标准的规模线增长。随着规模的扩大，农场很可能通过资本投入（非劳动力投入）而走上一条扩张的道路。
6. 由于表中没有给出企业的固定成本，所以无法确定其利润的增减。
7. 对农业资产固定性的理论基础感兴趣的读者，有两篇文献可参阅。一是奥利弗·E. 威廉姆森（Oliver E. Williamson）的著作 *The Economic Institutions of Capitalism*（New York: Free Press, 1985），其中第二章有关于资产专用性对资产固定性的作用的深入讨论。二是格伦·L. 约翰逊关于农业要素市场的讨论，参

见 *The Overproduction Trap in U. S. Agriculture*（Baltimore, Md. : Johns Hopkins University Press, 1972），第二章。

8. 对于早期以低价购地的农民来说，这个贬值过程只是一个记账操作；但对于最近以高价购地的农民来说，通缩的过程现实而真切。
9. 关于此事件的详细讨论，请参阅 Frederick J. Nelson, Willard W. Cochrane, "Economic Consequences of Federal Farm Commodity Programs, 1953–1972", *Agricultural Economics Research*, 28 (April 1976), pp. 52–64。
10. 末底改·伊泽基尔（Mordecai Ezekiel）首次提出蛛网理论，详见"The Cobweb Theorem", *Quarterly Journal of Economics*, February 1938, pp. 255–280。该理论的进一步深化，参见 Willard W. Cochrane, *Farm Prices: Myth and Realty* (Minneapolis: University of Minnesota Press, 1958), chap. 4。

第二十章

1. 政府以承诺的价格支持水平向参与的农场主发放贷款。如果商品的市场价格降到或低于贷款利率，农场主如果愿意，可将商品交给政府，并保留贷款资金。如果商品的市场价格高于贷款利率，农场主可以出售商品，还清贷款，并将差额收入囊中。
2. 条件是该强制性管制规定在公投中获得了三分之二的生产商的支持。
3. 当需求量等于均衡价格下的供应量时，将实现市场出清——在图 20.1A 中的自由市场情况下，价格为 PM，在政府干预下的价格为 PS。
4. 这些措施的政府成本详见 Willard W. Cochrane, Mary E. Ryan, *American Farm Policy, 1948–1973* (Minneapolis: University of Minnesota Press, 1976), chap. 8。
5. 这些购买操作通常仅限于或接近价格支持水平时发生；因此，图 20.1A 中的需求曲线 D_2D_2 只在有限的价格范围内延伸。
6. 其中最知名的研究为 *Report from the United States Department of Agriculture and a Statement from Land Grant Colleges, IRM-1, Advisory Committee on Farm Price and Income Projections, 1960–1965, under Conditions Approximating Free Production and Marketing of Agricultural Commodities*, S. Doc. 77, 86th Congress, 2nd Sess., January 20, 1960。这些研究的完整清单参见 Cochrane, Ryan, *American Farm Policy*, chap. 9, n. 1。

7. *Reforming Farm Policy: Toward a National Agenda* (Ames: Iowa State Press, 1992), chap. 6.
8. 作者在其著作中首次阐述了该理论 *Farm Prices: Myth and Reality* (Minneapolis: University of Minnesota Press, 1958), chap. 5。
9. 图 19.3 B 所示的价格解决方案说明当全行业采用新技术后可能出现的最大价格下降。要实现这一解决方案，必须有新企业加入以增加供给。随着价格从 P_1 降到 P_2，企业的供给沿着边际成本曲线 MC_2 下降。更可能的解决方案是将最终价格定在 P_1 和 P_2 之间，其中（1）企业采用新技术后供给量增加，（2）新企业的进入导致供给量增加，（3）由于稀缺品投入的价格上涨，企业的成本结构在一定程度上上升。
10. 有证据表明，长期规划曲线在扩展范围内是平坦的，如图 19.5A 所示，请参阅 *Public Policy and the Changing Structure of American Agriculture*, U. S. Congress, Congressional Budget Office, August 1978, pp. 29–34; 以及 Bruce F. Hall, E. Phillip LeVeen, "Farm Size and Economic Efficiency: The California Case", *American Journal of Agricultural Economics*, 60 (November 1978), pp. 589–600。
11. 菲利普 · M. 劳普（Philip M. Raup）教授也曾用术语"同类相残"描述美国农民中强者消费弱者的情形。他认为，扩张的农场买家一直是最近土地价格飙升的主导动力；其证据表明，截至 1977 年 3 月的一年里，扩张的农场买家购买了 63% 的土地，目前小型农场家庭的威胁并非来自外部投资者，而是来自同一社区的大型农场主。详见"Some Questions of Value and Scale in American Agriculture", *American Journal of Agricultural Economics*, 60, no. 2 (May 1978), p. 307。
12. 帕特 · 本尼迪克特先生是这些富有进取心和创新精神的农场主之一，他通过吞并能力较弱的邻居扩大了自己的农场经营规模，请参阅 "The New American Farmer" , *Time, the Weekly Newsmagazine*, 112 (November 6, 1978), pp. 92–102。

第二十一章

1. 有关这一时期和更早期的经济信息，请参阅Cheryl D. Johnson, *A Historical Look at Farm Income*, U. S. Department of Agriculture, Economic Research Service, Statistical Bulletin No. 807, May 1990。

2. Kenneth E. Boulding, *Economic Analysis*, rev. ed. (New York: Harper & Brothers, 1948), p. 511.
3. Joseph A. Schumpeter, *The Theory of Economic Development* Cambridge, Mass. : Harvard University Press, 1936).
4. 要提高世界粮食价格的长期水平，将不可避免地涉及世界上每个生产者的粮食价格的上升。这将导致粮食生产和供给的增加，进而增加政府成本。如果朝着这一政策方向前进，将迫使美国再次回到生产控制和市场隔离的体系。

第二十二章

1. 早期古典经济学家对国家经济发展采取的研究方法：亚当・斯密（Adam Smith）的《国富论》（尤其第三和第四册）和托马斯・R. 马尔萨斯（Thomas R. Malthus）的《政治经济学原理》（尤其第二册）。还有卡尔・马克思（Karl Marx）独特的研究方法。对社会和经济变迁的历史性分析，在许多现代经济学家的理论研究中发挥着重要作用：Joseph Schumpeter（参见 *Capitalism, Socialism and Democracy*, 3rd ed. [New York: Harper and Row, 1950]）; W. W. Rostow（参见 *The Stages of Economic Growth: A Non-Communist Manifesto* [London: Cambridge University Press, 1961]）; W. Arthur Lewis（参见 *The Theory of Economic Growth* [London: George Allen & Unwin, 1955]）; Gunnar Myrdal（参见 *Asian Drama: An Inquiry into the Poverty of Nations,* 3 vols. [New York: Pantheon, Random House, 1968]）; P. N. Rosenstein-Rodan（参见 "Problems of Industrialization of Eastern and Southeastern Europe", *The Economic Journal*, 53（June-September 1943）, pp. 202–211; 弗农・拉坦（Vernon W. Ruttan）（参见其与速水佑次郎 [Yujiro Hayami] 的著作，*Agricultural Development: An International Perspective* [Baltimore: Johns Hopkins Press, 1971]）。关于经济发展理论的历史基础，在本杰明・希金斯（Benjamin Higgins）的著作中有精彩的阐述：*Economic Development: Problems, Principles, and Policies*, rev. ed. (New York: Norton, 1968), pts. 2, 3, and 4。
2. 这是在自由市场条件下对 1932—1953 年美国农业经济的研究，请参见 Daryll E. Ray, Earl O. Heady, *Simulated Effects of Alternative Policy and Economic Environments on U. S. Agriculture*, Center for Agricultural and Rural Development, Report 46T, Ames, Iowa: Iowa State University, March 1974；美国农业经济研究（1953—1972 年）请参见 Frederick J. Nelson, "An Economic Analysis of

the Impact of Past Farm Programs on Livestock and Crop Prices, Production and Resource Adjustments" (Ph.D. diss., University of Minnesota, 1975)。

3. 本书采用了这种方法。第四部分中的概念模型是根据数百项历史研究建立起来的，其中有些内容在第二和第三部分中有所呈现。

4. 该证据的近期重要来源为Donella H. Meadows, Dennis L. Meadows, & Jorgen Randens, *Beyond the Limits: Confronting Global Collapse, Envisioning a Sustainable Future*（Post Mills, Vt: Chelsea Green Publishing, 1992）。

索　引

罗伯特·J. 格罗根　编

（索引页码为原书页码，即本书边码）

图书在版编目（CIP）数据

美国农业发展：一项历史分析：第二版 / (美) 威拉德·W. 科克伦著；高雪莲译. -- 北京：商务印书馆，2024. -- (农业社会学名著译丛). -- ISBN 978-7-100-24340-7

I. F371.23

中国国家版本馆 CIP 数据核字第 2024LZ2380 号

农业社会学名著译丛

美国农业发展：一项历史分析

（第二版）

〔美〕威拉德·W. 科克伦 著

高雪莲 译

商 务 印 书 馆 出 版

（北京王府井大街 36 号 邮政编码 100710）

商 务 印 书 馆 发 行

北京虎彩文化传播有限公司印刷

ISBN 978-7-100-24340-7

2024 年 11 月第 1 版　　开本 880 × 1240 1/32

2024 年 11 月第 1 次印刷　　印张 15⅝

定价：98.00 元